• 1989年11月13日，邓小平最后一次在人民大会堂福建厅接见外宾，并宣布从此告别政治生涯，“要百分之百地退下来”。听到这一消息后，当天采访小平同志的记者们，都提出来要同小平同志合影。小平的女儿邓楠也为我们帮腔道，大家都想与您合影呢，记者可得罪不得啊！小平同志高兴地说：“好。”同时，他还风趣地补了一句：“和记者们一起照相轻松多了。”（左一为作者）

•• 邓小平最后一次接见外宾时与记者们（左二为作者）合影。

• 作者与均被授予法兰西艺术院院士的朱德群（左一）和赵无极（左三）两位画坛巨匠在一起。

•• 作者与外交部前发言人章启月合影于法国波尔多。

∴ 作者采访秘鲁前总统藤森。

• 作者采访塞浦路斯前总统帕帕佐普洛斯。

•• 作者采访冰岛总统格里姆松。

∴ 中国前驻法国大使吴建民与作者握手。

∷ 作者与外交部前发言人沈国放在马来西亚合影。

• 法国前总统萨科齐向旅法华人华侨发表新年贺词。
作者摄

•• 作者采访科特迪瓦前总理、现任总统瓦塔拉。

∴ 作者采访马里前总统科纳雷。

• 作者与时任法国总统希拉克合影。

•• 夫人和女儿与法国前总统希拉克在一起。

作者摄

∴ 2012年，女儿也收到了时任法国总统萨科齐的请柬，作为唯一进入爱丽舍宫的儿童，她和应邀嘉宾们一起受到萨科齐总统的接见。

作者摄

• 法国人民运动联盟成员、法籍知名华侨孙文雄在法国政界、商界和社会团体中具有黄金人脉。图为孙文雄先生与法国前总统萨科齐在一起。

•• 著名画家张剑峰与宋平合影。

∴ 作者与文坛大家余秋雨合影于法国戛纳。

∷ 实力派重彩画画家郭正民（前排左二）2010年在卢浮宫沙龙画展上获法国著作权基金会大奖。

• 2012年，倪萍走进巴黎中国文化中心与大家一起过大年。

作者摄

•• 2012年3月16日，在巴黎普莱耶尔著名音乐厅，我们与钢琴王子李云迪合影。

∴ 女儿在法国老师家练琴。　作者摄

⁘ 维也纳的金色大厅建筑。　作者摄

• 图为北京金融街一角。
北京金融街提供

•• 2010年，欧华集团（右三为集团总裁黄学胜）成为有史以来在巴黎欧交所挂牌上市的第一家华商公司。

∴ 巴黎新区拉德芳斯的雕塑。
作者摄

• 西班牙首都马德里的现代建筑。

作者摄

•• 日内瓦联合国万国宫前的三条腿木椅的警示喻义是：地雷已对平民造成巨大危害。

作者摄

∴ 图为欧洲议会大厦内景。

作者摄

• 从埃菲尔铁塔上俯瞰巴黎。

作者摄

•• 托莱多位于马德里西南约70公里处，它是西班牙的古都，人类“世界文化遗产”。古城建在山崖上，周围被泰加斯河三面环绕，地势险峻，规模宏大。

作者摄

∴ 圣心大教堂建于蒙马特高地最高处，这是除埃菲尔铁塔之外第二个登高观巴黎的制高点。

作者摄

• 从大凯旋门顶上向中轴线上的香街凯旋门和卢浮宫前的小凯旋门望去。作者摄

•• 塞纳河左岸上的巴黎现代化建筑。作者摄

• 我们登上匈牙利布达佩斯多瑙河畔的渔人堡。

•• 女儿在日内瓦莱蒙湖边玩儿雪。

作者摄

• 法国卢瓦尔河谷神农索水上城堡（Chateau de Chenonceau）。

作者摄

•• 作者在法国国民议会。

∴ 应邀参加凡尔赛宫廷宴（中间为作者）。

• 法国阿尔萨斯地区的科尔马小城之美。
作者摄

•• 位于法国北部诺曼底地区吉维尼（Giverny）小镇的莫奈花园。
作者摄

∴ 樱花盛开的巴黎。
作者摄

• 夫人走进荷兰丽丝郁金香花田。

作者摄

•• 在郁金香花田里，女儿摆一个 Pose。

作者摄

∴ 荷兰丽丝小镇的库肯霍夫（Keukenhof）郁金香花园一角。

作者摄

• 图为徐志摩笔下的康河。

作者摄

•• 在英国剑桥大学，作者手撑一支长篙，载着家人泛舟康河上。

∴ 我们经常光顾巴黎市府附近古老的小餐馆，那里的菜品味道好极了。

作者摄

• 瑞士洛桑莱蒙湖畔女儿的快乐一刻。

作者摄

•• 库肯霍夫园中的落花流水。

作者摄

∴ 荷兰老人们相聚在这样的风景里。

作者摄

• 巴黎幼儿园的老师Anne-Soline Roy与女儿亲热交谈。

作者摄

•• 小不点儿在托儿所老师Emanuelle和Mary-Alice中间。

作者摄

∴ 女儿（前排右四）在巴黎莱瓦雷恩（les varennes）幼儿园与法国小朋友在一起。

Anne-Soline Roy 摄

∷ ⁙ 女儿所在的莱瓦雷恩幼儿园。

作者摄

• 法籍钢琴家，启蒙老师王滨带女儿郊游。
作者摄

•• 人小树大春光好。
作者摄

∴ 女儿和同学 Syné 钻进树林。
许晓博摄

• 图为匈牙利议会大厦。

作者摄

•• 莫扎特的故乡萨尔茨堡古韵犹存。

作者摄

∴ 法国南部海港城市土伦的卖花募捐人。

作者摄

:: 每年巴黎举行的春节大游行，吸引越来越多的法国人参加。

作者摄

• 美国纽约自由岛上的自由女神像是法国于1876年赠送的，其原型矗立在离埃菲尔铁塔不远的塞纳河上。

作者摄

•• 巴黎老佛爷的夜晚。

作者摄

∴ 法国孚日山区的圣诞之夜。

作者摄

• 满载而归的渔船正从海上向特维尔（法国北部城市）港湾驶来。

作者摄

•• 2012年，我们走到了“法国印象派之路”的终点，诺曼底海岸的象鼻山。

∴ 女儿在法国诺曼底特维尔（Trouville）海边戏水踏浪。

许晓博摄

• 位于英吉利海峡的海上仙山——圣米歇尔山。

作者摄

•• 夫人和孩子在圣米歇尔山狭小的街道上观光。

作者摄

∴ 阿尔卡松（Arcachon）离波尔多不远，那里被大西洋海浪冲积的沙丘高达上百米。攀上丘顶，夫人和孩子在沙海里打滚儿，然后再顺流沙而下，一滑到谷底。

作者摄

巴黎的早晨，彩霞满天。作者摄

天边采云

顾玉清 著

世界知识出版社

图书在版编目（CIP）数据

天边采云 / 顾玉清著 .-- 北京 ： 世界知识出版社，2015.4

ISBN 978-7-5012-4895-7

Ⅰ. ①天… Ⅱ. ①顾… Ⅲ. ①随笔 - 作品集 - 中国 - 当代 Ⅳ. ① I267.1

中国版本图书馆 CIP 数据核字（2015）第 070366 号

责任编辑	张迎辉
特邀编辑	胡孝文
责任出版	赵　玥
责任校对	陈可望

书　　名	**天边采云** Tianbian Caiyun
作　　者	顾玉清
出版发行	世界知识出版社
地址邮编	北京市东城区干面胡同 51 号（100010）
网　　址	www.wap1934.com
电　　话	010－65265923(发行)　　010－85119023（邮购）
经　　销	新华书店
印　　刷	北京京科印刷有限公司
开本印张	880 × 1230 毫米 1/32　13 印张
字　　数	365 千字
版次印次	2015 年 8 月第一版　2015 年 8 月第一次印刷
标准书号	ISBN 978－7－5012－4895－7
定　　价	35.00 元

○序 ○ 采云缀锦 难能可贵

马利

当了一辈子记者，还是觉得记者这个职业最好。最浅近的道理，古人云：读万卷书、行万里路，问当今世间行业，谁能致之？记者当然算一行。人言新闻是易碎品，但于个人修行来说，却是方便法门。你想啊，路过那么多地方、走近那么多人、经历那么多事，人间万象皆入眼，既可叹造物之神奇，亦可悟生命之无常，岂不妙哉？境界也必是日益精进的。

眼前这本书稿，便是一位记者的有心之作。顾玉清同志是报社国际部资深高级记者，记者生涯可谓见多识广，到访五大洲的50多个国家。这恐怕又是古人所不及的了，行脚寰宇比之“万里路”又高了一个境界。所以我认为书名是极好的，“天边采云”，既富诗意，又有象征意味。走遍千山万水，采得五彩之云，巧手妙缀以成锦衣，可谓苦心孤诣。

在这“锦衣”里首先有妙趣与异闻。世界之大，无奇不有。之所以称奇，缘在少见。你知道“上帝之果”是什么吗？巧克力为什么会让人愉悦？你知道在现代欧洲还有奴隶存在吗？河盲症是什么病？读书之乐，首在博闻，这么多新鲜有趣的知识，让阅读充满惊喜。书中见闻自是与纯知识性的书籍不可同日而语，它熔铸了作者的情与思，充满个人体验，读来甘甜可口，绝不枯燥。况且，记者是最会讲故事的，以记者之眼，考量风物；以记者之笔，畅叙人情。自是教人爱不释手。

倘若只是这些，这书便成了闲书，虽有趣却少了些意义。所幸，记者的“职业病”，让玉清同志在纵情山水之时，仍比寻常人多了一份观察之力。因此在这“锦衣”里，还密缝着“他山之石”。在法国感受到人家文化之浑厚，作者就一探究竟，看看文化产业到底是如何发展的；在国外公园里闲逛，感悟生态之美绝非整齐划一，“人的思维和视野需要多层次、多起伏和多姿多彩，即一个变化的空间，而不是一块扁平的沙地”；在欧洲考察了手工业发展，作者忧思国内企业贪大求洋，提醒他们要有点“坚持做慢工，经久成大业”的精神……

这些都是弥足珍贵的思考，正对我们当下的一些发展难题。一国之文化要想有持续不断的生命力，必须不断与他者文化交流与互动，而文化如何交流，除了国家层面的互动，还得靠民间的文化使者，互通有无。此书出自记者之手，出于职业本能，思考便不再是碎片化的，而是“成建制”、成规模的，不由令人赞叹。

如果仍只是这些，此书倒也不是必读。文字最贵是真诚，只有真诚的文字，才会熠熠生辉。源于对职业的敬畏，也是构建自我精神世界的必须，作者笔下立诚，自然写景含情、论理有气。因此，在这“锦衣”里，还深嵌着个人情怀。我们可以看到他对现代文明的批判，对地球村的思考等宏大视角，也可窥见其自我修养的心路历程，尤其后者更难能可贵。

试想，一个行满天下的人，一个在诸多文化中游走的人，他的人生体悟，必是能启迪人心的。是为序。

（马利，人民日报社副总编辑、作家。）

○ 前言

我学的专业是外语。出了大学校门，有幸走进了人民日报社国际部的大门，从事国际新闻报道，一干就是30多年。其间，曾有过诱惑，我不为所动，一条道儿跑到了黑。原因在于，世界之大，无奇不有，每天都有新闻事件跟踪，总是给人带来新鲜、刺激、震惊和冲动。继而，渐渐喜欢并习惯于持率真之笔，作天下文章了。

当新闻记者，尤其是国际新闻记者，除了一些综述、述评和评论之类外，大多数国际新闻报道，不是坐在办公室里就能用笔写出来的，而是用脚步丈量世界跑出来的。出于采访需要，我走过了五大洲的山山水水，包括常驻国在内，到访过50多个国家。这，听起来似乎很美，也好让人羡慕。一个"爽"字之下，其实难副。天马行空、罅隙倥偬，既百舍重茧，也诡谲难测。

还记得，美洲之行，自北向南一个来月，从一个国家到另一个国家，白天黑夜马不停蹄地连轴转，有时下了飞机就采访，困得上下眼皮直打架，那股难受劲儿甭提了；奔走在非洲茫茫沙漠，途中汽车陷进了沙子里，长时间处于孤寂无援的境地；从巴黎开车去日内瓦参加国际会议，突遇冻雪，路上结冰，车子打滑空转，抛锚在莱蒙湖边动弹不得；车行巴黎大街上，堵车的当儿，车窗竟然被砸，坐在副驾座位上的同事放在腿上的包眼睁睁被抢走；在科特迪瓦，我曾像看警匪片一样，在子弹横飞的第一现场，拍摄和报道了警匪对峙，匪徒当场被击毙的血腥场景。当时，社里急得直呼"今后不要再冒这种险了"；乘飞机去西班牙，抵达马德里机场时，飞机后起落架已快着陆，发现跑道上有障碍物，机身又重新拉起升空，多么危险！此类事情经历多了，也就不以为然，习以为常了。

“远行必有所获”。多年在外跋涉奔波的最大收获是，所见所闻所知多了，积累自然也就多了些。心里装的东西不一样，对事件的敏感度和看问题的角度也就大不相同。最近从法国常驻离任回国后，我就毫不犹豫地将多年留存的一大摞，过去曾发表过自己东西的全国若干家报纸杂志，全都当废品处理了。主要是怕见到后觉得不堪入目，看了后无地自容，万一被人读到贻笑大方。所以，也就一不做，二不休，一了百了了。事后还是有点后悔。因为，几十年前的一些报纸杂志，尤其当时比较受欢迎的一些刊物，像《环球》、《海外文摘》、《世界博览》、《世界知识》、《地理知识》和《大众电影》等，随着时代的变迁，有的已经停刊，有的改头换面，不见了原来的模样，想到如果把它们留下来，似可作为不能复得的物品收藏了。

当然，这些年来，成也在国际新闻，不成也在国际新闻，国际新闻报道是我工作的全部。日复一日，不停地写稿，不断地见报，其数难计。但是，新闻是新近发生事件的报道，随着时间的推移，其价值渐失。所以，这就像抓把流沙一样，一路走来一路往下漏，最终能攥在手心的是岁月沉淀下来的一点点记忆。《天边采云》包含了一些曾发表、未发表，以及刚刚出炉的一些文字（遗憾的是，在去过的国家中，像马来西亚、新加坡、摩纳哥、卢森堡、列支敦士登和安道尔等，都是很有特色的国家，在本书中笔墨未能得偿）。它如同从天涯海角采撷来的几缕薄薄的云彩，水远山长地呈现了一些人、事、物、景、境的不同颜色。尽管有的已经斗转星移，物是人非，但原有的色彩光亮还未完全褪去，可从中了解曾经的那些故事和情境。至于刚刚出炉的新作部分，由于无见报之虞，无字数之限，写来随心所欲，相信会更有可读性。

“雁过留声，人过留痕。”在曾经浪迹过的地方，此书记录了自己追寻、思考、潇洒走一回的一些难忘的片断，在与大家分享这一过程的同时，我会深深地把它们珍藏在心里。

顾玉清

2014 年 7 月 30 日

于北京东城区朝内南小街

○ 目录

第一章　行走到天涯

第二章　话说地球村

第三章　绽放在旅途

第四章　放眼看内外

第一章〇行走到天涯

○ 西岱岛上听钟声

在巴黎呆久了，越觉得对她知之甚少，也就越想贴近她。然而，“巴黎是一片名副其实的海洋，任凭什么探测器也永远无法知道她的深浅。”也就是说，巴黎是一个看之不完、看之不尽、看之不清的看不透的城市。人们与她碰面后，惊喜也好，失望也罢，但看了之后还要看，来了之后还想来，这就是巴黎的魅力所在。

热情澎湃地涌向巴黎的世界游客现在每年约达 8000 万，使巴黎得以稳坐世界第一旅游城市的交椅。只是为了一种情结，游客将 34% 的支出心甘情愿地奉献给了巴黎。巴黎成了所有人想象中的城市，她又被所有人的想象所丰富。她如同一扇深邃变幻的橱窗，人们透过它看世界、看未来、看历史、看过往风云……

巴黎是一个博物馆。巴黎除了拥有当今世界规模最大、收藏品最丰富的卢浮宫、凡尔赛宫和涵盖艺术范围最广的奥赛博物馆外，还有克卢尼国立中世纪博物馆、吉美亚洲艺术博物馆、阿拉伯世界博物馆、蓬皮杜中心、巴黎现代艺术博物馆、蒙马特博物馆、罗丹博物馆、毕加索博物馆和卡尔纳瓦莱博物馆等。走进巴黎就像钻进了一部古老的巨著，沉入了一个无边的知识迷宫。这里的每一座宫殿、每一座教堂、每一座城堡、每一座桥梁、每一个广场、每一条街道以及每一件雕塑，或许都能诉说出一段悲壮的历史或动人的故事。

巴黎同样是一个文化圣地。她集文学、教育、绘画、雕塑、建筑、艺术、摄影、电影和音乐等于一身，是一座取之不尽、用之不竭的文化艺术宝库。这里是文人墨客荟萃和成名之地，也是各类艺术人才向往的淘金之地。在从不势利，充满尊重的巴黎同一天空下，无数名人大家与无名小卒都以不同的方式去演绎他们的精彩人生，书写各自生命中的辉煌。也正是由于他们的存在和求索，巴黎的思维创新才会一步步升华，巴黎的文化高度才得到不断的累积和叠加。

从古至今，巴黎几乎没有受到太大的破坏而被完整地保留下来。从外表看，巴黎恰似有点儿灰暗老旧。但巴黎虽古老却一点儿不苍老，人们不轻易去改变岁月打磨给外壳留下的印记，而是用现代理念去激活内存、充实内质以达到保护与利用并存的目的。无论是卢浮宫中的金字塔，被古街包围的另类抽象建筑蓬皮杜中心，协和广场上的千禧巨轮，高耸于左岸象征工业革命进程的埃菲尔铁塔，还是与巴黎古城比肩而立的全新、现代、变化、飘逸的拉德芳斯新城，都反映了巴黎从来没有停止过前进的脚步。

巴黎的王者之风，巴黎的高贵之气，巴黎的文化底蕴，巴黎的妖娆妩媚，构成了巴黎“满眼风光北固楼”的万种风情。巴黎渐渐成了世界“无与伦比的巴黎”。所谓巴黎咖啡馆的话题也许就是世界的话题，所谓塞纳河畔的潮流无疑就是世界潮流。

巴黎之所以能保留下其美丽和精华而成为今天的巴黎，是与巴黎人丰富的审美渊源以及海纳百川、有容乃大的文化态度分不开的。他们共同生活在巴黎、爱护着巴黎、创造着巴黎。巴黎之美还体现在她的细腻和耐心上，人们不惜几十年的工夫来做一件雕塑，花一辈子的精力去完成一部作品，用几百年的时间建造一座教堂。巴黎的工地可能是世界上最少的，但一建就是一个经典。为推动文化普及教育，巴黎乃至全法的名胜古迹对 18 岁以下儿童不收门票，卢浮宫等 33 个国立博物馆、100 处文化古迹，在每个月的第一个星期日，免费向公众开放。另外，每年 9 月第三个周末的“文化遗产日”，公立博物馆一律免费，私立博物馆票价减半。法国人从小受到如此文化艺术的熏陶和洗礼更是巴黎能耸立于世界文化高地的重要因素。

笔者已经去过巴黎一些该去的地方，可是参观了N多次卢浮宫却没有一次能把它看完；在奥赛博物馆我曾请名家给我讲画进行艺术扫盲，可至今仍知之不多；我曾应邀参加在凡尔赛宫举行的路易十四时代的宫廷宴，可我还未真正享用“巴黎一席流动的筵宴”。我为自己的愚钝与笨拙而恼恨！我为巴黎的色彩与厚重而赞叹！为了试着去读巴黎这本难懂的“书”，我只得去追寻巴黎的源头，到面积不足两公顷的西岱岛上，静下心来去看日出日落，去听巴黎圣母院的钟声，去感受巴黎“心脏”跳动的节奏。

○ 文化赌注赚大发了

“没有文化的法国对谁都不好。同样，没有法国的文化不能不使人尴尬。”

“‘法国梦’就是在文化上下赌注。”“倘若存在一个法国梦，一个特别的，第一想做的梦，一个没有终结我们保持创造力的梦，这显然是法国文化的梦想。”

——法国作家、法国文化电台台长奥利维耶·普瓦夫尔·达尔沃尔

从人口规模看，法国人口仅占世界总人口的1%，是个小国。从文化影响看，法国在世界上举足轻重，是个大国。悠悠万事，唯文化为大。法国始终将文化建设置于优先地位，从而促进了文化产业的繁荣发展。目前法国文化产业遇欧债危机却逆势而上，凸显了文化实力非同寻常的重要意义。法国因生生不息垒起的文化高地让世人仰慕和尊重，世界因法兰西文化不同而显得更加精彩。

法国这棵根深叶茂的文化大树硕果累累、长盛不衰。在这块深厚的文化沃土上，曾经孕育出像笛卡尔、孟德斯鸠、卢梭、凡尔纳、居里夫人、拉伯雷、莫里哀、伏尔泰、巴尔扎克、雨果、福楼拜、司汤达、左拉、大仲马、米勒、马奈和莫奈等一大批灿若星辰的思想家、科学家、艺术家和文学家。今天，由于投入方面不惜工本，法国人已被培养成为文化“大家”。法国的博物馆、文化遗产、文化创意、文化民主、文化引力、顶级品牌和时尚潮流等在世界上独领风骚。文化产业对推动社会经济发展，发挥了酵母的作用。

每天吸引无数游客的巴黎红磨房（Moulin Rouge）。

作者摄

法国文化产业面广行业多，并形成互为助力的产业链。由文化遗产、信息产业、博物馆和旅游业组成了文化相关产业；演艺、游戏、摄影、设计、广告和时尚等组成了创意产业；由大众传媒、出版印刷和音乐唱片等组成了核心文化产业。法国文化产业经过若干年的发展已具备了相当好的基础，它既可以满足人们的需要，又能够实现价值的增长。尤其可喜的是，它已创造了新的文化需求，提供了新的文化资源服务。

事实上，文化产业的发展大大促进了法国经济社会的发展。正如法国前总统萨科齐所指出的那样，“文化对法国的经济发展具有战略意义”。据统计，法国文化产值占据国内生产总值的 3.5% 以上，并创造了 4% 以上的就业人口。“法国岛”——巴黎作为法国文化和创意产业的中心，仅占法国总面积的 2%，却创造了超过全国 30% 的 GDP，其文化从业人员约占全法同业总人数的 54%。巴黎因此创造了许多文化产业王牌，并对周边及全国许多行业产生连带的辐射功能。在卢浮宫、奥赛、蓬皮杜中心、凡尔赛、埃菲尔铁塔和塞纳河游船等景点，来自世界各国的游客从早到晚在那里排队购票；文化创意使法国的香水、葡萄酒、埃维昂三瓶水风靡全世界，甚至被限量购买；服饰在巴黎成了“生活的艺术”，有时一种独特的款式，一个小小的点缀，就让顾客爱不释手，不问价格地掏腰包。

法国文化产业有很大一部分是指“文化创意产业”，其重点行业之一的设计业发展迅速，具有良好的国际声誉。法国设计业涵盖的门类有：产品设计、时尚设计、企业形象设计、影视设计、环境设计和建筑设计等。笔者曾参观过位于巴黎巴士底广场附近的法国 AS 建筑设计工作室，来自 25 个国家的 100 多名建筑师、城市规划师、室内设计师走到一起，他们通过“一种以社会为依托的艺术，一种以人生为框架的创作”，成功地设计了斯特拉斯堡欧洲议会大厦、巴黎阿拉伯世界研究中心、巴黎圣约柜教堂和雅典歌剧院等，同时参与了法国国家广播电台大厦、上海世博会场馆和意大利艺术城等大型工程的建设，经济收益巨大。据估计，法国设计业的年营业额可达 30 亿欧元。

此外，在法国规模巨大的文化产业和产品中，还有全年发行总量达 90 亿份的 136 种日报；法国各类出版社达到 4000 多家，年出版新书 4.5 万册，年营业额超过 150 亿欧元；法国各剧场每年演出 5 万场戏剧，接待观众达 800 万人次。法国南部古城阿维尼翁一年一次的戏剧节长达一个月，来自世界各国的演出节目精彩纷呈，进一步促进了法国戏剧业的繁荣；全法约有 4300 多个音乐机构，每年举办各种音乐会达 250 次之多，定期还为听众提供免费音乐会，从而培育了大批的音乐迷；法国人民运动联盟议员热罗姆 · 沙尔捷先生对笔者介绍说，现在，法国已成为欧洲最大的电影生产国，其电影生产规模已紧追美国好莱坞和印度宝莱坞，位居世界前列。遍布全国的电影院上座率连创历史新高，目前年观众人数已超过 2 亿人次。

法国百姓对推动文化发展参与度高，总是形成文化活动扎堆的现象。就拿春节来说，法国人每年过中国的春节，就如同中国人过圣诞节一样，成了一种时尚。由于喜爱中国文化，中国年的每场活动、每张招贴画、每个元素他们都感兴趣。巴黎春节大游行的时候更是万人空巷，人人都想争睹这一盛况。他们摸龙身，接龙水，对生肖，个个都想沾上中国龙的喜气。

法国人从小形成的文化素养，使他们对不同文化具有独特的欣赏水平。巴黎中国文化中心每两年举办一次中国戏剧节，至今已经举办了五届。“中心”先后邀请了 20 多个不同的地方戏剧剧种，30 多个剧团来巴黎演出，其中包括在国内已渐趋失传的评剧、豫剧、吕剧、赣剧、晋剧、河北梆子、莆仙戏，还有一些鲜为人知的小剧种如漫瀚剧、二人台等。杜绝布景道具、不用话筒和胸麦，用毫无修饰的真声真腔真情演唱，完全回复到戏曲最传统的演出形式，通过演员的表演来完成时空环境的转换，观众的注意力全部集中到了演员的“手眼声法步”上。如此虚拟加程式化的表演，让坐得住、看得进的法国观众“大开眼界”，有“恍如隔世的感觉”。中国戏剧节的多场演出使剧场爆满，很多人拿钱买不到票，巴黎剧场因上座率猛增主动提出从门票收入最初的六四分成改为四六分成。这些在国内受冷落的小剧种“墙内开花墙外香”，在巴黎找到了知音和舞台。

圣诞节期间，巴黎演出市场火爆。本人曾应朋友之邀去巴黎南郊，看了一场传统的马戏团奔戴（Pinder）的表演。那天正好赶上优惠价，本来 32 欧元一张的门票只卖 9 欧元。人们在一片荒凉的空地上搭台唱戏，几千人相聚于一个巨大的圆顶帐篷下，一睹这个具有 150 年历史的马戏团延续至今的巡演传奇。令人惊叹的空中飞人，神奇而又高超的驯兽术，力量与技巧的完美展示，小丑诙谐滑稽的过招，表演精彩迭起，让人目不暇接。尤其是演出场内，一些着马戏服的人，穿行于观众之间，兜售银光棒、大红鼻、伸缩球，还有卖棉花糖的，虽售价要 6 欧元，但买的人不少。因为大家买的不仅仅是一件玩意儿或小吃，而是要找回童年与传统的那份记忆。

笔者曾在巴黎塞纳河畔的沙特莱剧场看了一场 50 多年常演

作者身临法国卢瓦尔河谷的城堡中。

不衰的音乐剧《音乐之声》。剧团来自美国，全剧用英语演唱。尽管法国人的英语水平不高，但是五层楼的古老剧场座无虚席。音乐无国界。美妙动人的主题曲《音乐之声》、深情无限的《雪绒花》、欢乐连动的《哆来咪》、惊喜感人的《晚安，再见！》打动了所有人的心。人们从中听懂了“爱”、“善良”、“纯朴”、“正义”和“奉献”。雷鸣般的掌声不断，使全体演员久久难以谢幕。

由此可见，如果抛开“红磨坊”、“丽都”、“拉丁天堂”和“癫马”每晚好几场的巅峰商业演出不说，巴黎的演出市场，说它多大就有多大了。

法国文化产业之所以如此发达，是与政府的大力扶持，企业、团体和个人的积极参与，较为完善的法律保障，以及规范化的管理分不开的。

首先，法国对文化产业的投入逐年增加。沙尔捷先生说，法国政府通过制定的文化政策，以不同形式对从事文化活动的一些企业或民间组织提供财政支持。主要目的是，让文化权利进一步下放到低层；保护和保存文化遗产；支持文化创造，包括提供特定服务和政府订制的作品等。

其次，政府还通过制定减税政策，鼓励有实力的企业为文化发展提供赞助，在提高了企业参与文化产业积极性的同时，减轻了国家的财政支出。相关企业因此可获得 3% 的税收优惠，也可以享有冠名权或做一些柔性广告等作为补偿。

另外，法国建立了较为完整的法律保障体系和管理体系以保证文化产业的健康发展。由文化部通过确立文化领域的各种标准或准则，再通过建立分支执行机构，来管理实施文化产业发展战略。比如，为抵制外来文化入侵，保护法国民族文化产业，法国提出了“文化例外”原则，相关法律规定各电视台必须按照其营业比例拍摄和播放国家电影，每年播放法语电影不得少于其播放总数的 40%，违者将受到重罚。

特别值得一提的是，为把文化产业做大做强，长期以来，法国非常注重培育人们的文化爱好。考虑到让更多的人能够接触并喜欢法国文化，法国文化部规定，各国所有记者、艺术家、教授，欧盟国家在校的所有大、中、小学生，参观所有法国国立博物馆时，一律免票。法国每年因此损失的门票收入数额巨大，可是法国算的是一笔大账，由此带来的文化权利扩大，以及经济效益和社会效益均无可估量。

文化是一个国家进步的灵魂。文化或文化产业的建设和可持续发展将决定一个国家的未来。法国把文化当成国家的 GDP 和公民的福利来抓，保证人人平等地参与文化活动，并享受着文化带来的利益和快乐。当然，更重要的是，正如沙尔捷先生所说的那样，弘扬文化将使法国能更好地加固发展的根基，确保法国在世界上保持重要而又独特的影响力。

○ 一个华贵的“橱窗”

巴黎香榭丽舍大街是一道亮丽的风景线，一个雍容华贵的“橱窗”。每当走在香街上，笔者除了领略她的悠久历史、古式建筑和碎石路面外，那些弥漫着的香水、咖啡和美食的诱人香气，独特多彩的文化氛围，引领世界的时尚潮流，总使人觉得身心愉悦、流连忘返。

香街位于卢浮宫前的小凯旋门、协和广场、凯旋门和巴黎新区大凯旋门的中轴线上。她东起协和广场，西止凯旋门，横贯巴黎 8 区，全长约 1910 米。香街中部有个圆形广场，将大街分为东西两段，东边约 700 米是巴黎典型的林荫大道。西边约 1200 米则是繁华的商业地段。

从一片沼泽地，到林荫道，再到商业街，400 年的沧海桑田，香街蜕变成了今天的“巴黎之魂”。香街经久不衰的盛景繁华源于其深厚的文化底蕴：梧桐、喷泉、雕塑、路灯、长椅、报亭、街头杂耍和露天咖啡吧……这既保留了香街的传统形象，又体现了法兰西民族的浪漫情怀。香街因此吸引了包括路易威登、娇兰、卡地亚、兰姿、斯沃琪、丝芙兰、迪士尼、鳄鱼、耐克、奔驰、雪铁龙、万豪、丽都、马克西姆、富格和坚石咖啡等 110 多个世界名牌名店在此落户，服务涉及奢侈品、高级时装、高级轿车、品味餐厅、专卖店、电影院、夜总会等，平均每天高达 30 万游客光顾于此，其中大部分是外国人。

游客多消费自然高。据香街街委会透露，香街每周 7 天都开门，一些商店大门敞开到午夜 12 点。这里的销售额通常高于巴黎其他闹市区 20%—30%，周日高于周六 10%—15%。香街最火爆的商店是丝芙兰（SEPHORA）香水店，每天接待无数来自世界各国的游客。路易威登的门前总是排着长龙，中国游客最多，他们每人平均在店内消费 1357 欧元，列各国消费者之首。

女儿在巴黎大皇宫和亚历山大桥前的微笑瞬间。
作者摄

紧随其后的是沙特人1296欧元，俄罗斯人1051欧元，美国人为956欧元，日本人为832欧元。据统计，香街1000多米长的商业街，每年的销售额达10多亿欧元。

当然，香街的租金也在不断上涨，一年更比一年贵。在香街坐北朝南的一边，税费和物业费不算，地面一层每年每平方米租金高达8000—10000欧元，商家的销售收入每年每平方米至少要达1.3万至1.4万欧元方能持平，尽管如此，香街60%—70%的商家仍可盈利。

目前，在如此昂贵的街道上，有两家中国人开的店面赫然在目：125号南航巴黎办事处，此乃中国企业在香街亮出的唯一品牌。77号法国文华旅行社，一家很有名气的华侨企业。对随着租金不断攀升，商家会否弃店而别的问题，香街的店主认为，这里是个大浪淘沙的地方，商店一直有选择地变化，不变的是香街的店面永远不会有空置。各商家想方设法要挤进来的理由是，首先香街本身就是一个世界大品牌，能在这儿立得住脚的需要足够的实力、信誉和知名度。其次巴黎香街的文化韵味是伦敦、纽约抑或东京的任何街道无法比拟的。来自世界各国的游客们宁可支付比在其他地方高得多的花费，也愿意美美地感受一下这里的消费文化。

香街显赫的地位使其成为法国举行各种节日或盛事的庆典与娱乐之地。本人曾在这里亲身感受了新千年的狂欢；每年近距离观赏圣诞节之夜的迷人灯火；应法国总统之邀，多次登上观礼台看法国国庆阅兵大游行；像一些来自世界各地的极少数幸运获大奖者一样，我和家人曾走进香街 42 号雪铁龙旗舰店展厅，住宿于顶层玫瑰色的圆形卧房里，透过多棱玻璃天顶，躺在床上数星星看月亮，倾听大街上的喧腾和热潮，从中体会到香街的人气、名气、财气和文化之气。

香街彰显的辉煌与亮丽给人带来的特别启迪是，文化不完全是商业，商业不能没有文化，没有文化的商业是“沙漠地带”，而乏味的消费是不会让世界游人有更多的停留和回望的。

○ 巴黎郊外踏青去

在我巴黎居所阳台上的鹳草花开个没完，让人分不出是春，是夏，是秋，还是冬。倒是花盆里种的一株小栗子树露出的新绿告诉我，春天到了。

春天是一个万物复苏、百花争妍的季节。几度春风，数次霏雨，吹洗去了冬日的沉重，唤起人们新的希望与遐想。尽管久居于此，但春到巴黎还是让我抑制不住去郊外踏青的萌动。原因在于“花都”是一个现代与自然，浪漫与经典，繁华与宁静并存的地方，她能够海纳百川、兼收并蓄，任何人都可以找到自己惬意的去处。正如法国大文豪巴尔扎克所说的那样，“巴黎是一个真正的海洋”。

巴黎的林荫大道，巴黎的名胜古迹，静静流淌的塞纳河，古往今来是文人墨客着墨较多的地方，也是游客绝对向往的场所。但是，当我几次登临埃菲尔铁塔俯瞰巴黎时，这个孕育奇迹、高深莫测的大都会撞入我眼底的尽是好像被分割成一个个石头和钢筋水泥建筑的方块，灰蒙蒙的而且显得杂乱，我曾经怀疑自己的感官出了毛病，怎么就找不到人家那种登高观巴黎的壮美感怀呢？其实，巴黎有不少迷人之处，只是因为我更喜欢她的郊外罢了。

巴黎的郊外有很多的森林，世界上许多著名大城市难望其项背。像布洛涅森林、万森森林和默东森林等，离环线都比较近。我常去的默东森林面积不属最大，可每次仅能探赏它的一个角。林中有参天大树，也有灌木藤蔓；有山涧溪水，也有清澈池塘。塘中有蒿草芦苇和成群的野鸭。特别是，地势高低起伏，到处沟沟坎坎，遍地铺满了成年累积的落叶，踩着叶子往前走如同行在地毯上一般。这里一片宁静，空气清新，什么都保持着原

在巴黎郊外德索公园里，女儿把草地当地毯了。 作者摄

始和自然。春天来了，林子渐渐被涂抹上了一层浅绿色，鸟儿在枝头叽叽喳喳地鸣叫，盈野的山花儿含苞待放，身处其间，独享精神的盛筵，醉饮自然的琼浆，一种回归自然的感觉油然而生。

拥有上千万人口的大城市能有这般宁静的宝地很不容易，保护起来就更难。这既需要政府的严格规定，又需要公民的良好素质。以笔者观之，法国人的环保意识已到了挂一块“禁止车辆入内和任何破坏森林的行为”的公告牌都多余。在这里，鸟儿可能飞落到你身上，野鸭大摇大摆地走到你身边来觅食，肯定不会有丧命之虞。尤其对我触动最大的是：一天，一抹余晖快要散尽的时候，一位在池塘边垂钓的老者准备收竿回家，我忙着凑过去看热闹，待他把网篓从水中捞起，活蹦乱跳的大鱼小鱼倒了大半桶，足有五六斤重。当我情不自禁地为他鼓掌时，他突然抬头问我，“要不要，这里没有污染，多新鲜！”“无功不受禄”，哪敢。我连声说“谢谢！”他欣赏了一番以后，慢慢地，一捧一捧地将鱼儿全部放回了水中。

联想到在瑞士的莱蒙湖边上，我看到飞来飞去的天鹅在众目睽睽之下做窝、产卵、孵化。在澳大利亚，我坐轮船欣赏到巨鲸在海中翻跃的壮观场面；上了海中大堡礁，就如同进了“阿里巴巴”的宝库，遍地的稀有动物和生物，各种各样的海鱼，大大小小的海龟，还有吸满礁石的海参，当局明文规定一个不能拣，也没有人拣；在海滩上，当地农庄导游为我们示范找淡水、挖扇贝，在一平米见方的地方抠出了几十个。但是，澳大利亚是不允许挖食扇贝的，违者若挖一个就处以2万澳元罚款。一位来自我国海滨城市青岛的朋友不无感叹地对我说，如果这在中国那可就要蜂拥而至，挖地三尺了。

因吃发菜而加剧我国西部大片土地沙化，乱砍滥伐森林导致大量水土流失，已经造成一系列严重生态恶果。特别是，竟有不法之徒偷猎大熊猫、金丝猴、东北虎和藏羚羊等珍稀野生动物，甚至杀而食之，这对西方人难以想象，也是文明社会不应有的野蛮行为。城市建设也是一样，一方面要推进“现代化”，另一方面还要注意保持“原始味”，让人们在享受现代生活的同时，在其周围还能找到回归自然的感觉。那种对高地非要削平，林中树叶非要扫净，杂草野花非要拔光的无效劳作，实际上是对自然的破坏。因为人的思维和视野需要多层次、多起伏和多姿多彩，即一个变化的空间，而不是一块扁平的沙地。

“春天属于早行人。”地球是人类的共同家园，我们要想把它建成“牛奶河和果羹岸”，每个人就必须扎扎实实、从我做起，从现在做起，爱护环境、保护生物，与自然一道跋涉、和谐相处。这样，经过冬的孕育，春的绽放，夏的酿造，我们一定会迎来秋的收获。

○ 走进巴黎地下世界

无论是古典的千姿百态，还是现代的万种风情，巴黎吸引着来自世界各地的游人。其实，大多数人欣赏的只是巴黎表面的花花世界，而很少留意其神秘的一面，即巴黎的地下世界。自古以来，法兰西民族就是一个爱挖洞的民族。据说，巴黎老城本身就是以挖掘出来的石头建造起来的。四通八达的地铁、纵横交错的地下水渠、巨大的地下商城、停车场、隧道、地窖、各种管线系统以及古代遗弃的采矿洞穴，使得巴黎的地下快要被掏空了。从这个意义上说，“巴黎的历史在地下”，此话似乎并不为过。

走进巴黎地下神秘的世界，进行一次神奇的旅行，您一定会觉得别有洞天。

100 多年前开始兴建的巴黎地铁，是生活在这里的人绕不过的便捷通道。目前已建成 14 条专线，380 个地铁站，全线总长 211 公里，将整个巴黎各大街区紧紧地连在一起。它每天运载乘客 440 万人次，全年达 11.6 亿人次。地铁每年运行里程高达 4000 万公里，相当于从地球到月球进行 100 次旅行。可以毫不夸张地说，巴黎地铁里发生的事，千奇百怪、无奇不有。乘一次地铁等于体察了一次巴黎的真实社会。

巴黎地下水渠工程的规模远比地铁浩大。巴黎市民饮用水的 50% 是通过地下水渠输入的，地下水池的蓄水量约 120 万立方米，足够全市居民消费两天，密布的输水管道总长度达到 1800 公里。据说，这些仍在使用的地下水渠不少是 16 世纪建城时修建的，当局已辟出 10 多公里古渠供游人参观，以一探巴黎地下之奥秘。您知道吗？塞纳河的支流马恩河在进入巴黎后，有较长一段是从巴黎人的脚下流过的。

在古往今来的历次战争中，巴黎地下被秘密地挖掘了许多工事和地道，有的已被探明，有的至今还没有找到。另外，人们还在巴黎 14 区的地下发现了一个巨大的尸骨地窖，内藏枯骨 100 万件以上，骷髅排垒有序，好似一个尸骨展览馆。它既令人毛骨悚然，又给人留下了诸多不可思议的悬念。总之，巴黎的地下迷宫与地上古街一样，充满了独特的魅力。

毋庸置疑，巴黎城建的超前意识顺应了现代城市立体发展的理念。迄今，巴黎还在不断地往下挖。比如，14 号地铁的延长线，埃菲尔铁塔地下的配套服务系统，大卢浮宫再扩建计划，塞纳河边地下空气调节中心等工程。但是，巴黎在开发地下空间过程中所暴露出来的问题也不容忽视。

随着城市化建设速度加快，地上地下双向“开花”，从而对巴黎的地基构成了严重的损害。由于未完全摸清的古矿井在演变老化，地下工程的混乱挖掘，以及在地下施工中留下的隐患，使得巴黎大区约 1000 多处地块的安全受到威胁。从过去到现在，地面裂缝、下陷、倒坍的事经常发生。譬如，1937 年，巴黎 19 区一次塌陷面积相当于一个足球场大，下陷深度达 30 公尺。1975 年，在巴黎北站的一次偶然挖掘中，一个巨大的地下深坑被发现，最终将它填平用去 7000 立方米水泥。2000 年这一年，巴黎大大小小的塌陷事故就有 30 多起：18 区的街道出现倒塌、13 区地面坍陷、14 区某校园里的一块场地下沉……巴黎因地面突然塌陷已造成许多人意外伤亡。

在地下的利用方面，巴黎虽有不少可圈可点之处，但也存在缺乏整体规划，各特权单位随便开挖互不通气、各行其是等问题。据市有关部门透露，地下空间的合理利用普遍不被看重，作业的随意性导致市内街道和人行道每年被“开膛破肚”1 万至 1.5 万次。且不说地下不同管网铺设会因靠得太近而可能引发危险（如煤气与电缆或水管），好端端的路面上东填一处西补一块，被弄得乱七八糟。

为了解决这些历史和现实遗存的种种问题，巴黎市府加大对原有地下监控系统的投入，进行不间断监察巡逻，以便及时发现和消除隐患；对危险地区采取有计划的撤离、征购和加固；强化地下和地上使用权的审批制度，实行统一整治；建造多管网“技术长廊”，对管道系统采取隧道式填埋，便于集中跟踪、维修和保养等。

巧用好地下是现代城市发展的趋势。然而，科学的规划、优质的施工、严格的管理和快速的应急预案等措施需要紧紧跟进。试想，如果人们好似住在沙丘上的楼阁里，整天颤颤巍巍地生活着，那是没有什么安全和快乐感可言的。

○ 普罗旺斯的紫色调

普罗旺斯位于法国的南部，属于地中海热带风情。平原与丘陵交错跌宕，稀疏且略显老气的植物，低矮的石头房子和裸露的石灰岩，一见而过往往引不起人们太多的注意，普罗旺斯因此得以保守着自己的秘密。直到英国人彼得·梅尔的到来，以及其记述此地的一本接一本纪实畅销书的问世，才使得普罗旺斯的神秘面纱渐渐被撩开。“骄阳的赤金，薰衣草的绛紫，地中海的湛蓝”，还有那在微风中“热恋”的向日葵和百里香，让梅尔陶醉其中，也让无数追风者趋之若鹜。

然而，在普罗旺斯的斑斓色彩中，薰衣草构成的紫色调恐怕是最具吸引力和冲击力的。难怪法国著名作家莫泊桑曾将薰衣草形容为“普罗旺斯美丽的衣衫”。每年薰衣草盛开的时节，数百万“朝圣大军”从世界各地涌向这里，以一睹仲夏的紫海花田，走进浪漫的香情梦境。

笔者曾几次穿越普罗旺斯，可惜都没有能到这块“福地”里去踏花赏草，但终究还是没有经得起在慵懒阳光下与时间对话的诱惑，借去马赛之便，进行了一次放飞心情的悠然短暂之游。

我们的汽车穿行于以卵石墙围起的村寨，越过险峻的吕贝隆峡谷，进入一块山坳，车停在索尔特修道院旁。此处建于12世纪，因梅尔的《山居岁月》而出名。在院前的一片开阔地里，修女们种植的薰衣草田成垄成行，绽放的紫色花草密匝挺拔，如同刚吐穗的麦子一样，微风一吹花枝摇曳、紫浪翻滚，浓浓的草香味在空气中弥漫，一种从未有过的嗅觉快感，一股扑面而来的乡土气息，让人可以痛饮大自然酿造的仙露玉液。

在山下山上的一块块薰衣草田里，游人流连于花间，恋人的牵手、孩童的嬉戏、老人的满足，所有人与薰衣草亲近的微笑，被定格在无数照相机和摄像机的镜头里……

薰衣草为唇形花科芳香植物，属多年生草本或小灌木，叶片狭窄呈灰绿色，茎直立，花序为穗状，通常在每年的6月至8月间开花。据普罗旺斯人介绍，薰衣草又分为原生薰衣草和杂交薰衣草。原生薰衣草一般生长在海拔900—1300米高的野生环境中，含精油量少，但品质奇佳，大多用来制造名贵香水和香料。杂交薰衣草宜生长在海拔800米以下，不光草长势旺盛产量高，其出油量也是原生薰衣草的1—5倍。自上世纪50年代以来，人们开始种植它，现在游人观赏的大多数就是这种薰衣草。

早在古罗马时代，普罗旺斯的薰衣草就被用做香浴，或用来去除狐臭和异味。后来，它又被制成防腐剂、愈合剂和镇静剂等。人们甚至将没有加工的薰衣草直接装入布袋里用来消毒、驱虫等。在薰衣草博物馆里，笔者看到了当时一些提炼薰衣草精油的蒸馏锅，通过影片介绍知道了薰衣草香料品的制作流程。到了19世纪，随着人们对香水需求的增加，普罗旺斯的薰衣草生产进入鼎盛时期，来自邻近的意大利、瑞士和西班牙的帮工，每年都成群结队地奔赴普罗旺斯，开始他们繁忙的薰衣草收割之旅。

尽管由于化学合成替代品的利用曾导致薰衣草产业出现萎缩，但是为了让这一妙不可言的植物以其魅力和芳香永远存留于人间，大面积的人工种植带动了相关香型产品的大量开发，使薰衣草又找回了昔日的辉煌。目前，普罗旺斯人工种植的薰衣草的面积已达到1.7万公顷，一片片舞动着的紫色花穗，点缀着山谷与原野，映衬美丽的阳光地带。

如果把普罗旺斯视为一幅天赐的名画，那么画中的紫色就是它的特色。紫色代表了高贵，紫色象征着永恒，紫色充满了浪漫。因为紫色而赋予了薰衣草美丽的爱情传说。因为紫色而曾经让塞尚、梵高、莫奈和毕加索等艺术大师在普罗旺斯找到了新的创作灵感和源泉，完成了爆炸性的颜色革命。

薰衣草是普罗旺斯的一张最好的名片，薰衣草与普罗旺斯有着不解之缘，薰衣草带给了普罗旺斯别样的风景与风情。

○ 欢乐谷里难欢乐

从巴黎出发，驱车沿 4 号高速向东南方向行驶约 50 公里，横亘在道路上的一排童话般色彩的尖顶城堡收费站显示，巴黎的欢乐谷——迪士尼乐园到了。

巴黎迪士尼乐园位于巴黎郊区的马恩河谷地区，1992 年建成开张，是欧洲最大的文化娱乐休闲中心。园内建有 7 家主题酒店，5800 个客房，54 个旅游景点，56 个纪念品商店，69 个主题餐馆。除了从美国复制过来的美国城镇街道、老祖母农场、探险乐园、幻想世界和发现空间等特有的符号和信息外，还建造了露天度假村和高尔夫球场等，据说当时总投资达440亿美元。

巴黎迪士尼乐园是第一个在美国本土以外兴建的迪士尼主题乐园（东京迪士尼乐园属于 Oriental Land 公司），它给欧洲大陆带来了不同的娱乐口味，受到了欧洲人的欢迎，当时曾出现游客漏夜排大队购票，潮水般入园的盛况空前的景象。惊险、刺激、梦幻、搞笑等玩儿不完的项目，以及迪士尼的创意和创新，给游客留下了难以忘怀的记忆。

20 多年来，以个性化的服务，如提前入园的“魔幻小时”，迪士尼游乐屋，汽车明星游行，天然村与绿色游，以及每天晚间的焰火大游行等吸引了无数游客。特别是，密集的交通网更为大量来自欧洲各国的游客提供了便利。欧洲之星、法国铁路公司、法国地铁公司和法国航空公司的强强联手，将巴黎欢乐谷打造成了一个四通八达的交通枢纽，超过 60 列高速火车每天从这里驶过，连接欧洲各国和法国 100 多个城市。无论是自驾车或是乘车，去巴黎迪士尼乐园都很方便。正因为如此，自 1992 年以来，巴黎迪士尼乐园已接待了约 2.2 亿游客，快乐满意度超过 70%。

但是，一个奇怪的现象是，巴黎迪士尼乐园虽火爆却不赢利，总是处于亏损经营状态。原因恐怕在于投资规模太大、税率较重、运营成本高，致使窟窿难以填平。巴黎迪士尼公司对此一直讳莫如深，对外非常低调，更不愿与媒体打交道。为了采访巴黎迪士尼乐园，笔者通过友人，好不容易联系上了迪士尼公司新闻部负责人让·大卫·马克，在我们通过电话沟通的过程中，他对笔者提出想采访迪士尼公司的要求，不但不热情，反而感到很诧异。同时，他反复问及为什么要采访迪士尼公司？想达到什么目的？要报道哪方面的内容？报道将于哪天，刊登于哪报、哪版、哪页、哪个位置？这一系列寻根刨底的追问，我还从来没有碰到过。

后来，我将采访信及采访提纲发给马克先生后，就再没有接到他的回音，通过多次努力，终于获得了采访的机会。在指定的时间到达指定的地点，拿了一张免费门票进得园内，我坐在一条长凳上傻等了近 4 个小时，才与马克先生会面。除了在里面自费吃一顿快餐以外，在偌大的园子里，我没有去溜达。因为与我 10 年前第一次来这里游园时的感觉已经不一样了。原来塞得满满的巨大停车场，现在一半是空荡荡的。原来鲜亮的梦幻般的园内建筑设施，已经变得有些暗淡老旧。可以说，今日的巴黎迪士尼乐园已勾不起我的兴趣了。

财政运转本来就一直不灵的巴黎迪士尼公司，国际金融危机对它的影响更是不可低估。2008—2009 年度，巴黎迪士尼公司借搞建园 15 周年庆典活动，成功招揽了 1540 万游客，为创开园以来的最高纪录。但是，业绩却令人失望，与上一年度相比，商业数字却下降 7%，总收入仅为 12.3 亿欧元，亏损达 6300 万欧元。巴黎迪士尼公司总裁菲利普 · 加斯解释说，国际金融危机使消费发生了一些变化，游客人数即便上去了，实际收入下来了，主要是游客花钱变得谨慎仔细了，最明显的迹象是，游客待在园内的时间减少，旅馆入住率下降，每个房间的花费平均减少了 10 欧元。由于资金紧张，迪士尼公司不得不推迟一些债务的偿还和园内工程的修复。

从历年的业绩报告看，据说巴黎迪士尼乐园尽管曾被财务重组减免了 10 亿美元的债务，可是它至今仍没有摆脱亏损的阴影。显然，一个背负一身债务的花花巨人，即使看似拥有超乎寻常的“欢乐谷”，也总是欢乐不起来的。

○ 格拉斯芬芳弥漫

随凤凰卫视摄制组从里昂出发前，一场暴雨突然倾落，将本来非常愉悦的心情和亮丽的秋日一扫而光，法国南方迷人的阳光地带当然也被浇了个透。在淅淅沥沥的小雨中，车队沿着偏西走向的高速公路行驶400多公里，由于中途需要休息用餐，还因车上卫星定位系统有时的误导，使我们走了不少冤枉路，抵达尼斯时已是下午4点多钟，原定的采访计划全部泡汤。站在“蓝色海岸”的护堤边，远望地中海上空的团团乌云，近看被巨浪冲掀得浑浊不堪的海水，多少让人有些缺憾和无奈。然而没有想到的是，第二天的“香料之都”——格拉斯之行，却给我带来了意想不到的亢奋，这也许是芬芳让心情愉悦的缘故吧！

格拉斯是介于尼斯和戛纳之间凹进去的一个山区小城。自16世纪以来，芳香植物在该地区的大面种植，促进了格拉斯香料业的发展，并使其逐渐成为闻名遐迩的“香料之都”。现在，格拉斯不仅是世界香料的重要产地，而且是传统工艺与现代技术结合的香水研发基地。因此，这座山区小城每天吸引了许多前来参观的游客。

多亏了法中友人阿妮女士的精心安排，我们跟着凤凰卫视的摄像镜头有幸参观了格拉斯的香花种植园、香料加工厂和国际香料业博物馆等。从那里人们可以了解到名贵香料及香水生产的全过程，香料工业不光是一项独门绝技，更是一门艺术。比如，作为一种情感与信息表达工具的香水，它的配制师们实际上是一些艺术的创造者。他们不一定是顶级的知识分子，但一种非凡的嗅觉记忆却是不可或缺的。因为他们要通过博闻强记，从无数芬芳中去寻找想象中最佳的味觉效果。所以，高级香水的配制不仅仅是不同香味的简单混合，而似一种“音乐作曲”，一种对美的设计。

为了让芬芳进入更多人的生活，花农们在细雨中一丝不苟地采花的景象，以及他们对香花的呵护和对芬芳的理解令人动情。成立于1850年的罗贝尔戴香料公司，靠孜孜求美的努力使原先一个很小的手工作坊，发展成一个世界性的著名企业。公司总裁菲利普·莫贝尔特认为，150年来，罗贝尔戴成功的历史，就是一部不懈追求的历史。它同时将这种具有浓烈香味儿美的自信带给了顾客，而顾客的信任又使公司充满了活力。据介绍，该公司销售收入不断攀升，其中法国国内市场销售额占其销售总额的16%，国际市场占84%。陪同我们参观的公司负责人指出，在效益持续上升的驱动下，通过加大对工业、技术和人员等方面的投入，该公司完全能够实现它所制定的新的发展战略目标。

格拉斯，她既没有尼斯的“蓝色海岸”，也没有戛纳的“电影之城”，但这并不能说明她无所作为。她没有去刻意模仿别人，而是着力发展自己的个性，保持原有的特色。这也正是国际香料博物馆被指定建在格拉斯的重要原因。格拉斯就是格拉斯，这个传统香料业的摇篮，正以其秀美迷人的风光，飘逸诱人的芳香，吸引着八方游客。

○ 偶宿古客栈

马赛是一个充满神秘色彩的地方，其本身的历史就来自一个美丽的传说。相传于2600年前，在一次宴会上，当地利古里亚人部落国王纳恩（Nann）的女儿吉普迪斯（Gyptis），选中了一位希腊海员普罗迪斯（Protis）作为驸马，两人举行盛大婚礼时，国王将这个地方作为结婚礼物送给希腊人而得名。当凤凰“欧洲之旅”车队开进马赛，下榻于老港边一个叫梅桂尔的小旅店时，女店员不经意的介绍，一下子将我对旅馆的认识拉到了久远的过去。

挨港而建的这家7层楼旅店，共有71套房间，看上去很不起眼。门脸小小的；狭窄的接待厅里竖起好几根木柱；墙壁的木板有的已经脱落；酒吧里堆垒的陈年老酒，瓶子上积满了灰尘；到处摆放的古家具黑不溜秋；只能乘四个人的电梯铿铿直响；走廊里门对着门、门挨着门。我的第一感觉：有点儿别扭。

放下行囊下得楼来，我对一位值班女经理打趣地说：“你们旅店看似有年头了。”没有想到她却非常自豪地回答：“是啊，已有200多年历史啦！”接着，她给我解释说，这个楼房约在1800年左右建造，1815年被改造成“博沃大旅店”，1816年开张。朝着她手指的方向，我看到了安装在墙上镜框内已褪色不堪的经营许可证，还有当时报纸刊登的消息。她说，1996年1月1日，“博沃大旅店”才刚刚成为“梅桂尔”连锁店的一部分，但它仍然保持了原有典雅而又古朴的风格。

旅店对面是旧港，离市中心的剧院和市场都很近，梦幻般的视觉效果，据说能够产生创作灵感，一批世界知名人士都曾在这里居住过，如，画家缪塞、诗人阿方斯·德·拉马丁（1832年居住于此）、剧作家梅里梅、作家马斯内和让·科克托（1920年），尤其是伟大的作曲家和钢琴家肖邦和乔治·桑一对情侣于1839年的驾临，更使这个客栈增添了不少浪漫的情调。偶宿这个特殊旅店的606房间，我顿生了从未有过的满足感。抚摸着路易十三和拿破仑三世时代的古家具，凭窗俯瞰停满游艇的马赛老港口，我仿佛走进了一个动人的故事，跨入了一个历史长廊，任思绪去遥拥时代的不朽与峥嵘……

在其他地方没有找到的感觉在马赛古客栈里找到了。凤凰卫视特邀嘉宾主持人余秋雨教授对我说，住在这样的老房子里心境就是不一样。真好！这也正是梅桂尔旅店改名不改“姓”，与众不同的地方。它没有大搞装修给人留下太多的遗憾，而是精心为人们保存下了记忆、怀古、欣赏和思想放飞的空间。坐在离旅店不远的饭馆里，喝着自称是马赛最好的杂鱼汤，吃着鲜美的龙虾和扇贝，品味着旅店里的惊喜，品味着马赛旅行的快乐。

马赛是法国最大、最古老的港口，也是欧洲最重要的港口之一。它历来是法国对外交往的重要门户，大约180条海上航线，可通达109个国家和地区。中、法两国最初的商业贸易就是从这里开始的。中国的许多仁人志士也是从这里踏上了欧洲的土地，而且很可能住过了我们所住的这家旅店，由此改变了他们的人生轨迹，进而改变了他们乃至中国的命运。

○ 影城一站

以电影展而闻名于世的戛纳是“欧洲之旅”的重要一站。戛纳一年中有3000多个小时的阳光丽日，偏偏在我们到访时阴雨绵绵，欢迎我们的戛纳市负责文化与新闻的副市长保罗·西莫内特，对此几次表示歉意。不过，湿漉漉的戛纳向我们所展示的却是另一种情调。霏雨洗去的是空中的尘埃和人们心头的浮躁，留下的是蒙胧中更能产生美感的独特风景。

通常，阳光、沙滩、碧海、蓝天、花丛、翠绿构成了戛纳的多姿多彩。从古到今，世界一些名流商贾来到戛纳后都会被她的美景所吸引。1815年，拿破仑从囚禁他的厄尔巴岛逃出，在朱安湾上岸途经戛纳时，尽管他一心想着复仇，但也不乏对这方水土的赞美之词；1834年，前英国大臣布鲁厄姆（Brougham）爵士带着女儿去意大利度假偶尔路过此地，由于秀丽的风景以及一家小店用海鲜美味热情款待使他流连忘返，于是他在戛纳盖了一栋豪华别墅。从此，一批批显贵、艺术家、作家和诗人纷至沓来，戛纳不仅从一个小渔村发展成一座城市，而且处处溢透出文化的韵味；此后，卓别林、戴安娜等都曾慕名到此小住，以领略戛纳的绮丽与斑斓景色。

正因戛纳拥有像电影里的风景一样，1939年，法国政府决定在这里创立国际电影节，后因第一次世界大战而被延期。1945年，法国艺术活动联合会受法国政府的委托经过积极筹备，第一届国际电影节于1946年在戛纳揭幕。最初，电影节相继在拉克瓦塞特豪华旅馆和戛纳的一些著名别墅举行，参加者只有几百人。随着电影节越办越大以及影展大楼的落成，戛纳逐渐成了世界电影的一个重要“平台”。一到电影节，不同风格、流派、倾向和类型的电影在这里放映交流，来自世界各国的明

作者（第二排右一）随“欧洲疯狂之旅”摄制组到达法国南部海滨城市戛纳。

星在这里会聚，整个戛纳几乎停摆，全城都围着电影转。

根据工作人员索菲·布吕热罗勒介绍，电影节期间，所有的大牌明星都不愿错过这个展示自己的机会。像索菲亚·罗兰、伊丽莎白·泰勒、克林伊斯特·伍德、罗贝特·雷德弗、汤姆·克鲁斯、约翰·屈封达、莎朗·斯通、亚兰·德伦、卡特琳娜·德纳芙和伊莎贝尔·阿佳妮等都曾光临盛会。成千上万的影迷们更是将影展大楼前的广场和拉克瓦塞特宾馆边的海滨大道，即明星大道，挤得水泄不通，以满足看到各人所崇拜的电影明星的夙愿。戛纳的所有旅馆因此爆满，其全年收入的15% –20%在这十多天中就能获得。

顺着楼下的花坛和草地往前走，我看到400多个世界明星在一圈矮墙的黄色瓷砖上留下的手印，中国著名导演陈凯歌的手印和签名也位列其中；在明星大道边的图片展览室里，我也看到了巩俐与世界明星握手的风采。由此可以看出，中国影星已在戛纳电影节中受到了越来越多的关注。

经常与明星打交道的著名摄影师吉勒·特拉韦索，在与笔者谈到对明星的看法时说，有的人很聪明，有的人则很笨。有的人很善良，有的人则很刻薄。实际上，只是因为他们和我们之间有距离，我们才总觉得他们熠熠生辉。如果我们真正走近他们，很快就会发现他们和我们没有什么两样。问题是，观众与明星之间的距离，既是时间的，又是空间的，很难真正拉近。

在多梅尔格花园别墅里，也是曾经接待过众多电影明星的地方，时任戛纳市副市长西莫内特为“欧洲之旅”一行安排了高规格的宴会。他在讲话中强调，戛纳电影节已成为世界最著名的电影节之一。但是，当笔者向他问及法国电影在世界电影市场上所占份额时，不到 1% 的比例确实让他有点儿难于启齿。可见，目前的戛纳电影节既是耀眼的，又是带有虚幻影像的。

○ 丝绸之路这一端

“欧洲之旅”摄制组进入里昂就等于走进了丝绸之路的终点。因为里昂纺织历史博物馆馆长普拉齐先生再三向我们强调：如果说中国是丝绸之路的始端，那么法国里昂就是丝绸之路的末端。

一下高速火车，我就打的直奔指定的旅店。也许由于旅店所处位置有点偏，第一印象出乎我的想象，不仅街区显得零乱，而且整体环境也不佳。但是，当我到市中心转了转后，先入为主的印象很快就被冲洗掉了。

伫立于两条情人河——索恩河和罗讷河之间的城岛上，里昂从我的脚下向两河岸边的高地伸展开去，河流、桥梁、楼宇、城堡……真是古今辉映，错落有致，魅力天成！一位久居里昂的导游小姐情不自禁地对我说，你知道吗，里昂是一个很有王气的城市。它最初是高卢人的都城。两千多年前，古罗马时期的恺撒工于心计，主动要求到高卢这个地方任总督，在此他建立了强盛的军事和商业中心，并征服了周围大片地域，巩固了古罗马的统治。他本人也得以养精蓄锐，待羽毛丰满后重返罗马，从此走上了恺撒大帝的辉煌之路。她认为，里昂具有孕育奇迹的天地山川之灵气。

里昂虽是个以发明电视、电影和纺织机等而著称的城市，但是真正让它享誉全欧的却是“丝绸之都”的称号。人们由此可以想象当时里昂丝绸业的繁荣景况。据说，丝织业由中国人发明后，经北非传到意大利和西班牙。当时，意大利首先掌握了相当高的丝织技术，欧洲各国的王公贵族争相前往购买丝织品。大约在1536年，为在里昂建立法国自己的丝织工业，法国国王弗朗索瓦一世下了一道命令，以减税的方式鼓励人们去意大利学习丝织技术，自此丝织业在里昂很快发展起来。

接着，里昂开始大量进口中国的丝绸，并在学习、吸收的基础上，将来自东方的丝织材料按照西方人的审美习惯，进行后期整理、着色、刺绣、再加工，不断提高丝绸档次，供应上流社会。在纺织历史博物馆里，我们看到了许多风格各异、五彩缤纷的传世之作，尤其是当年为路易十四织造的装饰挂毯。据普拉齐馆长介绍，丝织工人每织一块就要花费整整 20 年，以对接凡尔赛宫的挂毯更换日期。它的精美绝伦，它的巧夺天工，它的雍容华贵，令人叹为观止。

19 世纪，新织机的研制成功，丝绸与时装的结合，本来应该给丝绸工业带来新的发展机遇。然而，随着科学技术的进步，新材料、新产品的出现，以及人们消费习惯的变化，丝绸附加值的大幅度减少，里昂的丝织业已经风光不再。古老的丝织工业厂区破旧凋零，场景凄凉。在该区的“丝织工人之家”里，人们可以看到仍有一些丝织工用传统的手工方式，织造最高级的装饰用丝绸面料。仅存的工厂只能维持小批量生产，市场上常见的产品多为方巾、披肩和领带之类。漫步于里昂的古街区，参观者可以发现许多像迷宫一样连在一起的狭窄而又封顶的小弄巷，这都是当年为运输丝织品，避免风吹雨淋而设计的。今天，络绎不绝的游人来此观光，除了欣赏它独特的构造之外，更多的恐怕是凭吊。

传统丝织业的衰退并不意味着里昂的落伍。相反，一批高新产业随之在这里兴起。里昂历史上是个发明之城，但它又不仅仅停留在招摇和炫耀上，而是注重转化为生产力，加快后续再创造。当然，对笔者触动最大的莫过于一块丝织品织几十年，一座教堂盖几百年，可以说求精求新达到了极致。这些正是丝绸之路这一端——里昂能够紧跟现代文明脚步，永不逊色的关键所在。

○ 全民出动淘美丽

巴黎是一个购物的天堂。世界上差不多所有的大名牌和顶级奢侈品在这里都能买到。由于名牌商品价格昂贵，平时大多数市民只可仰视，不能购买。每到打折期，这些往日可望而不可及的高档商品不得不“低下高贵的头”，走下高高在上的柜台，走近大众的生活。

巴黎乃至全法打折期分为夏季和冬季两个阶段，夏季打折期通常在6月底至7月底，冬季在1月初至2月初。法国打折期年年有，每年当打折时间一宣布，人们就如同参与一场重要的仪式，或过一次盛大的节日一样，男女老少一起涌向巴黎的名牌店、专卖店、商场、超市，去抢购各自所喜爱的商品。

打折商品从化妆品、床上用品、箱包到服饰差不多全覆盖。刚开始打折的幅度相对要小一些，一般在30%左右，但商品比较时尚、新颖、尺码齐全，因此谁也不会放过先机，有的甚至在未打折前就在有关商店看准目标，打折第一天各商店一开门，等候在门前的购物人群蜂拥而入，很快巴黎各商店挤满了来自四面八方的顾客。店里的货架上被翻了个底朝天，货品撒落满地。大街上人流滚滚，所有的停车场爆满，快餐店前排起了长龙。人们在城里获得“先手”之后，又都马不停蹄地赶往离巴黎约30公里的“欧洲谷”名牌村，以及外地的特鲁瓦名牌城“扫荡”，大有不获全胜誓不罢休的劲头。

随着打折期后移，折扣面越来越广，折扣幅度越来越大，货真价实的国际名牌折扣率从50%升到70%，有的甚至更多，用很少的钱购买更多的商品，价值规律使人们的“血拼”劲头不减。老佛爷、春天、好商佳和莎玛丽丹等各大商场，日营业额猛往上蹿，商家在打折期内可轻而易举地实现全年销售收入的 25%，有些可达到半年的营业额。当然，更重要的是加快了商品周转，盘活了资金，有力地促进了市场购买力的上扬。

法国是全球人均服装消费量最高的国家之一，在这场折扣“大战”中，人们大包小包买得最多的也是服饰。有关专家的解释是，消费者之所以首选服饰，这主要在于人体的 90% 被服饰所包裹，服饰是美的源泉，它可以丰富人的外表和内涵，用服饰穿出自己的魅力和个性来，就能使人在成功的道路上事半功倍。巴黎人花今天的钱，办明天的事，穿行于 8 万多个品牌之中，精心地淘时尚、淘美丽、淘生活的未来。

让品牌迷们更为心动的是，当局已表示，法国将考虑增加打折次数，在商场内增设打折专区或专柜，把打折促销变成一种长期的行为以刺激消费。此言一出，约 60% 的消费者举双手赞成。可是，商人们却群起反对，他们认为，长期打折无利可图，不利于保护品牌和市场，最终会把商家推向“死亡的边缘”。

巴黎每年的“大减价”使消费者热血沸腾，并已形成了不可逆转之势。在折扣的日子里，无论需要与否，人们都会跟进狂购，这多少带有一定的盲目性和给人一种被绑架的感觉。但愿这种折扣文化也能普及一些消费知识，引导顾客将疯狂购物与合理选择结合起来。

○ “围城”与“圈地”

在巴黎购物，假如人们稍稍留意一下便会发现，巴黎市内大商场比比皆是，却很少见到大超市。而在乡村或郊区大超市到处都是，大商场却比较难找。市场法则导致的这种分工，也许自有它的道理。

法兰西民族长期精心打造的巴黎三条黄金商业街，即香榭丽舍（AVENUE DES CHAMPS ELYSEES）、蒙泰涅（AVENUE MONTAIGNE）和福布尔格·圣·奥诺雷（RUE DU FAUBOURG ST HONORE），那里的高档名品应有尽有。卢浮宫对面里沃利街（RUE DE RIVOLI）的旅游商品让人眼花缭乱。

位于奥斯曼大道的老佛爷（LAFAYETTE）是巴黎最负盛名的百货公司，它的附近有巴黎歌剧院、银行、兑换所和旅行社，所以非常受各国游客，尤其是中国游客的欢迎。老佛爷由各五层高的两栋楼相连，一栋为女部商品，一栋为男部商品。里面高档和时尚的，大众和实用的商品都有，一旦钻进去了基本上就出不来，通常会买到各自想要的东西。当然，如果不在乎银子，消费得还不过瘾，隔壁还有大型百货春天（PRINTEMPS），可以接着逛。

离卢浮宫不远的萨马利丹（SAMARITAINE）商场，据说已有几百年的历史，是巴黎有名的老店。放眼望去，商店门前悬挂的各类广告铺天盖地。高档名牌虽不多，但商品很有特色。外国游客知道来此购物的不多，倒是巴黎人光顾这里的不少。

莱阿勒（LES HALLES）大型地下商城不仅为一些奇装异服爱好者提供了选择的天地，而且地面舒适宽广的空地给顾客带来了休闲的场所。此外，还有杂品大商场市府巴扎（BAZAR

DE L‘HOTEL DE VILLE），在那里小到针头线脑，大到电器家具，差不多没有买不到的，只有想不到的。

法国大型百货商场历经兴衰沉浮，在各大城市得到迅猛扩展的同时，超级市场也悄然兴起，并有后来居上之势。据报道，至20世纪末，法国营业面积达2500平方米的大型超市超过1100家，从而对只有几百家的传统大型百货商场带来了强大的冲击。

面对超市的巨大挑战，法国传统百货商家沉着应对。它们靠多年打造起来的经济实力和商业信誉，采取以守为攻的战略，加强各大商家之间的联合，在市内建立超大型商场，或发展连锁商店，画地死守，严防“入侵”。除此之外，百货商场在营销手段上也屡出高招。它们不仅想方设法在方便顾客方面下功夫，而且在购物退税、旅游团购回扣、会员制优惠和折扣促销等方面大做文章，以招揽更多的游客和顾客。

在法国的城郊或乡村，像家乐福、欧尚和蒙诺佩等大型超市，根据合理和准确的定位，它们所选择的位置大多在空旷的交通要道，或十字路口，有大型免费停车场，交通方便、环境幽静。由于地皮、店面、进货，以及劳动力的成本相对比较低，所以超市的商品价格要比市内的便宜不少。特别是，围绕着“民以食为天”，稳扎稳打，全面推进，取得了巨大的成功。大百货与大超市目前各自占据着法国城乡的“半壁江山”。它们各有特色、各具优势。人们去乡村购买时尚用品或开车到市中心去买一大堆食品都是很难想象的。法国人购物线的多元化，自然而然地形成了城乡消费两头“火”的局面。

超市在郊区和农村“圈地”，带来的意外好处是，促进了乡村现代化不说，还带动了一方经济的繁荣。比如，在离巴黎市30公里的布雷蒂尼市建有一家巨大的欧尚超市。该超市正好处于50个小乡镇之间，巴黎的商业和时尚元素被带到了郊区，人们在家门口可以买到物美价廉的商品。如果不是朋友在里面开了一间专卖店，我有幸光顾参观，很难想象那里的生意会那样火爆。

城内大百货，城外大超市，谁也代替不了谁，谁也吃不掉谁。不但避免了不必要的恶性竞争，而且互为补充、各得其所。同时，这种商业分布对于缓解城市交通，推动城乡一体化进程均发挥了积极作用。

○ 边际线正在消失

昨天，农村人向往城市。今天，城市人向往农村。享受现代和回归自然的不同渴求，构成了城乡间的交叉流动与渗透。在今日法国，真正意义上的农村正在逐步消失，“变化着的城市”不断扩大。城市乡村化，乡村城市化，已成为法国社会发展的一种新趋向。

随着经济发展水平不断提升，信息联通技术日新月异，城乡的边际线正在消失。人们的价值取向也因此发生了重大的变化。越来越多的人为逃避城市的拥挤、紧张和污染，开始大踏步向乡村转移。他们在那里找到了清新的空气、优美的环境、宁静的生活，从而实现了回归绿色、回归自然的心愿。

根据法国国家经济与统计所的一项研究报告表明，20 世纪初，80% 的法国人生活在农村，城市人口只占 20%。后来，这个数字翻了个个儿，四分之三的人拥挤在城市，只有 1300 万人散居于 70% 的国土上，真正从事农业的人仅为 70 多万。但是，从 1990 至 1999 年，这种情况又发生了根本的变化。法国大约有 2780 万城市居民在此期间搬了家，其中三分之一的人搬离了城镇，五分之一的人离开了巴黎大区，居住到了乡村。社会学家亨利 · 芒德拉斯认为：“乡村世界的改造构成了 20 世纪一场最重大的革命。”

这也就是说，乡村已经不是过去的那个乡村。计算机和抛物线进入了农场；高速公路和高速火车使各地相连；通过互联网到华尔街炒股；在电子簿上浏览旅游公司地址；随时进行网上冲浪运动；购物进超市或特级市场；消遣有多功能娱乐厅。除此之外，人们还可以走近乡村古堡，山间的木屋，享受自制的蜂蜜和传统的奶酪。冬天去雪场滑雪，夏天到海滨度假，或到农场和锯木厂干活。可以说，“乡村市民”的生活充满了欢乐与情趣。尤其是，花园式宽敞的住宅、新鲜的水果蔬菜，更让城市居民望尘莫及。

笔者多次开车穿越法国，每次对法国美丽乡村的感觉都异乎寻常。依我看，在法国乡村土地使用构成中，约三分之一植树种草，约三分之一种农作物，约三分之一撂荒。在这个极富潜力的“广阔天地”里，无论是村镇建设配套设施的标准，还是村民的生活水平，与大城市差不多都是同步的。在法国北部诺曼底地区，我走进农庄、工厂和小镇，发现这些“乡村市民”的生活让人羡慕不已。我从一位名叫让·迪普雷的农场主那里了解到，他们家共5口人，即妻子、3个儿子和他本人，拥有75公顷土地，3辆汽车，农机具一应俱全。全家养了100多头牛，几十匹赛马，每年收入达30万欧元。他们住的是别墅，家里的装修、摆设都很讲究，日子过得悠然自在。

曾经和笔者一起去法国中部勃艮第地区参观葡萄园和品尝葡萄酒的一位法国友人对我说，城市不少状况在变差，乡村许多条件在变好，差距渐渐在缩小，这是促使城乡居民交叉流动的重要因素。接着，他感叹道：“我喜欢乡村！我热爱土地！”我也深有同感地补上一句：“我也是！”

○ 伟大的红色踪影

巴黎意大利广场放射形的街道戈德弗鲁瓦17号，经常有游人前来瞻仰、拍照、献花……这本是巴黎一条平常得不能再平常的小街道，但特别不同的是，1922年至1924年，这里曾是周恩来总理在法国勤工俭学时的居所和旅欧中国少年共产党的“党部”。从平凡到神圣，中国共产党人在这里留下的伟大足迹，已成为后人的精神财富。在中国共产党90岁生日那天，笔者站在周恩来总理铜像浮雕下触景生情、浮想联翩：中国能有今天竟然与这里有联系，由此可见中国革命曾经经历过怎样的艰难岁月啊！

时光荏苒，物是人非。过去的旅馆今天已挂着“海神”的牌子，但不变的还是一个小旅馆。现在，旅店的新主人是一对旅法华人夫妇。女主人杨艳春说，十年前他们接手这家旅店，托周总理的福，旅店的生意一直做得不错。由于市府要求建筑外观不得改动，从外表上看，旅馆几乎和过去没有太多的变化，可内部已进行了改造装修。周总理当时住的房间只有6平米左右，是在楼梯和过道的拐角处，改装时取消了木楼梯，把原来的地方变成了一个冲凉房，房间比原来大了一点，看上去不方不正，但门牌挂的却是NO.1，不少客人都想住一住，以感受它不平凡的过去。因为，当年这个小小的“斗室”不仅是旅欧临时“党部”所在地，而且新创办的《赤光》刊物编辑部也设在这里。李富春、邓小平等都曾来此做过编辑。

在这个小旅店的窗户前，周总理留下了一张博物馆里仍可见到的永恒的历史照片。他身着西服，打着领带，裤腿却显得特别短。据一些人的回忆，那是因为穿的时间太久，裤腿越缩越短的缘故。同在法国勤工俭学的聂荣臻，曾在一篇回忆文章中谈及周总理居住在这个旅店时的情景：“这里既是他的住所，又是我们办刊物和进行党团活动的中心。人多了实在装不下，就只好到附近的一家咖啡馆活动。”一批早期的中国共产党人在这里“求世界的学问”①，首次接触到《共产党宣言》，点燃了心中的革命激情之火，寻求救国救民之道，最终“觉社会主义真为改造世界对症之方”。②

新中国诞生以后，当年的小旅店戈德弗鲁瓦 17 号很快走红。特别是，1979 年法国政府在这里设立了周恩来故居纪念牌，周总理的铜质浮雕头像镶嵌在一块绿色大理石上方，下方镌刻着邓小平亲笔题写的“周恩来”三个金光闪闪的中文字，并配有法文说明：“周恩来，1922 年至 1924 年在法国期间，居住在这所房子里。”周恩来的浮雕铜像是由法国著名电影演员让－保罗·贝尔蒙多的父亲、法国著名雕塑家保罗·贝尔蒙多完成的。据让－保罗介绍，其父对这一雕塑非常满意。他生前曾表示：“我有幸与周恩来同龄，我是以对伟人的崇敬和对艺术追求的双重兴趣来创作这件作品的。”

目前，周恩来在巴黎的故居已成为“红色旅游”的著名景地。到此参观的游客来自世界各地，中国人更是情有独钟，追寻红色踪影的人络绎不绝。据店主介绍，这中间不乏名人和名人之后。据说，1974 年，邓小平参加联合国大会后从巴黎转机时，曾让使馆工作人员带他到意大利广场，寻找当年他和周恩来等人在此从事早期革命活动的旧址。离开巴黎前，他还特地请人买了 200 个羊角面包和各种各样的奶酪，带回国内分给同在法国勤工俭学的周恩来、李富春、聂荣臻和蔡畅等。邓颖超来这里探访时，周恩来的纪念牌还挂在一楼的窗户下，后来才移到了酒店门外十米外的墙壁上。随后，周恩来的侄子和侄孙、蔡畅的女儿等

---

①毛泽东对留法勤工俭学好友讲：“为求个人和人类向上……必须去求世界的学问，从中加以研究抉择。”

② 1920 年 8 月 13 日蔡和森在巴黎给毛泽东的书信中说：“我近对各种主义综合审缔，觉社会主义真为改造世界对症之方。”

也都分别来此缅怀伟人的全景式风范。

在抗日战争即将胜利之时出生在延安窑洞里，后来坐着马背摇篮跟随父母南下走进新中国，曾在怀仁堂召开的全国第一次政协会议上有幸向毛主席献花，并被毛主席特别关爱、亲切抚摸与问好的杨咏桔，曾任法国《欧洲时报》社社长，她在法国生活的 30 多年间，经常去凭吊老一辈革命家在法国留下的历史足迹。为了抢救这些“红色历史”，她还作为制片人与上海东方电视台联合摄制了大型纪录片《伟大的足迹》，以详实的历史资料和多层面的人物采访，较为全面系统地录制了中国革命家们在法国的早期活动。杨咏桔回忆说，在那个军阀混战、民不聊生的年代，两千多名中国青年冲破种种封建束缚，来到法国勤工俭学，其中包括周恩来、邓小平、聂荣臻、陈毅、李富春、蔡畅、蔡和森、向警予、王若飞、陈延年、赵世炎、李维汉和何长工等。“艰难困苦，玉汝于成。”他们在此经过先进思想和革命实践的洗礼，一大批人从法国走向了中国革命的最前线，后来成为新中国成立的重要奠基人。

杨咏桔深情地说：“在中国共产党诞生 90 周年的日子里，让人回忆起那些为中国革命前赴后继的共产党人，是他们用鲜血和生命染红了党旗，是他们血染的风采铸造了共和国今天的辉煌。现在我已过甲子之年，我从国内到国外的人生经历体会到了中国人从心底里说出的同一句话：‘没有共产党就没有新中国’的真实含意。中国共产党走的道路是一条富国强民之路；中国共产党实行的科学是一门符合中国国情的科学；中国共产党带来的希望是一种让老百姓都能过上好日子的希望。想当年中华民族遭受的无数苦难，看今朝中国发生的翻天覆地的变化。再环顾世界加以对比，只有中国共产党为民所想、为民所思、为民所需的执政理念，以及应对复杂国际环境的大智慧，挽狂澜于既倒，从而使中华民族屹立于世界民族之林。”

○ 库肯霍夫花涛香海

载着春天，带着悦动，我和家人从巴黎开车出发，经布鲁塞尔，去荷兰库肯霍夫花园观赏郁金香。由于法国车载GPS不识荷兰，经过比利时的时候，朋友为我换上了他的外接导航仪。中途，这个“外来的和尚”同样闹起了别扭，将我们引到了一个小村庄，一排木桩不由分说地拦住了去路。折回，让你没有脾气。我只能漫无目标地找准一个方向，玩儿命地往远处开，然后再听导航仪指挥。绕来拐去走了不少冤枉路后，GPS一根筋、不开窍，结果还是把我们带到了原点。无话可说。不信导航靠自己，下定决心上高速，勇往直前不回头。我们终于冲破了这个三次走不出的怪圈。

“翻过山头是风景。”这时，导航仪也不再迷糊，开始“复工”，标出了到目的地的公里数，一下子让我们兴奋起来。歪打正着，折腾带给我们的一个意外惊喜是：走了不省劲的路，看到了一般参观者看不到的风景。路边出现的郁金香花田，就像农民种庄稼一样，连阡累陌、成畦成行、一望无际。赤、橙、黄、白、黑、紫等不同颜色的郁金香被分块栽种，恰如一条条五彩缤纷的彩带，笔直地伸展向远方。车在花中走，犹在画中游。满目姹紫嫣红，美不胜收。

下了高速，汽车拐进了乡间小道。暂停路边，我们与正在去杂打叶的花农打招呼，他以似花儿一样的微笑，欢迎我们走进他的花田。在蜂蝶翻飞的花间留影，近距离欣赏这幅壮美的花图，人生难得，乐在其中！当花农采摘下郁金香，送给我们每人一朵时，那就更让我们心花儿盛开，不能自已了。

在另一片花地里，花工正开着像收割机一样的农机，将大面积郁金香全部拦腰割掉，真让人感到非常可惜和不解。经询

夫人与小宝贝嬉戏于库肯霍夫郁金香花园。作者摄

问方知，郁金香采摘的时间性很强，含苞待放的花骨朵是最好的采摘期，若因各种原因，未能适时采摘投放市场，花开大了意味着采摘期过了，满田再好看的郁金香也不得不被废掉。

荷兰被称为“郁金香之国”，现有 3000 多个球茎品种，实际被大量生产种植的只有 150 种。目前，荷兰郁金香种植面积达 7000 多公顷，生产花茎 100 亿颗左右，约占世界郁金香产量的 70%，其球茎和鲜花出口到 100 多个国家，在世界郁金香市场中占据独一无二的地位。

然而，郁金香并不是荷兰原生。它的主要原产地是中国的青藏高原，还有一小部分产自高加索山脉。野生的郁金香被发现后，经土耳其、巴尔干半岛，一路流传到欧洲。

直到公元 1600 年左右，郁金香才被传入荷兰。由于郁金香的颜色多样而蔚为风潮，在那金色的年代，郁金香成了荷兰人争相收集收藏的稀罕之物，不少人用于投机牟取暴利。在 1636 年的拍卖中，单个“豪达”郁金香球茎，以 3600 荷兰盾售出；单个“海军上将艾克”球茎售价高达 5600 荷兰盾；三个“永远的皇帝”球茎能卖到 1 万多荷兰盾。而当时，荷兰人每人每年的平均收入才150荷兰盾。那时，一个小小的郁金香球茎换一栋高级别墅，绝不是什么新鲜事。民间流传的一句话是，不拥有郁金香的富人不叫富。郁金香的价格因此被热炒到了无以复加的地步。可是，这种状况不可能持续。1637年2月3日，郁金香价格大崩盘，市场交易戛然而止，无数郁金香巨商宣告破产。从此，郁金香的培植和生产才逐渐回归正常，并得到了稳步的发展。

“五岳归来不看山，黄山归来不看岳。”此话也许是旅行家徐霞客从宏观角度说的，其实他肯定不会忽略对微观事物的欣赏。享受了绵延数十里郁金香花田的视觉盛宴后，我们更渴望细细地品味库肯霍夫花园别样的色彩、浪漫与妩媚。

库肯霍夫花园坐落在阿姆斯特丹近郊的丽丝小镇。15世纪，库肯霍夫原本是一位女伯爵的狩猎领地。1830年，由一位德国园艺家设计建造成花园。1949年，当地花农们将其改造成花卉培植和露天展览场地，并以其艺术灵感、美丽创造和想象空间，年复一年地辛勤耕耘打理，最终将它建成世界上最美丽的花园。全园占地28公顷。园内栽种的600多万株郁金香，还有水仙花、风信子等竞相开放，整个花园像一个花的海洋，暗香四溢、随风飘荡。徜徉其间，人们的视觉和味觉得到了极大的满足，情愫与思绪被鲜花和美景不断拉长。

根据传说，郁金香是花神替三位有情的小伙子转送给美丽少女的天赐之花。它的花朵由皇冠所变，叶干由宝剑幻化，球茎由金块生成。因此，郁金香象征着圣洁、尊贵和富丽。法国著名作家大仲马赞美郁金香为：“艳丽得叫人睁不开眼睛，完美得让人透不过气来。”

花不醉人，人自醉。与大田种植的郁金香不一样，这里从时间、空间到布局，对郁金香的栽培都做了精心设计。顺着花径往前走，一步一景一色调，如梦如诗如油画。郁金香像一只只为迎接游人举起的多彩高脚酒杯，临风婀娜，轻轻摇动人们心中的一汪涟漪，勾起人们对美好与快乐的向往。

鲜红的、雪白的、橘黄的、绛紫的、粉红的，还有墨黑的，等等，郁金香列队向游人亮相。它们大的大得像牡丹，小的小得像金钱。矮的矮得落地开花，高的高得鹤立花群。有的红中带白，有的外红内黄，有的黄座托着红花，有的紫色中融进淡粉，有的花瓣上长出不同颜色的斑点花纹。在这里，传统花形与稀有珍品交相辉映、相得益彰。花带连着花地，由点到面，一圈圈、一层层，曲曲折折、丛丛簇簇，千姿百态、色彩斑斓。

“花好还需绿叶扶”。库肯霍夫不仅花美，园子也很美。整个花园以绿色草坪为基调，各种参天大树稀疏散落其间，边际夹杂着一些灌木和矮树林，透过林间草地，对人工湖的视线可及水边，河道拐弯处的小木屋旁停着小船，清澈的小河绕着园子流，缓坡高低起伏伸向远方……这是典型的欧洲园林风格：大气、开阔、空灵。试想，1000 多个不同品种的郁金香绽放在这样的风景里，形成绿地上生花，花上树枝摇曳，树上开满樱花、杏花、海棠、梨花等。时不时，粗大的树干挺立于百花丛中，阳光从枝叶间折射下来，闪耀着一道道金色的光芒。这时，不管你近看还是远望，那种色块感、层次感和空间感，美丽生动得让人惊呼。

在赏花的同时，我们还试着穿越莲花池；在水边远眺湖心岛；在桥上看落花流水；进展览室参观郁金香主题展 ；与行走于花间、头上戴着花环、手上提着花篮、身着古装的仙女照相留念；累了，我们坐在林间的麦秸垛上，草垛当长凳，草叉插在草垛上当靠背，仰望蓝蓝的天空白云飘，慵懒地晒晒太阳小憩一下。随遇而安，少有的悠然自得。

登上园中的大风车，库肯霍夫迷人的满园春色尽收眼底，让人陶醉。然而，我心中最为赞美的是，荷兰人几百年如一日，以一种孜孜以求的精神，将青藏高原上的一株野花，精心培育雕琢成为今日世界百花园中的一朵奇葩。

○ 看日落下的帝国

曾经的日不落大英帝国，与法国只有英吉利海峡之隔，笔者一直想去岛上看看，本是情理之中的事。无奈的是，由于英国是欧盟中非“申根”国家，因有申请签证的麻烦而作罢。后来，欧洲铁路公司两邀笔者去英国参观“欧洲之星”，借工作之便去一趟当然最好。欧铁公司为我申请了两次签证，本人也去英驻法签证处按了两次手印，但结果均被拒签，白交了两次签证费。原因很简单，欧铁公司在为我填表时省略回答了一些脑残的问题。我发誓再不想去英国。谁能料到，天有不测风云，多大的“豪言”拧不过夫人的一句话。既然“领导”非得要去，我只能强答“OUI”（法语，中文为“是”），硬着头皮再去申请私人签证。

为了万无一失，这次请在巴黎一家旅游公司工作的朋友为我们在网上填写申请，经验加实际，一项一项逐条琢磨着填写。尽管“户口”被查得“全裸”，尊严甚至受到伤害，我们还是三易其表，将问题尽量往好里答，以增加好感，减少疑义。接下来同过去一样，送表、谈话、交费、按手印。出结果的时间大大超出规定的工作日，我们在忐忑不安中终于等来了获签的好消息。

据说，目前，申请各国签证要按手印的国家，除了美国恐怕就是英国了。可是，美国是世界上的超级大国，而英国2万亿美元左右的经济总量还不及美国的一个零头。然而，英国宁可做美国的跟班，也不肯放下散发着古铜臭气的绅士身段。同样，作为欧盟的重要成员国，英国不愿意混同于一般欧洲国家，拒绝悬挂欧盟旗，不加入“申根协定”，不加入欧元区，并为使用英镑而自傲。对于建设“大欧洲”，英国既不愿被排除在外，又不热心推动发展进程，经常闹别扭耍性子，扮演指手画脚者的角色。凡此种种，或许这只能说明，在当今多极化世界里，英国因对一些国际事务说了不算，而产生抵触情绪的一些习惯性反应吧。

当我第一次来到泰晤士河畔，阅览一部“流动的历史”时，方能理解英国难以割舍的那种帝国情怀。泰晤士河与我所见到的塞纳河、莱茵河和多瑙河不一样，河面宽阔，由西向东穿伦敦城而过，城中一般河宽约为 230 米，最宽处有 640 米，到注入北海河口的宽度达到 29 公里。得天独厚的水上交通为英国早期对外殖民扩张开了方便之门，同时也为英国将世界之物拿来据为己有提供了可能，从而使它注定成为一条穿越时代变迁的历史长河。

泰晤士河上的塔桥见证了泰晤士河当时对英国有多么重要。塔桥于 1894 年建成，距今已有 120 年，是从海上进入伦敦的第一大桥，塔桥为钢梁混凝土结构，浓缩了工业革命的成果，桥墩桥塔高大壮观，桥面可随时开启闭合。它既可让巨轮和军舰畅通，又可阻止外来舰船入内，成为御敌于伦敦城外的桥头堡。

坐落在泰晤士河畔的国会大厦，占地 3 万平方米，是我所见到的世界上最为精美、最为气派的古建筑群之一。它初建于中世纪，浮雕、飞檐、塔楼、尖顶，构成了哥特式建筑的杰作。它原为英国王室的西敏宫，内藏无数文物珍宝，被称为“幕后艺术博物馆”。英国议会最初曾在此开会议事，后几经变迁改为国会大厦。在这里，英国的权谋们曾策划了历次战争、炮舰占领、殖民掠夺、血腥镇压，包括 1840 年的对华鸦片战争等。英国曾视天下之有为己有，攫取全球之财，将帝国推到了强盛的巅峰。

位于泰晤士河北岸的威斯敏斯特大教堂被称为“荣誉的宝塔尖”和“英国的圣地”。教堂外部，双塔高耸、古典庄严，教堂内部，金碧辉煌、精美绝伦。它始建于公元 960 年，陆陆续续至 1065 年建成，后经历朝历代重建、增建或修缮保存到今天。据说，从 11 世纪胜利王威廉开始，除了爱德华五世和爱德华七世外，所有的英王，包括伊丽莎白二世，都在此加冕登基。同样，该教堂也是英王和伟人的安魂之地。共有 20 多位国王，还有诗圣乔叟、文学家狄更斯、政治家丘吉尔、生物进化论创立者达尔文、自然科学家牛顿等都被安葬在这里。站立在威斯敏斯特教堂前，仿佛看到在这块“丰碑”上，记载着英国创造文明的历史，镌刻着无数伟人的名字和亘古通今的故事。

从外表看上去，白金汉宫不显山不露水，是一座方方正正平平淡淡的建筑。可是，当“刘姥姥进了大观园”后，我一下子被震翻、被颠覆了。花毯垂帘、雕梁画栋、镜灯流光、富丽堂皇。600 多个厅室挂满历史名画，摆满稀世珍藏。穿行其间，宛若钻进了“天宫”中的迷宫，让人目不暇接得不知怎么走路了。这就是英国女王伊丽莎白二世老太太仍在使用的英国王宫。

白金汉宫原由白金汉公爵于 1703 年所建。1761 年，英王乔治三世以 21000 英镑将其买下，后来乔治四世把它重建为王宫。从 1837 年起，英国历代国王都居住在这里。也正是在这个深宫华庭里，英王爱德华八世上演了不爱江山爱美人的动人爱情剧，毅然决然与辛普森夫人结婚，后被王室贬为温莎公爵。大方、美丽、善良、亲民的戴安娜王妃也因在此触犯了王室的某些清规戒律，而注定摆脱不了悲剧的结局。

英国是世界上第一个建立君主立宪制的国家，国王虽是国家的化身，但实际上君主虚有其表，“统而不治”，一切权力归由内阁和议会来行使。尤其是现在，国王可能只是个摆设而已。然而，无论从国内政治需要，还是国际影响来说，英国都不能没有最后这根救命“稻草”。且不说王室握有的私人财产富可敌国，据说仅英国王室的品牌资产就能达到 697 亿美元。

在伦敦乘游船从泰晤士河顺流而下，我们来到了格林威治天文台。它始建于 1675 年，距伦敦 20 多公里，位于泰晤士河畔皇家格林威治花园内。300 多年前，当局不惜重金在此建台，目的是为了准确测定海上经度，以满足当时英国航海事业快速发展的需要。这为大英帝国后来靠航海在全球殖民打天下确立了基础。尽管该天文台已于1948年被搬到英国东南沿海的赫斯特蒙苏堡，本初子午线，即零度经线，仍保留在原址。1884年，全球将这条本初子午线作为统一坐标，以此定为计算时间和地理经度的起点。后来，根据格林威治时间，英国国会大厦北塔上重13.5吨的大笨钟，每逢整点向全世界报时。格林威治天文台为世界确定了统一的时间和地理概念，使得它与全球每个人的工作和生活息息相关。

站在格林威治本初子午线上，我的两只脚踩在零度经线两侧，象征着本人跨越了东西两个半球，顿觉如此了得和不可思议。我当时特别感叹的是，英国在那个年代就已经纬乾坤、威风八面了！

英国作为超强崛起以1588年英国打败西班牙的“无敌舰队”为转折点。接着，英国又击败了荷兰的海上力量。后来，英国再经过“七年战争”最终战胜法国。可以说，它基本扫除了自己称雄世界的一切障碍。在此后的300年间，资本主义在英国得到了迅猛发展，工业革命首先在英国发生，新技术新科学不断涌现，使长期处于欧洲主流文明之外的岛国——英国，成为说了算的世界头号强权之国。19世纪的维多利亚时代，英国进入鼎盛时期，它在世界上占有的殖民地比其领土大111倍，成为世界上第一殖民大国。

1865年，英国著名经济学家杰文斯曾这样不加掩饰地描述道：“北美和俄国的平原是我们的玉米地，加拿大和波罗的海是我们的林区，澳大利亚是我们的牧场，秘鲁是我们的银矿，印度和中国是我们的茶叶种植园，东印度群岛是我们的甘蔗、咖啡、香料种植园，美国南部是我们的棉花种植园。”由此可以看出，当时“日不落帝国”强取豪夺、富得流油的盛况。

几百年前，促成英国崛起的因素很多，但千年前的教育兴起，或许才是英国辉煌的基石。为了进一步读懂英国，从伦敦向北

在英国剑桥大学的康桥边，安放着中国浪漫诗人徐志摩的诗碑。

作者摄

驱车 50 公里，我们来到享誉全球的剑桥大学。该校成立于 1209 年，距今已有 800 多年历史。据说剑桥大学是由牛津大学分离出来的一批学者创建的。而牛津是英国最古老的大学，建校于 11 世纪，早于剑桥大学约 200 年，被称为是“天才与首相的摇篮”。建校以来，牛津大学已培养出 5 位国王、26 位首相、46 位诺贝尔奖获得者，以及一大批世界著名大家，如经济学家亚当 · 斯密、哲学家培根、诗人雪莱、作家格林、天文学家哈雷，等等。

剑桥大学建校虽比牛津大学晚，但我所见到的校园以及其中的国王学院教堂，它们所透显出来的古老而又庄严的历史印记，足以让所有参观者惊得发呆。同样，剑桥大学在教育和学术方面所取得的成就也不输牛津大学。英国的多位首相，印度前总理尼赫鲁、拉吉夫 · 甘地，马来西亚前总理赫曼，新加坡前总理李光耀都曾就读于此。不论是自然科学还是人文学科可谓人才辈出。据统计，剑桥大学获得诺贝尔奖者多达81位，各领域的世界名人更是数不胜数。比如，伟大的数学家牛顿，著名的诗人斯宾塞、弥尔顿、拜伦，进化论创始人达尔文，经济学家凯恩斯，还有中国数学家华罗庚等都是剑桥引以为豪的剑桥人。

在剑桥的剑河边，我看到一块白色大理石诗碑，那是剑桥大学为我国诗人加才子徐志摩设立的。上面镌刻着："轻轻的我走了，正如我轻轻的来；我挥一挥衣袖，不带走一片云彩。"徐志摩曾在剑桥求学，回国前，诗人以浪漫主义的笔法，抒发向往康河之美的理想，表达志向未了的离别之眷恋，情深深地写下了《再别康桥》。当我沉浸在它的诗情梦境中的时候，一种悄然离去的惆怅也随之袭上心来。

剑桥大学实际上建在英格兰的一个叫剑桥的小镇上，镇子里有一条河叫剑河或康河。河上有多座小桥，其中的一座桥叫康桥。在康桥上凭栏而立，对着两岸的风景留影；坐在临河小馆里用餐，看船来船往；我手撑一支长篙，载着家人泛舟康河上，望西天的云彩，寻河畔的金柳，赏水中的青荇，击榆荫下的清泉，跟着诗人的感觉走。然后，我们依依不舍地挥挥手，尤其是跟随我们到此一游的孩子，很想沾上或者带走世界知名学府的一点灵气。

剑桥诠释了英国的过去和现在，而且还将影响英国的未来。剑桥从过去的一个或几个学院发展到今天学科众多的30多个学院，其水平堪称世界一流，其规模大到像一座城市。发达的教育曾助推英国崛起，可是却无法阻止帝国的衰落。原因在于：其一，世界各民族的觉醒使得英国在全球的殖民统治难以为继，土崩瓦解只是个时间问题。其二，无论从人口规模还是地缘地理来说，决定了英国最终不能守住超级大国的地位。自二次世界大战后，英国逐渐走向衰败，其实力和影响力被美国取而代之。其三，经济全球化，全球信息化，使得人才、资本、技术全球流动，难分你我，一国不可能独享由教育带来的优势。特别是，曾有“现代工业革命摇篮”之称的英国，因实施去工业化战略，发展投机取巧的虚拟经济，导致产业“空心化”。目前，制造业在英国经济中的比重还不到10%。除了罗尔斯—罗易斯航空发动机的坚守之外，一些世界著名的工业品牌，已差不多落入他国之手。比如，劳斯莱斯、宾利、捷豹和路虎等汽车产业，或被外企兼并，或股权变卖，几乎没有一家完全属于英国自己的。英国曾修建了世界上第一条铁路，最早发明了蒸汽机，如今却不能自己建高铁，而心不甘情不愿地打算从中国引进。

徒有其表的英国，当年的风光不再。从“空心”到“空壳”，英国实力大滑坡，债台高筑，失业率上升，经济困境一时难解。但是，倘要让过惯了好日子、富日子、高高在上的大多数英国人，回过头来重新着手“再工业化”的艰苦创造，那也许就有些不太靠谱了。

○ 西班牙大起中大落

据我脑子里最初储存的信息，西班牙应该是一个不错的发达国家。几次在法国工作期间，与西班牙只有一条边境线之隔，未谋其面已闻其情，西班牙似乎同我想象中的样子有些落差。后来，我有幸三去这个法国的近邻，到了海滨小城马拉加、奥运城市巴塞罗那和首都马德里，留下的印象同样不是那么清晰和光鲜。

西班牙位于欧洲西南部的伊比利亚半岛上。它南隔直布罗陀海峡与非洲的摩洛哥相望，西与葡萄牙相邻，北濒比斯开湾，东北部与法国及安道尔接壤，战略地位十分重要。

西班牙北部与南部沿海均为山地，中部高原约占全国总面积60%，平原仅占11%。所以，尽管法国与西班牙是邻国，自驾显然不是最好的选择。因此，全家在网上订了一套廉价机票，满以为可以省点儿银子，没有想到在动身前几天接到国内通知，有社领导带团来访，原定计划只能作罢。结果，改签飞机票比重买还要贵，只能全部作废再订，花费下来远远超过了正常机票的价格。

当我从飞机上俯瞰西班牙时，眼前呈现的差不多是干枯的土黄色一片，与法国郁郁葱葱的绿色大地形成了鲜明的对照。当我们和朋友从马德里驱车400多公里去南部参观一家化妆品工厂时，实地看到的自然景观也比较荒凉，一些地方尽是草木不生的戈壁。当然山区、海滨和平原地带就另当别论了。总之，与不少欧洲国家相比，西班牙的一些自然环境可能并不占优势。

目前，西班牙人均GDP不到3万美元，与西欧发达国家差距不小，被归类于爱尔兰、葡萄牙和希腊等国的发展层级。从城市建设和人民的生活水平来看，差距可能更为明显。首都马德里的格兰维亚大街紧凑、繁华、亮丽，有一些古建筑耸立其中，不缺欧洲城市的风格。然而，由于大多数建筑为现代版，少了些许“老欧洲”特有的那种贵族之气。城市管理也不那么到位，如同一些新兴国家一样，一些破破烂烂的死角不少，尤其是像马拉加那样的小城镇更是如此。西班牙人的生活看似很自在，但实际上不轻松，因为有相当一部分人处于失业状态。街头不时遇到一些玩杂耍、流浪和乞讨的人，他们倒是不令人生厌，绝无死乞百赖的举动，反倒让人生出些可怜之心，投一两枚硬币会让他们满足得连声感谢。

自 2009 年国际金融危机以来，西班牙经济难觅上世纪快速增长的景气，一直疲软不振，处于停滞或负增长状态。当下，西班牙失业率已从过去的 8% 飙升到 25%，为欧盟平均水平的两倍，且看不到好转的迹象。其公共债务高达 9600 亿欧元，严重的支付危机已将国家推到了信用降级甚至破产的边缘。由此累积和产生的各种矛盾和问题对社会稳定构成了严重的挑战。近年来，西班牙多个城市不断爆发民众示威游行，抗议财政紧缩、失业率上升、生活无保障。

西班牙经济形势变得越来越糟的原因，除了不利的国际大背景外，也与国内急于求成的一些政策导向有关。上世纪末，经济发展很猛，国内需求扩大，出现经济过热现象，为经济的后续发展埋下了隐患。接下来的结构调整措施不力，相当长一段时间以来，西班牙政府过分依赖负债支撑房地产业，结果泡沫被吹大而破裂，给经济造成不可持续发展的硬伤。

当然，拖经济后腿的也与西班牙人的生活习惯有关。西班牙人超长的午休时间和慢吞吞的工作节奏，使得国家生产力和竞争力不强。据说，对于西班牙人来说，午休被视为“伊比利亚瑜珈”，现代生活的一部分，神圣不可侵犯。由于地处欧洲的南端，天气炎热、阳光强烈，所以人比较懒散。通常情况下，每天中午从 12 点休息到下午 3 点；晚饭从 9 点半开始，吃到什么时候算什么时候；据报道，午夜 12 点至凌晨 1 点之间，四分之一的西班牙人仍坐在电视机前看节目；许多人对室外夜生活更是着迷，餐馆和娱乐场所一直开到凌晨 3–4 点。去巴塞罗那时，笔者因入住海滨的一家五星级宾馆而深有体会。晚上，不远处海滩上的酒吧和舞厅热闹得不得了，疯狂的节奏差不多持续到天明。

据有关方面所做的调查，西班牙人每天工作时间比德国人拖得要长，但完成的工作量仅为德国人的 59%。工作吊儿郎当甚至不负责任，不仅会丢失许多商机，还很可能造成工作失误。记得我第一次去西班牙时，飞机要在马德里机场降落，然后转乘汽车去马拉加。但是，当飞机后起落架已快要着陆时，突然迅速拉起爬升，在天上飞了一圈儿才重新降落。事后才知道，原来飞机跑道上放有障碍物。看看多悬！可是在西班牙发生这样的事，或许是不足为怪的。

其实，如果换一个思路看问题，西班牙还是有它得天独厚的发展王牌的。它地处大西洋和地中海的要冲，是一个海洋国家，有对外开放贸易、建立高新区的便利。温暖的气候，使它可成为欧洲国家，特别是法国的“果园”和“菜地”。一年四季，大量的橙子、苹果、李子、杏子和葡萄（法国葡萄多用于生产葡萄酒）等，还有西红柿、黄瓜和豆角等各种各样的蔬菜，源源不断地供应法国和欧洲市场。西班牙的油橄榄无论是种植面积还是产量均居世界第一，在国际消费市场占有重要份额。西班牙的热带风光、“太阳海岸”、“地中海浴池”和文化古迹等，全年吸引着欧洲和各国的游客，让其保持了世界“旅游王国”的地位。

在历史上，西班牙曾建立起世界上最强大的帝国。据记载，1492 年，意大利航海家哥伦布在西班牙女王伊莎贝尔一世资助下，率领以圣玛丽亚号、平塔号和尼娜号组成的船队，由加迪斯出发，发现了美洲新大陆。从此，西班牙开始了对美洲的

征服和占领，并将殖民范围逐渐扩张到欧洲的部分地区、亚洲的菲律宾、非洲的突尼斯等地，成为一个横跨四大洲的庞大帝国。凭借先进的航海技术，狂热的宗教动力和强大的军事实力，西班牙从殖民地国家掠夺了大量的金银财宝。据统计，1545—1560年，西班牙平均每年从海外殖民地运回5500公斤黄金，24.6万公斤白银。至16世纪末，西班牙拥有的金银数量已占世界总量的83%，成为可以左右世界货币市场的唯一国家。

图为西班牙“皇马”总部。作者摄

当时，西班牙沉湎于重商主义，即重金主义，将货币看成财富的唯一形态。国家实行殖民掠金运动，并将这种残酷的抢劫作为主导产业。抢劫曾轻而易举地将西班牙推向领跑全球的最强盛国家。哥伦布曾毫不避讳地说：“黄金是一切商品中最宝贵的，黄金是财富，谁占有了黄金，谁就能获得他在世界上所需要的一切，同时也就取得把灵魂从炼狱中拯救出来，并使灵魂重享天堂之乐的手段。”

西班牙开了个坏头，西方列强紧随其后，开始了全球性的冒险、殖民、扩张和哄抢。不劳而获的财富，来得容易去得也快。当大量金银涌向欧洲时，金银价格迅速贬值，物价飞涨，西班牙曾遭受过第一波打击。当英、法等列强把掠夺来的金钱用于科技发明、工业制造，实行工业革命时，西班牙却躺在黄金屋里吃老本，将大量的金钱用于军事和奢华的生活，贪图安逸享乐，结果将庞大的世界市场拱手让予其他西方国家，由此埋下了衰落的种子。1588年，西班牙海上“无敌舰队”被英国打败，陆上军队被法国打败，西班牙只能割让殖民地作为赔偿，甚至连本土的直布罗陀也被英国占领，从此经济实力一落千丈，大国地位不复存在。

“人无远虑，必有近忧。”西班牙只顾眼前利益，不考虑未来发展的思维惯性，可以说由来已久。这给西班牙乃至整个拉美讲西班牙语的国家造成了致命的硬伤。鼎盛时期处在欧洲发展前沿时，西班牙错失了搭上第一、第二次工业革命列车的时机。全球化时代，它又缺乏足够的思想准备，未完全参与到信息化浪潮的第三次工业革命中来，拿不出支撑国家发展的像样的东西，所以只能在社会经济发展的边缘循环中打转转，难以重振大国雄风。

即使今天，领土面积和法国差不多，人口只有4000多万的西班牙，仍然拥有经济发展的基础和条件。它缺少的是量身定制的发展战略、国家意志、资源整合和具体措施，特别需要国民的认同、艰苦奋斗的付出和团结协调的稳定。唯其如此，西班牙才可以在前进的道路上，再次整装前行，要改变现状什么时候都不算晚。

○ 驾车巡游里斯本

虽然身居西欧的法国，却对西端的葡萄牙一无所知，仅耳闻它是欧洲的“发展中国家”，从未动过去那里看看的念头。没有想到，法国雪铁龙公司向笔者发出去里斯本试车的邀请，将试驾雪铁龙新款 C5 的乐趣和亲眼看看葡萄牙的愿望就这么捏合到了一块儿。

飞机着陆后的第一感觉是，里斯本机场实在有点不起眼。停机坪年久失修，机场的管理也稀里马哈，因为没有太多的飞机，更谈不上大飞机；低矮的候机楼经过多次加建之后显得杂乱无章，屋顶上的铁皮已锈迹斑斑；走进候机楼，脏、乱、差不说，到处曲里拐弯儿，直到走出候机厅大门都没有乘上一部直梯或滚梯，全得拿着行李爬上爬下。这就是葡萄牙给我的第一印象。

但是，对于葡萄牙人来说，这些都并不太重要。人们不很在乎外表而更多的是看重内容，能节省尽可能节省，要用钱的地方多着呢！

里斯本没有一块像样的平地，整个城市建在高低不平的七个丘陵上。与欧洲其他城市明显不一样的是，建造精美的古建筑不多，尤其难见高耸入云的尖顶大教堂，也就少了些大都市的厚重感。原因也许在于，里斯本位于一条大的地震带上，人们不太愿意大兴土木，建造世纪性的豪华工程。

据说，1755 年 11 月 1 日早上约 9 时 40 分，一场特大地震灾难突然降临，里斯本顿时天崩地陷。随之而来的是火灾。接着是三次海啸。一下子，整个城市几乎被吞噬。当时，死亡人数达 6 万至 10 万，三分之二的城市建筑被摧毁，帝国的繁荣瞬间消失。有幸存活下来的人，不少移民到其殖民地巴西或欧洲其他国家，此后里斯本一蹶不振。不过，昔日帝国的遗风犹在，这从一些航海遗迹的展示，城堡里高贵奢华的摆设，到横跨塔古斯河的“4.25”斜拉桥的宏伟气势中都能找到。

那天早上8点半， 试车从里斯本市中心我们所住的宾馆门前出发，根据卫星导航所设定的路线图，将城市观光、地方特色景点和大西洋海滨风情与狭窄街区、高速公路和盘山道连接在一起，这样既可以了解雪铁龙新C5在各种路面的行驶性能，又可以沿途走走停停观景，实在是一个不错的创意。

与旧款相比，雪铁龙新C5的外形可以说是脱胎换骨，最佳流线型，魅力时尚，车灯特别酷，后视镜自动开合调向，车身进行了细腰，突出了轮胎的厚度与稳重。新C5给人的感觉是动感十足，高贵豪华，适合不同风格的人驾驶。

资金的大量投入，追求最现代化的技术，方向盘和仪表盘上设置了集控和遥控操作技术，使得新C5成为力量与舒适的产物。因全身智能化，操作变得简单化、精准化和傻瓜化。在高低不平的路面上，新C5高性能的减振系统通过对地面的触觉和滤清，底盘根据需要不断升降，保证了座椅的平衡与舒适。

雪铁龙新C5拥有世界上最有效和富有想象力的安全系统。除了在车身骨架结构和运行前后桥进行了更合理的改进以外，还设置了儿童锁、9气囊保护、未系安全带提示以及SOS自动紧急呼救系统等。据介绍，为确保安全与可靠性，在投入商业运行之前，雪铁龙新C5的试车总里程已达到500万公里。

新C5共有7款发动机可供选择，其中包括3款汽油发动机升级版和4款柴油发动机升级版，特别设计的“运动驾驶模式”可使发动机提供的动力更加强劲。笔者驾驶的2.0排量的手动挡新C5毫不费劲地爬上了位于里斯本以北30公里处的辛特拉的色拉山。在高速公路上，最高时速有时开到180公里，噪音和颤动都比较小。激情驾乘雪铁龙新C5，如同乘坐飞机公务舱那么爽。驾雪铁龙新C5看里斯本留下的印象是，这是一座令人亢奋，美丽、自然、有层次感，特别适合生活的城市。市内多为低层建筑，花园和公园遍布，草木葱绿，鲜花盛开。道路两边的松柏、棕榈和菩提树随风摇曳，柠檬、橄榄和无花果树果实挂满枝头，一派赏心悦目的绮丽风光。而且，里斯本距大西洋不足 12 公里，一脚油门就能抵达“天涯海角”。

里斯本是欧洲航海文化的发源地之一。既然到此一游，就必须去离市中心不远的贝伦区参观航海纪念碑。同时参观标志性的航海遗址贝伦塔，还有修道院、总统府、植物园和博物馆等。1498 年，葡萄牙航海家达伽马正是从这里出发，经南非好望角，到达了印度，打通了欧亚海上航道。1500 年，葡萄牙航海家卡布拉尔也是从这里上船，穿过大西洋，成为航行到巴西的第一人。1519 年，麦哲伦成功完成了环球航行。从此，世界探险进入大航海时代。航海纪念碑是一座由十字架与宝剑巧妙结合的风帆建筑，造型独特、宏伟壮观，宛若在大海中航行的一艘巨型帆船，正劈波斩浪地前行。纪念碑前的广场上，在用大理石拼成的世界地图上，标出了探险航行的海路、年代和到达的地域。航海纪念碑凸显了当年葡萄牙航海家们搏击风浪，发现新大陆的壮举。同时，它也佐证了葡萄牙殖民帝国难以摆脱从顶峰跌落到深渊的宿命。

○ 意外去趟意大利

在世界汽车业遭受金融危机的打击下，法国雪铁龙公司却逆势而上，又一次组织我们去意大利试车。意外去趟意大利，开着尚未面市的雪铁龙 C3，一路风驰电掣，欣赏意大利的乡村风情，这怎能不让人兴奋和心动。

起床后，没有吃早餐，我就背起行囊去戴高乐机场赶乘去罗马的航班。在两个多小时的飞行途中，没有想到现在的经济舱经济到只给每人半杯水，任何填肚皮的东西都没有。饥肠辘辘地出了罗马机场，进了附近的希尔顿饭店，守在那里的接待人员为我选好汽车，同时给了我一个内装一瓶水、一个苹果、一块三明治面包和一份甜点的纸口袋，出发前总算解决了温饱问题。

过去多次被邀，试的都是豪华车，这次试开的雪铁龙新 C3，却是一款迷你型汽车。该车吸取了概念车的浪漫飘逸风格，从外观到箭头标识的造型，都变得更加柔和流畅，既很个性又不掉价。车虽小内部空间却不小，乘坐起来比较宽敞舒适。在内饰方面，新 C3 与过去决裂，全方位求变求新：可移动座椅，恒温空调，很酷的仪表盘，多语言多功能导航仪等，都给人带来动感十足的体验。特别是，它所独有的前挡风玻璃可延伸至天窗部位，从而可以享受全景式的驾驶新视野。

新 C3 有汽油版和柴油版两种，排量从 1.1L 至 1.6L 都有，颜色分黑、绿、浅蓝，其定位不但控制在受欧盟补贴标准的范围内，更重要的是满足了不同人群的需要。雪铁龙的市场与生产战略部主任温尚 · 贝松认为，雪铁龙新 C3 最打动人之处是：结构智能化，动力合理惊人，二氧化碳排放量低，“新 C3 打开了一条汽车时尚之路。世界有理由为这款车兴奋”。

在意大利水城威尼斯的圣马可广场上，鸽子与人如此亲近。
许晓博摄

雪铁龙新C3，其品牌战略是以小搏大，以新颖、物美、价廉赢得市场。雪铁龙的雄心是，力争将其推升至欧洲品牌车排名榜的前几位。

据雪铁龙负责人透露，此次意大利试车，受邀者超过900人，其中有媒体、经销商、消费者和企业负责人等，想通过他们的试用和品头论足，来推介雪铁龙新C3的新技术、新理念，塑造消费者心目中最理想的家用汽车品质。

开着小不点儿新C3，按GPS设定的路线，我从罗马机场沿海滨道路北上，到达奥尔贝泰洛的阿根达里奥（Argentario）岛上，次日又以不同的路线折回，全程约400公里。去时，车行于弯弯曲曲的国家公路或乡间小道上，时速最高只能开到80—90公里。回来时，我走的是高速，时速保持在130至150公里之间，车不晃不飘，没有开小小车的感觉。打开天窗，可至头顶的前挡风玻璃，让人对沿途景观一览无余。

开车看到的意大利乡村，沟壑纵横、土地贫瘠，各种树木差不多与橄榄树的色儿一样，灰不溜秋；不少民房年久失修很破旧，房屋的门前也习惯堆放一些乱七八糟的破烂儿，似乎什么也舍不得扔；高速公路不收费或收费不多，路况普遍较差。具体到细节，路牌标识不像欧洲其他国家一目了然，很不起眼。五星级宾馆里，找不到一只喝水的杯子。矿泉水瓶装得太满，瓶子又软，一拧盖儿水准会撒你一身。总之，今日的意大利除了老祖宗留下的大量文化遗产之外，帝国霸主的豪气似乎已荡然无存。虽为西方发达国家，但无论是城市还是乡村，与法国相比都存在明显的差距。

让我感受最深的是罗马机场，老旧的航站楼结构差、出口多、顶棚低、空间小，让人很压抑。返回巴黎时，我们正好赶上地勤人员大罢工，航班停摆，所有的乘客滞留机场 4 个小时，到处都是排队等候出航空港的人，且不说坐，连站的地儿都没有。世界金融危机爆发前，听说意大利经济就“很糟糕”， 现在的形势也不见好转。由此看来，意大利要想尽快摆脱经济危机，走出低谷，确实不那么容易。

○ 欧洲最大“发动机”

目前，欧洲的法德双引擎已很少被提及，原因是法国“发动机”后劲不足，德国“发动机”却不断发力，动力超群。法国领土面积约为55万平方公里，德国约为35万平方公里，法国比德国大了约20万平方公里，GDP却比德国少了近1万亿美元，且这种差距似乎还在拉大。所以，近年来每当两国首脑会晤时，法国人总显得说话底气不足，而德国则不愿做为他人埋单的冤大头。由于各自的心态发生了变化，双方的共同语言也就越来越少了。

官方的行为往往也能反映到民间。法德民众走到一起时，法国人一谈到经济这个话题总有些尴尬，德国人通常以法国的电影和时尚来打圆场，但其心理优势是显而易见的。这就如同笔者在北京凯宾斯基饭店遇到的状况一样。有一次，十来位德国老总请我吃早茶，我们用法语可直接交流，从中了解到他们公司在华的业务面很广，他们到过的中国城市比我还要多。当我问他们，“中国给你们留下什么印象？”他们一下变得极不自然地回答说：“中国很大很大，我们德国很小很小。”就这么简单的一句等于没有回答的回答，造成短暂的沉默之后，我们才转入其他的话题。法德之间的差距虽没有中德之间那么大，但倘若抛开政治不说，今日德法之间的对话，实际上相互的眼神已经很难平视了。

表面上，法德关系看似不错。骨子里，撕来扯去的一些历史恩怨情仇难消。两个民族之间暗中较劲亦不足为怪。1870年，普法战争爆发，当时不可一世的拿破仑三世亲率的法军不堪一击，在一个多月的交战中惨败。法国除割让阿尔萨斯和洛林的土地外，还得支付50亿法郎的战争赔款，法德从此结下了怨恨。1914年一战打响，1918年11月德国宣布投降。当月8日，德

作者慕名来到马克思故乡特里尔。

国媾和代表团被召到法国贡比涅森林，在法军总司令福煦元帅乘坐的一节火车车箱里，福煦当场口授停战条件，并限定德国须在 72 小时内答复。11 日，德国被迫同意一切条件。最终根据《凡尔赛和约》，德国全部撤出其所占领的阿尔萨斯和洛林地区，同时要支付 2690 亿金马克的战争赔款，当时币值相当于 9.6 万吨黄金（后来，实际被减少到 1120 亿金马克）。但当时福煦元帅并未因此高兴，而是很忧心说："这不是和平，这是 20 年的休战。"时间说明一切，20 年后，福煦的话不幸而言中。1939 年 9 月，二战爆发。1940 年，德军攻陷法国。希特勒以侮辱性的不容分说的苛刻条件，指定法国一方也在贡比涅森林同一节车箱里，向德国签订了投降协定，暂时报了一箭之仇。1945 年，纳粹德国彻底被盟军打败，德国再次被法国宰割没商量，阿尔萨斯和洛林重回法国之手不说，德国继续承担过去的战争赔款，直到 2010 年 10 月 3 日才还清了对法国的最后一笔战争赔款。

在西欧，法国不仅面积最大，而且沃野千里、风调雨顺，自然条件特别好，可以说是天佑法国。据说，希特勒打到法国境内后嫉妒得牙根儿疼，慨叹上帝太不公平。法国拥有这么好的自然条件，又有德国那么一大笔战争赔款。可是，二战以后，法国国力不进则退，经济社会发展没有达到应有的水平。原因恐怕在于，法国人干事忽左忽右，比较情绪化，工作心不在焉，追求每周35小时工作制，罢工示威游行不断，成为国企或外企难负之重；特立独行，爱出风头，经常去搞一些搞不定的事，最终累及自身。比如，从戴高乐时代开始，经常与美国闹别扭、唱反调。曾制造法中外交风波，向台湾地区出售进攻性武器，对所谓的中国人权问题指手画脚等。当自己只剩了一个面包时，往往还要假装掰一块儿给别人吃。真的有人需要帮助时，它又显得吝啬了。比如，前不久法国大批驱赶罗马尼亚罗姆人曾引起欧洲国家反感等。法国一些没有远见的做法，使其错失了法国经济大发展的重要时机。

据说，历史上，德国长期处于愚弱、贫散、分裂的状态，经常只有受气挨打的份儿，仅宗教战争就打了30多年。后来，德国在落后面前，卧薪尝胆，通过向英国学习，对宗教政治进行改革，紧跟文艺复兴浪潮，实行科技强国方略，抓住了第二次工业革命的机遇，并在逆境中敢于直面现实。二战中，城市被炸烂、国家被分割，德国不仅在惨痛中存活下来，而且创造了一个个奇迹。东西德统一后更使得德国如虎添翼，国民凝聚力和自信心增强，经受了上世纪末改革的阵痛后，国家各项发展战略全面推进，国际影响力不断提升。尤其是，历届政府坚定地加强长期对华友好合作关系，利用中国经济三十多年的高速增长，助推德国经济在欧洲坐大。

笔者曾分别到访过贝多芬的故乡波恩、马克思的故乡特里尔、同性恋之都科隆、浪漫之城海德堡、温泉疗养圣地巴登巴登。除了二战中幸免于被炸的科隆大教堂外，几乎看不到什么高层建筑。但是，多样化的没有风格的城市风格就是德国风格，它们干净、美观、立体、现代，大街小巷找不到死角，一切井井有条，让人赏心悦目。据说，如此优美的环境不仅源于政府的精细管理，而且民众“恶毒眼神”的监督也使不良行为难为。给我留下的难忘印象是，特里尔东罗马帝国时期的城墙和大黑门的庄重、古老和威严，说明伟人的出现是不平常中的平常；波恩一位美若天仙的少女，剃成光头，右上方留下的一撮长长的金发，一甩而下，美丽动人得如同贝多芬的一首交响曲；科隆啤酒很出名，在那里的酒吧里喝上一杯，顿觉头脑清醒精神爽。然而 ，更让人觉得爽心温暖的是科隆人的热情助人，每当我们不识路时，总有人不厌其烦地带你一段送你一程。

巴登巴登位于德国西南部，离法国的斯特拉斯堡很近。这是个温泉满城的地方，天然温泉的最高温度可达 69 摄氏度。德语中，巴登即沐浴。古往今来，帝王将相，还有许多文人墨客都喜欢到这里来泡温泉休闲疗养。像罗马皇帝卡拉卡拉、普鲁士的威廉皇帝、法国皇帝拿破仑三世、英国维多利亚女王、俄国沙皇亚历山大等都曾慕泉而来。此外，如大文豪屠格涅夫、大作家马克 · 吐温来这里吸取了创作灵感，勃拉姆斯、瓦格纳、李斯特在这里写下了许多著名的乐曲，德拉克洛瓦为巴登巴登画了不少风景画。勃拉姆斯曾赞叹地说，他对巴登巴登永远有着一种“难以言传的向往”。马克 · 吐温对巴登巴登的评价更高，他认为置身其中，“5 分钟忘掉自己，20 分钟忘掉世界”。

笔者两次到过巴登巴登，但都没能泡上温泉。第一次是开车前往，只下来在泉水边散了散步，并在路边旧货摊上以 1 欧元买了一盏铜烛台，为赶路不得不悻悻离去。第二次是与朋友们结伴成行，也是冲着泡温泉去的。可是，儿童不得入内，只能将机会让给夫人。我领着孩子顺着一级级台阶下到山泉汇成的溪水边，行走在满城鲜花满眼绿之中。正嬉戏斗闹间，一辆以两匹灰白色马牵引的四轮车，由远而近地在我们面前停下。为弥补不泡温泉的缺憾，我们毫不犹豫地登上马车，交付了 40 欧元之后，车夫扬鞭，马蹄得得，车轮滚滚，载着快乐，追逐前方，绕溪水，过花园，穿古街，将这座城市看了个够，真让人有点儿“乐不思蜀”的感觉，她似一幅流动的画，一首美妙的诗，一股淙淙的泉水，弥漫了我的视线……

海德堡作为驻欧美军总部所在地，是二战期间唯一没有遭到盟军轰炸的城市。它位于德国西南部，内卡河穿城而过。站在高高的国王宝座山上看这座城市，它依山傍水而建，河的一边是街区，一边是山林，别墅、古堡、红房子、尖顶钟楼被青山绿水环抱，千家万户成了风景画中的风景。“智者乐水，仁者乐山。”仁智差不多是每个人一生中追求的目标，海德堡人看似拥有了这份幸运。

海德堡大学是欧洲最古老的大学之一，距今已有600多年历史。正是从这里，走出了10位诺贝尔奖获得者。据说，音乐巨匠舒曼曾在此读书，并找到了音乐灵感。伟大的哲学家黑格尔也曾在海德堡大学学习和工作过。名人与大学衍生出来的知识氛围，给这座城市增添了不少书卷气。德国式浪漫留下的“哲人小道”，同样使这座城市不缺高新深奥的“哲学沉思”。

美国著名作家马克·吐温曾说，海德堡是他到过的最美丽的地方。德国天才诗人歌德在这里爱上了玛丽安娜。有爱就有浪漫。他为此写下了“把心遗忘在海德堡”的情诗：“我把心儿遗忘在海德堡／在一个温暖的仲夏夜／我的耳朵也充满了爱情／她的嘴唇好像玫瑰含笑／当我们在大门前告别／我清楚记得那最后一吻／我把心儿遗忘在海德堡／我的心啊在内卡河边狂跳。”

在海德堡古老的步行街上散步，在海德堡大学学生监狱听人们讲述它的前世今生，坐在古旧得掉渣的“骑士饭店”斜对面的餐馆里，享用一盘肘子特色菜，喝着专配的葡萄小酒，看街上来去的行人，感叹又一次不虚之行！回想起几年前，我从法国斯特拉斯堡开车到海德堡，在倾盆大雨中先同她打了个照面，朦胧中呈现的另一番魅力与情景，一直定格在我的脑海里。

“想受罪去旅游，想生气看足球。”从巴黎出发，乘大巴穿过法德边境，经海德堡，由西向东横跨德国，开始了我们前往中欧的七国之行，沿途有机会从一个侧面了解德国经济社会的发展现状。出于历史的原因，德国东西方向的高速路网比较连贯发达，当时东边要防俄国，西边要对付法英，必要时可发动闪电式用兵，以便一战制胜，让敌方猝不及防。二战时，希特勒已将这一优势发挥到了极致。这些高速路边的临时停车场服务很周全，但与法国不一样的是，上卫生间要排队交费，虽凭交费收据到商店里可以当钱花，可首先必须再消费。然而，不管出于什么考虑，对于急等着方便的路人来说，着实是一种无奈和别扭。买饮料要预付瓶子费，待到下次购物时，瓶子可抵钱或退费，这种回收方式完全是为了环保。德国人虽比法国人富，但德国人更爱算小账，这已是一种习惯使然。比如在生活上，法国人用餐通常是三道，即冷盘、主菜、甜点，同时还配上不同的酒。而德国人则比较简单，一盘子包打天下，没有那么多讲究。

沿途所经之处可以看到，德国人种田已经园艺化，有限的土地被科学地充分利用，将地块、生态、环保、人文融为一体。田间有林地，林间有田地。厂区田园化，田园工业化。在青山绿水之中，向日葵、玉米地、葡萄园，还有那白墙红顶房，点缀其间相互映衬，构成一道道延绵不绝的亮丽风景线。

二战结束后，破碎的德国在政治上一度抬不起头来，在特定的生存空间里苦苦挣扎。但与试图为侵略罪行洗刷，甚至不思悔悟，妄想对历史定论翻案的某个亚洲国家完全不同，德国全盘接受了二战的所有安排，不折不扣地按条约割地赔款，勇于反省历史罪责，真诚地道歉和忏悔，因而获得了受害国人民的原谅和信任，赢得了世界的尊重，与各国保持了良好的关系，才有了德国的统一和全方位发展。今天，世人高兴地看到，彻底放下历史包袱，轻装上阵的德国，已成为欧洲经济的龙头老大，大欧洲稳步推进的“定海神针”。

○ 隐忍的金色布拉格

一直默默无闻的捷克首都布拉格，于 1992 年作为全世界第一个以整座城市，被联合国教科文组织确定为世界文化遗产后，一下“爆红”，很快闯入世界公众的视野，勾起人们对她极其古老而又复杂历史的记忆。

在布拉格的盛名之下，现在捷克已成为世界旅游的热点。一个领土面积不足 8 万平方公里，人口约 1000 万的国家，据说年游客入境人数已爆增到 6000 多万人次，一跃成为欧洲的旅游大国。

我们乘坐的大巴经纽伦堡东行，出德国进入捷克境内。其实，在德国境内时，我们就已穿行在冷战时期北约（即北大西洋公约组织）和华约（即华沙条约组织）以柏林墙划设的东西方分界线之间。这样的穿越在 1989 年柏林墙倒塌前是不可想象的。德国统一后，经过政府 20 多年的政策倾斜与扶持，东部状况有了很大的改善，但计划经济时期留下的东西部的差距仍然存在。

进入捷克后，大地突然变得空空荡荡的，林子变稀了，庄稼变瘦，工厂、村庄、建筑变少了，高速变成国道了，多少有一点儿荒凉感。我们乘坐的大巴颠簸行走在乡间道路上，冷战铁幕造成的伤痕印记在这里依稀可见。

捷克位于德国、波兰、斯洛伐克、奥地利之间，绝对的欧洲中心地带，而位于柏林、华沙、维也纳和布拉迪斯拉发之中的布拉格，更是中心中的中心。布拉格是一座千年的古城，是征服与奴役，杀戮与灾难的缩影与写照，也是许多悲欢离合故事的起点和终点。因此，布拉格的建筑是一个不同王朝、宗教、民族、流派的混合体，是人类文明的结晶。城内，罗马式、哥特式、巴洛克式、洛可可式和新古典主义等风格的建筑比比皆是，高耸的塔尖成林成片，“千塔之城”在阳光照射下熠熠生辉，“金色布拉格”名不虚传。

走在伏尔塔瓦河两岸，如同穿越历史，进入古老的世纪。每一条大街小巷到处都可以找到中世纪以来的古建筑，各式形态多得只有想不到，几乎没有看不到的。比如，圣维特大教堂，无论从外观还是内部看，其壮观、宏大、复杂、精美程度令人难以描述，教堂融合了多种风格，因为它最初是一座建于公元925年的罗马式教堂，1060年被扩建为一座罗曼式教堂，1344年查理四世在原教堂的基础上建造了一座哥特式教堂。教堂的一砖一石，一门一窗，都写满了历史的变迁。

“没有走过查理大桥就不算到过布拉格。”据说，查理大桥是在12世纪的一座小石桥的原址上，由查理四世于1357年修建而成。大桥全长516米，宽9.5米，有11座桥墩，桥两侧护栏边建有30尊雕像。大桥横跨伏尔塔瓦河，将桥两头的城门、城堡及城区连接在一起，对布拉格的繁荣和发展起到了至关重要的作用。特别是，大桥建成后，成为历代国王加冕游行的必经之地，使其更具历史价值。桥面已被磨平的碎石块和桥下川流不息的河水，向游人诉说着这里已经谢幕的喜剧与悲剧。桥上来自世界各地的游客，大家相互效仿，或选个位置拍照，或请画师画张真人像，或排队摸摸桥上的铜像，闭上眼睛许个好愿。

在离大桥不远的一个广场上，我挤在踮脚翘首的人群里，等待天文钟的敲响。天文钟建于1410年，至今仍在精确地运转。每到正点，一面高墙上的巨大钟门自动打开，钟声齐鸣。耶稣的12个门徒伴着音乐，一个个走到两个小窗口，为大家演出报时。表演幽默诙谐，但死神骷髅手一直操纵着敲钟绳，一旦松手演出就会戛然而止。它警示一切贪心大欲、荣华富贵都如过眼烟云，随时可能化为泡影。

穿行在老城区狭窄盘结的小街里，一些小巷仍保持了中世纪的格调，房子具有宗教特色，地面用小石块铺就，有的街灯点的是过去的煤油灯。在那里，人们可以淘到一些捷克特色物品，也不难买到精美的水晶器皿，甚至可能发现一些藏品，等等。要看的东西太多，腿又太不给力。一天下来，累得筋疲力尽，推门走进了一家特色餐厅，布拉格的炖肉和啤酒香气扑鼻，我和老婆孩子围坐在一起大快朵颐，悠然自得、其乐无比。

布拉格是一座美得令人叫绝的城市，又是一座沉重得不堪重负的城市。因为她一次次遭受战争的蹂躏和外来统治。据介绍，布拉格最古老的居民点出现在9世纪下半叶。随后，神圣罗马帝国皇帝查理四世在布拉格建都。10世纪后，作为捷克的主体波西米亚和摩拉维亚成为神圣罗马的一部分。15世纪后，宗教战争不断。16世纪开始遭受哈布斯堡王朝长达300多年的统治。到一战时，捷克军人逃离奥匈帝国军队，加入协约国而有幸成为战胜国，才得以成立捷克斯洛伐克共和国。二战时，捷克斯洛伐克与苏联结盟。战争胜利后，本以为有了出头之日，可是谁能想到，刚逃出虎口又进了狼窝。好不容易摆脱了奥地利、德国的统治，又受到了苏联的铁腕控制。1968年“布拉格之春”改革运动刚起，即被苏联出动30多万军队镇压。1989年“天鹅绒革命”成功，才算摆脱了苏联体制，实现了真正的独立。这是捷克斯洛伐克历史上第一次扬眉吐气做主人。可是，好景不长，1992年，捷克和斯洛伐克两个兄弟民族，因矛盾闹得不可开交，最终不得不和平分手。在斯洛伐克参观中，我发现这个年轻的国家，虽然条件看似不及捷克，但由于人口仅相当于捷克的一半，国民心态又比较乐观，小日子可能比捷克过得还好，人民的幸福指数很高。

2004年5月1日，捷克和斯洛伐克双双同时加入欧盟。这是历史性的一步。2009年1月1日，捷克接替法国当选为欧盟轮值主席国。这更是捷克史无前例的一件大事。但是，捷克犯下的大忌是，失守小国生存之道。在欧盟峰会上，捷克前总统克劳斯语不惊人死不休，上来就大嘴巴对欧盟政策泼冷水，批评追求欧洲统一的发展方式是“悲剧性的错误”。同时，他还对《里斯本条约》大加挑剔和指责，在当时所有成员国中拖到最后一个才勉强签约。小国一朝得志就要大牌，让欧洲国家反感和不待见，因此失去小国外交转圜的空间，那就难免被边缘化了。

由此可见，在上千年的历史长河中，捷克这个民族主要是一个饱经风霜的受害者而非加害者。面对强者惹不起，只能忍字当头，才能将布拉格这座城市完整地保存下来。在捷克人看来，好汉不吃眼前亏，灾难终将过去，外力终要逃离，文明终会留下。但是，捷克人这样一忍再忍的行为方式，不等于心中没有痛苦和怨恨。有人认为，布拉格是个神秘、忧伤的城市。捷克民族是一个生于怨恨、死于怨恨、多愁善感的民族。生于斯长于斯的著名作家卡夫卡被视为具有代表性，他属于“玻璃墙壁那边”的人，其作品晦暗、阴冷、忧郁、荒诞，也许与这座城市经受的磨难不无关系。有人说，“卡夫卡就是布拉格，布拉格就是卡夫卡”。德国诗人、哲学家尼采曾说过：“当我想以一个词来表达神秘时，我只想到了布拉格。”爱尔兰作家约翰·班威尔曾写过一本关于布拉格的书，书名干脆就叫《布拉格，一座城市的幽暗记忆》，较完整地追述了金色布拉格背后的血泪沧桑。

当然，在特定历史环境下，忍辱负重或许是为了成就未来，并非意味着精神层面的懦弱和屈服。事实也是如此。正如卡夫卡所说，布拉格是不可动摇的，她内心的矛盾和纠结也不能影响她，这正是布拉格的魅力所在。

○ 布达佩斯凤凰涅槃

从欧洲地理划分来说，匈牙利习惯被称为东欧国家，至少应是中欧国家，但匈牙利人却一直认为自己是西方国家。向西看，除了政治上的因素外，人往高处走，水往低处流，也是人之常情。

匈牙利如愿以偿加入西方阵营(欧盟)已经10年，“东欧剧变”后脱离东方阵营，一晃也已25年。今天的匈牙利是“换了人间”，或变得更糟都不重要了，重要的是匈牙利人自己愿意。从匈牙利之行所见所闻方知，冷战时期唯一被留下的是，布达城堡山上修建的自由女神像。其他的都已被推倒重来，全盘西化了。匈牙利因此对西方的依赖越来越深。政治上要跟在西方国家后面亦步亦趋，唯马首是瞻，国家资产大部分被西企化，经济金融受到欧洲央行的严格管控，债务要求助国际货币基金组织解困等，似处处受制于人。国民生产总值字面上的数额可能上升了，但大多数老百姓未得到真正的实惠，已对“幸福幻想”渐失信心。当然，这一切的一切，并不影响匈牙利首都布达佩斯自古天成的魅力与风韵。

缓缓流淌的蓝色多瑙河将布达佩斯一分为二，一边是布达，一边是佩斯。佩斯地处北岸的平原地带，政府部门、商业中心和文化机构都集中在这里。其中，临河而建的议会大厦长268米，宽118米，高42米，中心圆拱建筑尖顶高96米，其他22个小尖顶围卫在侧，成片建筑鹤立鸡群，宏伟壮观、气势磅礴，堪与英国国会大厦相媲美。布达位于多岩石的南岸城堡山上。据说，来自中国汉代的匈奴人曾西迁到这里定居。蒙古人、罗马人和土耳其人等也曾光顾于此，城堡和宫殿历经战火的破坏，多次进行修复和重建。15世纪末，城堡山上的王宫已成为欧洲最辉煌的王宫之一。1873年，布达和佩斯才合并成一座城市。如今，布达佩斯标志性建筑古老庄重的链子桥，以及其他八座风格各异的大桥横跨两岸，城堡山上的王宫、教堂、博物馆、图书馆、渔人堡等建筑与对岸的议会大厦、商业街、广场遥相辉映，美好风光无限，醉倒八方游人。

现在看到的如此和谐协调的一幅生动画面，并不是这座城市的原貌，而是二战后在一片废墟上，根据原来布局，以旧修旧，还原历史，重新修建的一座城市。

据说，二战期间，布达佩斯经历了一场最为血腥的围城战。1944 年 10 月，盟军在诺曼底登陆，对纳粹德国开辟欧洲第二战场后，苏联红军挟苏德战场全线胜利之威，兵临布达佩斯城下。为了在次年年初举行的雅尔塔会议上，与美英谈判握有更多的筹码，斯大林曾命令百万苏军尽快攻下德匈军团固守的布达佩斯。围城战从 1944 年 10 月 29 日开始，1945 年 2 月 13 日结束，历时 102 天。包围与突围的对攻战打得天昏地暗、山崩地裂、惨不忍睹。据统计，战争摧毁了布达佩斯 80% 以上的建筑，约 1.8 万栋房屋被夷为平地，多瑙河上所有的桥梁被炸毁，布达王宫、马加什大教堂、国会厅、国家剧院等均毁于狂轰滥炸。在一些残存的建筑物的老墙上，密密麻麻的弹孔现在仍清晰可见。

历史上，布达佩斯曾经付出了太多血与火的代价。但她轰轰烈烈的倔强性格决定了其一次次凤凰涅槃，浴火重生。否则，李斯特就不可能写出激情奔涌的《匈牙利狂想曲》，裴多菲也不可能留下脍炙人口的诗歌《自由与爱情》：“生命诚可贵，爱情价更高。若为自由故，二者皆可抛。”站在多瑙河边、链子桥旁的裴多菲雕像前，笔者双手合十默哀祈祷，以表达对这位伟大诗人在 26 岁青春年华时为国捐躯，践行生命箴言的深深的敬意。

同样，布达佩斯不缺缠缠绵绵的《布达佩斯之恋》。众所周知，奥匈帝国时代，童话般的茜茜公主貌美、高雅、善良、亲民，受到了匈牙利人民的爱戴。她经常居住在这里，她发自内心地热爱匈牙利，热爱布达佩斯。她欣赏这里的音乐，欣赏这里的风光，欣赏这里的色彩和节奏。最重要的是，她在暗暗地，注定没有结果地欣赏着她心目中的那个人——安德拉希伯爵。茜茜公主曾以个人的智慧和魅力化解了奥匈两国之间的矛盾，为奥匈帝国的建立做出了巨大贡献。在奥匈帝国于 1867 年 6 月 8 日成立的那一天，匈牙利的王冠被戴在茜茜公主的头上，她成了那时匈牙利的女王。茜茜公主是一幕喜剧中的悲剧人物，在维也纳茜茜公主倍受冷落与指责，在布达佩斯她却收获了太多的欢呼与崇拜。这或多或少反映了布达佩斯不拘条条框框，以及大爱之美的人文情怀。

二战后，“多瑙河上的玫瑰”——布达佩斯经历了一次华丽的转身，城市发生了颠覆性的蜕变。当局将历史、价值、生态、交通和发展联系在一起考虑，重生的改建仍在有条不紊地进行。在局限中发挥创意，让老建筑与时俱进，让新建筑锦上添花，让整个城市充满生机与活力，焕发出新的更加绚丽的光彩。

○ 奥地利音乐飞扬

奥地利是一个由五线谱编织的国家。奥地利之旅如同脚踩在跳动的音符上，以朝圣的虔诚之心去参加一次超大型的“音乐会”。小约翰·施特劳斯的《春之声圆舞曲》似乎为之拉开序曲，交响飞扬的优美旋律，一下子把我拽进了激情澎湃、生机盎然的光影里。

如果将奥地利看成一个音乐大舞台的话，那么维也纳就是这个舞台的中央。有人说，“音乐是维也纳的灵魂，没有音乐也就没有维也纳”。这里曾孕育了太多像海顿、莫扎特、贝多芬、约翰·施特劳斯父子、舒伯特、勃拉姆斯、勋伯格和韦伯格等世界级音乐大师。他们谱写出了无数前无古人、后无来者的不朽乐章。

特别是，维也纳古典音乐派四杰：“交响乐之父”海顿、“音乐天才”莫扎特、“乐圣”贝多芬和“圆舞曲之王”小约翰·施特劳斯光耀全球，奠定了维也纳无以撼动的世界音乐之都的地位。

海顿的《惊愕交响曲》、《午别交响曲》、《时钟交响曲》和《皇帝四重奏》等，莫扎特的《费加罗的婚礼》、《唐璜》、《魔笛》和《安魂曲》等，贝多芬的《英雄交响曲》、《命运交响曲》、《田园交响曲》和《第九交响曲》（合唱）等，小约翰·施特劳斯的《蓝色多瑙河》、《维也纳森林的故事》、《春之声》和《安娜波尔卡》等，这些从维也纳流淌出来的无数音乐巨作，成为世界音乐史上经典中的经典。令世人为之动容的是，1824年，贝多芬在年届54岁，快要走近生命终点之时，在两耳完全失聪的情况下，仍以巨人般的毅力创作出了震撼世界的《合唱》，即《第九交响曲》，其中的《欢乐颂》乐章，今天已被欧盟定为盟歌：“欢乐女神圣洁美丽，灿烂光芒照大地，我们心中充满热情，来到你的圣殿里。你的力量能使人们，消除一切分歧，在你光辉照耀下面 ，人们团结成兄弟。”音乐评论家激动地指出：“每当《欢乐颂》响起时，宇宙为之动摇。”

“凡音之起，由人心生也。”奥地利之所以诞生这么多的音乐巨人，迸发出如此多的音乐巨献，与其宗教、历史、人文、情感、环境不无关系。欧洲最早的音乐主要是宗教音乐，通过音乐为宗教传经布道，而奥地利曾是宗教音乐的发祥地之一。18世纪欧洲启蒙运动时期，像海顿、莫扎特等音乐家以不同方式，冲破宗教音乐的禁锢，用音乐表达心声，使音乐走下宗教神坛，开始走向世俗。“百花齐放”、“百家争鸣”的创作高潮，为奥地利音乐的繁荣打下了坚实的基础；伴随着奥匈帝国的兴盛，咖啡馆被较早引进音乐家们的生活，他们有更多的机会接触社会，探讨和享受音乐的创作过程；流经奥地利的蓝色多瑙河，维也纳郁郁葱葱的森林，延绵起伏的阿尔卑斯山，还有那些古风独运的建筑和艺术，就是一曲曲流动的乐曲，一部部凝固的乐章，此乃是音乐家们取之不尽、用之不竭的创作源泉。

图为莫扎特故居：粮食胡同9号。

作者摄

当然，奥地利音乐能创造出无与伦比的辉煌，更得益于当时统治阶层的喜好和影响。据记载，早在公元976年至1246年的巴奔堡王朝时代，奥地利就已发展成为中欧的权力中心。此后，哈布斯堡王朝于公元1278年定都维也纳，对奥地利实行了长达600多年的统治。尤其是卡尔六世国王和玛丽亚·特蕾西亚女王时期，开明盛世得民心，社会一派欣欣向荣，音乐与艺术蓬勃发展。特蕾西亚女王喜欢音乐、歌剧和华尔兹。她经常在维也纳美泉宫举行音乐会和歌舞会，甚至上演来自中国的戏曲。1762年的一天，当时只有6岁的音乐神童莫扎特曾应邀进宫，为特蕾西亚演奏乐曲，得到了女王的称赞和亲吻，并奖赏他一枚钻石指环和一件镶着宽金边的淡紫色服装。皇家对音乐的嗜好，培养了民众的兴趣，提高了国民的音乐素养。在此背景下，众多才华横溢的音乐家在奥地利脱颖而出也就变得顺理成章了。

今天，奥地利继续保持着“音乐之国”，维也纳“音乐之都”的地位。音乐在这里得到了应有的重视和尊重。在奥地利旅行，你在宫殿、公园、街道、广场随处都可以看到著名音乐家的雕像；许多建筑、大街、礼堂、会议厅都以音乐家的名字命名，政府举行重要活动和仪式时都要演奏一首古典名曲；国家颁布了400多个音乐保护遗址，包括许多音乐名人的故居、小屋，供人们参观凭吊；每年全国各地举行许多大大小小的音乐节、文化节、歌剧节，如维也纳新春艺术节、海顿节、莫尔比斯轻歌剧节、布雷根茨歌剧节、萨尔茨堡艺术节、因斯布鲁克古音乐节等，吸引了世界各地许多文艺团体和无数音乐爱好者，既丰富了当地人的文化生活，又加强了与世界音乐语言的沟通与交流。

维也纳国家歌剧院、维也纳金色大厅、维也纳爱乐乐团等个个名满天下、如雷贯耳。维也纳歌剧院曾演奏过19世纪欧洲所有著名歌剧作家的作品。剧院演出总是排得满满当当的。每年从秋季到夏季，通常演出300多场世界一流的歌剧和芭蕾舞剧。每年元旦，维也纳爱乐乐团在金色大厅举行的新年音乐会，向全世界传递美的旋律和新春的祝福，更是受到世人的关注。音乐会的门票早早就被售罄，要去现场聆听往往一票难求，世界普通的听众有时不得不通过网上竞拍圆自己一个梦想。

行走在奥地利，如同走在交响变奏的“音乐长廊”里，鸟儿啼唱，流泉鸣响，微风低吟，物移景动。一路音乐，一路歌。我们就这样来到了萨尔茨堡。这是音乐天才莫扎特和世界级指挥大师卡拉扬的出生地。当然，也是当地人闭而不说的一个人——希特勒的故乡。萨尔茨堡还是圣诞歌的诞生地。该市奥本小镇的牧师约瑟夫·莫尔与乡村小学教师弗兰茨·格鲁伯于1816年共同创作了《平安夜》："平安夜，圣善夜；万暗中，光华射。照着圣母也照着圣婴，多少慈祥也多少天真。静享天赐安眠，静享天赐安眠！平安夜，圣善夜；牧羊人，在旷野。忽然看见了天上光华，听见天使唱哈利路亚。救主今夜降生，救主今夜降生！平安夜，圣善夜；神子爱，光皎洁。求赎宏恩的黎明来到，圣容发出来荣光普照。耶稣我主降生，耶稣我主降生！"《平安夜》从奥本小镇传唱到全国、全欧，然后风靡全球，每年圣诞之夜被数十亿人唱响。

萨尔茨堡位于奥地利西部，阿尔卑斯山北麓，南面高山连绵，北面却是一马平川，周围被层层叠叠的绿色包围，秀美的山川与多彩的古城浑然一体，被誉为全世界最美丽的城市之一。静静的萨尔斯河横贯全城，将城市分为两半，一半是老城，一半是新城。这里的教堂多，音乐厅也多，而教堂也是演奏音乐的重要场所。因此，音乐成为当地人生活的一部分。在大街小巷，随时可以见到独特的乐器表演，听到自由乐队旁若无人的大合奏。在老城区，穿着中古时期服装的居民，不时从我们身边走过，摆手投来善意的微笑。循着狭窄街道两边墙上悬挂的精致标牌，走进某店说不定可以找到古老唱片、乐谱手稿和各种乐器。在老城最著名的步行街，我们找到了莫扎特故居：粮食胡同9号。莫扎特生在这里，长在这里，在此度过了穷苦的童年。驻足莫扎特故居前，我仰望远方阿尔卑斯山顶上的皑皑积雪，顿生怆然与惆怅，为这位伟大的音乐天才36岁就英年早逝，而扼腕叹息！

到奥地利必到萨尔茨堡的另一个理由是，这里曾是经典电影《音乐之声》的拍摄地和故事发生地。剧本根据一个萨尔茨堡修女的真实故事改编，主人翁名叫玛丽亚。她被修道院派到退役军官特拉普男爵家，为失去母亲的七个孩子当家庭教师。玛丽亚除了教孩子们学习外，还教他们唱歌跳舞，很快博得了孩子们的信任和喜爱。随着相处好感的加深，玛丽亚与特拉普也相爱并结婚。在纳粹占领奥地利后，他们组成家庭合唱团，到处演唱奥地利民歌和爱国歌曲。最后，一家人以巡回演唱为掩护，闯过德军封锁线，翻越阿尔卑斯山，逃离奥地利。《音乐之声》最终获得五项奥斯卡奖，成为世界上最成功的影片之一。电影一上映，其中的插曲《哆来咪》、《雪绒花》、《孤独的牧羊人》和《晚安，再见》等，这些优美流畅、生动有趣、深情委婉的旋律，立即在全世界引起共鸣，深受各国人民的喜爱。

位于萨尔茨堡城区的米拉贝尔宫花园规模不算大，但似有皇家园林的气派，雕像、喷泉、花坛、亭台、阶梯布局其间，殿宇的墙壁上爬满常青藤，更增添了清新自然的色彩，确实是个“惊人美丽的地方”。身临其境，眼前突然浮现出《音乐之声》中，玛丽亚手拉着手带着孩子们围着这里的喷泉欢乐跳舞、歌唱的场景。

月亮湖是《音乐之声》的另一个外景拍摄地。经典的乡村美景，梦幻般的湖光山色。青山脚下的小镇、教堂、木屋、团树、鲜花、绿草，波光粼粼的月亮湖慢慢地向游人打开……“念书你就先学 ABC，唱歌你就先唱哆来咪”，恰似《音乐之声》伴着彩云飞，让人醉入美不胜收的仙境里。

打开 MP3，听着《拉德茨基进行曲》，车行进在弥漫着音乐灵性的阿尔卑斯山谷中，穿过“因河上的桥”——美得无法形容的因斯布鲁克，一路西行进入瑞士。这意味着我们的奥地利之约“音乐会”到此画上了圆满的句号。但是，欢快的旋律，铿锵的节奏，还在我脑海中飘荡回响。音乐带给我莫大享受，快乐心情尽乎使我疯狂！

○ 挖山不止变首富

在中国的寓言中，愚公及子子孙孙挖山不止，最终搬走了门前的两座大山，从此光明一片。现实中，瑞士人世世代代凿山破石打开了通往外面的路，变成了世界上最富的国家之一。从梦想到现实都说明了一个道理：立志求变，必有所成。

多次去瑞士，这个“山中乐园”一直让我津津乐道，也使我领略了真正的“发达”。美丽的湖光山色，茂密的翠竹松林，遍地的绿草鲜花，繁华的国际都市，构成了一幅绝妙的瑞士风景画。可以毫不夸张地说，只要人们举起相机，一定会随手得来佳作。当然，雪山脚下成群的牛羊在悠闲地啃着草；现代化商店或旅馆边用木头、麻绳和废弃的轮胎为儿童们搭建的滑梯、秋千和缆索；起伏的山峦上架设的电线杆不少是就地取材的原木，这些因地制宜、废物利用的行事方式，并不影响瑞士的形象或市容市貌，反而与自然显得那样的协调和谐。

据统计，曾经达到首富的瑞士人，2013 年人均国民收入约为 8 万美元，居世界第四。瑞士是一个典型的靠“贸易立国”的外向型经济国家。它的贸易额在国民生产总值中所占的比重超过了 50%。2013 年，瑞士进出口总额达到 4297 亿美元。瑞士还是世界重要的对外投资国，2012 年其对外投资达 440 亿美元。瑞士在海外的资产约为 15000 亿美元，扣除外国在瑞士的资产，净资产约达 5000 亿美元。一个人口不到 800 万，面积仅 4 万多平方公里的国家，却创造出如此辉煌的成就，不能说不是个奇迹。

其实，瑞士是欧洲一个多山的内陆国。它全境的 70% 被阿尔卑斯山脉和汝拉山脉挤占，其余部分为高原区，平均海拔高达 1350 米。据介绍，200—300 年前，瑞士还是个很穷的国家。由于荒山秃岭，山高路少，自然资源贫乏，经济十分困难，那

瑞士名城日内瓦莱蒙湖畔的周末时光。
作者摄

时许多人被迫到欧洲其他国家去打工、当雇佣兵，有的甚至去讨饭。

穷则思变。早在18世纪，瑞士人给自己确立的发展战略是：建立“永久中立国”，保持政局稳定；挖山修路打开与外界的联系；发展高附加值精细工业扩大出口。1872年，瑞士在其中南部的阿尔卑斯山腰，建成了世界上最长的铁路和公路隧道——圣哥大隧道，全长17公里。挖山“取宝”挖出了甜头，一挖而不可收拾。随后人们开凿了无数大大小小的隧道，不光将密如蛛网的公路和铁路与邻国连接起来，打开了通向世界的路，而且挖出了世界一大奇观，即无处不在的防空洞。那里除了储存着大量飞机、大炮和轻重武器外，储存的战备粮食据说可够瑞士人用10年。具体到每栋楼下，按照法律规定，在建造之前已经挖了防空洞，食、住、医院和卫生间一应俱全。有人戏称，如果爆发世界核战争，瑞士人恐怕最占便宜了，生存的机会肯定将高于世界其他国家居民。

瑞士人根据自己的国情扬长避短，挖山挖出了一片新天地。由一个封闭的山国一跃变成了一个设有200多个国际机构的“联合国”。瑞士人也从山中草民变为受人尊重的世界公民。倘你与他们聊天时，他们很可能不知道联邦政府主席是谁，但对该国25名诺贝尔奖获得者的名字会如数家珍。至于联邦官员也不拘于形式，一切都很平民化。笔者曾亲历的一件事是，2010年4月23日，在联合国教科文组织确立的“世界读书日”当天，瑞士联邦主席洛伊特哈德女士受中国使馆之邀，参加在瑞士首都伯尔尼的谷仓图书馆内举行的“中国主题日”活动。她没有专车，也没有警卫，身背一个挎包，是步行而来独自而归的。瑞士人这种不唯上只唯贤的求真务实的理念，也许正是这个国家富国强民的根本。

瑞士虽然是个小国，但是正如西谚云“小即美”，因小而要发奋，因小而求精致，小中能够见大，虽小却不可小觑。

○ 雀巢总部在小镇

当我们的汽车在莱蒙湖畔的山间高速公路行驶时，工作在日内瓦的一位朋友指着右前方伸向湖心的丘陵半岛说：“这个地方叫韦威，是瑞士的一个小镇，雀巢公司的总部就坐落在那里。”本来迷迷瞪瞪的我，一下子变得精神了。雀巢那么知名的国际公司根植于这样一个小镇，并挥洒自如地在世界市场上驰骋。真可谓“山不在高有仙则名，水不在深有龙则灵”，访问雀巢总部的念头一下子冒出来了。

趁参加国际会议的间隙，我们从日内瓦出发，过洛桑，沿莱蒙湖边北行，驱车 90 多公里，进入了韦威市区。这时，道路突然被半架空在湖上，似有点“自古华山一条路”的险峻味道。左边，在车道围着山转的高高的陡坡上，被开凿出了一片片梯地，搭满了一行行的葡萄架。右边，视线掠过宽阔的湖面，白雪皑皑的勃朗峰好像近在眼前。走进如此人间难寻的岛上小镇，真使人如同进行了一次惊奇的梦游。

雀巢总部大楼是一个呈人字形的五层玻璃幕墙建筑，它依湖而建，窗外的青山碧水与楼房的绿色格调浑然一体，充满了洁净、高雅与现代的韵味。当时接待我们的马塞尔·吕本先生介绍说，为适应雀巢集团发展的需要，该楼已进行了几次更新改造。他告诉我们，早在 1867 年，雀巢咖啡工厂就在这里成立。它的创始人亨利·雀巢(Nestle)是位德国人，工厂以其名字命名。“Nestle”在德语里是“小小鸟巢”的意思，一直沿袭至今的鸟巢中生活着几只小鸟的标志，象征着雀巢食品的“安全、温馨、母爱、自然和营养”。

在一个宽敞的办公室里，时任雀巢公司负责亚太和非洲业务的行政副总裁简伟豪先生边让我们品尝该公司生产的巧克力新品，边给我们讲述公司的经营情况。他说，雀巢是世界上最大的食品公司，其产品有200多个品种。就雀巢咖啡而言，在全世界每秒钟约消费3000杯。目前该公司总部的工作人员有1500人，他们来自68个国家。公司在世界81个国家建立了522家工厂，员工总数超23万人。据统计，2010年，雀巢集团在全世界的总销售额超过1200亿美元。

在谈到雀巢公司成功的奥秘时，简伟豪先生介绍说，公司一直秉承先人的信念和原则，以人为本，千方百计去满足不同文化和不同生活方式消费者的需求；注重对人员的培养和产品的开发。公司每年投资5亿多美元用于人员培训和产品研发，目的在于向消费者提供最新、最好的营养和食品。现在，雀巢除在瑞士的洛桑建立了研究开发总部外，还在12个国家开设了高度专业化的科研分支机构；着眼长期发展战略，而不仅仅局限于短期利益。对合作方以诚相待、利益共享，推进产品的本地化。正是靠这些稳步推进的举措，雀巢公司从一个手工小厂发展成一个大型跨国集团，从韦威这样的山区小镇走向了世界，铸造了今日的辉煌。

雀巢在中国已有很长的历史。早在20世纪初的1908年，雀巢就在上海开设了它在中国的第一家销售办事处。随着中国的改革开放，雀巢的业务也在中国全面铺开，并逐步成为中国家喻户晓的品牌。在过去的若干年中，雀巢已在中国建立了21家工厂，直接投资已累计超过10亿美元。2012年，雀巢在大中华地区的销售额超过50亿美元。目前，雀巢公司仍看好中国的未来，并将中国定位为雀巢产品的第一消费国。“如果每个中国人喝一杯咖啡，那将是一个多么惊人的数字！”简伟豪先生富有远见地说。

○ 追寻安徒生的足迹

“五月晴光照太清，四郎岛上抵牛耕。樱花吐艳梨花素，泉水喷云海水平。湾畔人鱼疑入梦，馆中雕塑浑如生。北欧风物今观遍，民情最美数丹京。”1959年5月，郭沫若先生访问丹麦时留下的墨宝，现在已成为中国驻丹麦大使馆的“镇馆之宝”。诗中，郭老在对哥本哈根美丽景色赞美的同时，也描绘了丹麦这个童话加神话的奇异国度。

丹麦是一个让游客向往的国家。由于斯堪的纳维亚半岛是在地球最后一个冰川期形成，所以今日的丹麦如同其他北欧国家一样，在1万年前还是一片杳无人烟、孤僻蛮荒的冰天雪地。直到20世纪，人们才把目光投向北欧这块尚未开发的处女地——“欧洲最后的原始景色”。而丹麦最让人难忘的恐怕不仅在于它迷人的海岸、岛屿和港湾，还在于安徒生童话在那里留下的永恒印迹。

当我们乘坐的斯堪的纳维亚航空公司的飞机在哥本哈根机场降落之后，意味着我们一行梦幻般的北欧之旅由此而开始。当时已是当地时间晚上7点多钟，我们记者组一行三人还有那么多行李，本来应该打两辆出租车，结果却稀里糊涂地上了一辆，由于座位上全堆的是东西，人都快被挤成相片儿了。尽管如此，出租车司机非但没有埋怨，反而默认了我们这种不能为而为之的行为。脑袋顶着箱子，身体不能自主的我，一路已无心去欣赏哥本哈根的美丽夜景，好不容易这么撑到预定的旅店，可司机就不像之前那么灵活了。给他美元先说不要，要就是100美元，只好去换丹麦克朗，车一直没有熄火，在那里一等就是40多分钟，这使我们多支付了差不多一倍的车费。

进得旅店，不是通常的先住下再交费，而是必须先交足了预定的所有房费才能入住。我们所住的旅店名叫“CABINN”，离市中心的火车站不远。客房只有 5–6 平方米，内设上下单人床，下床上加放了一个厚厚的垫子，拉开后又可以当一张床使。床的长度还好，但宽度只有 70 至 80 公分，睡觉时翻身着实有点儿费劲。这样的客房可一个人住，两个或三个人住也行。同样的房间，1 个人住价格相当于每天 90 美元，2 个人住需付 110 美元左右，3 个人住约为 130 美元。房内，墙壁上安装了一个 12 寸的电视，一个睡上铺用的梯子，进门处有一个小圆桌和两把简椅，在墙角设有一个刚能转过身来的卫生间。这种甚至比汽车旅店都不如的客房，本以为是专为一些青年学生准备的，可是待次日用早餐时我发现，住在里面的都是一些不同年龄的非常体面的客人。可见，丹麦是世界上最富的国家之一，但是人们的生活还是比较节俭而不讲排场的。

哥本哈根位于丹麦西兰岛东部，是北欧的最大城市和重要的交通枢纽。她的市区面积仅 88 平方公里，人口约 50 万。市容繁华而不奢华，现代中保存了传统，狭窄的街道与宽阔的马路，

丹麦首都哥本哈根街景。
作者摄

玻璃幕墙建筑与教堂古堡宫殿同时存在，不仅互不影响，而且相得益彰。特别是，在汽车道旁都辟有自行车专用道，男女老少乐于骑车成了这个发达国家城市中的一种生活形态。当然，在阳光明媚的大白天，所有在路上跑的汽车都开着车灯，更是以前闻所未闻，让我感到新奇。据说，这是为了对付随时变脸的天气，防止交通事故，丹麦交通部门专门作出的一项硬性规定。

到了哥本哈根少不了要去海边看美人鱼。动身前，旅店的前台给了我们一张市区地图，并用笔标明了我们应看的景点和前往的路线。可是，按图索骥不成，我们还得沿途问道。就这么走一段指着地图问一回，到了一个路口正感到犯难的时候，一个推着自行车的老妇走过来主动要给我们带路。开始还有点转不过弯来，但老太太的善良、热情和真诚，使我们的疑虑一下冰释。她说之所以要给我们当向导，是因她太爱这座城市了。她边走边给我们讲路旁的古建筑，讲安徒生在哥本哈根的故事，讲安徒生曾经常光顾的咖啡馆和街道，在她的指点下，我们在好多街道上发现了安徒生留下的脚印（市府在安徒生经常走过的街道上印上了他的脚印）。与此同时，老太太也在讲述着自己：她叫杰特 · 格洛布，已经 70 岁。她和两个女儿一起领养了五个国际儿童，有巴基斯坦的、尼日利亚的……她从怀中掏出好几张照片给我们看，她为能组成这样的国际家庭而感到高兴。

不知不觉，我们已经来到了海边。当格洛布知道我们来自中国后，非常痛快地与我们一起合影，引来周围不少游客围观。离别时，她深情地对我们说，从不同渠道了解到，今天的中国发展很快，变化很大。中国人聪明、能干，中国的未来一定会变得更好。

在与各方面人士的接触中，我们也可以深切地感受到，越来越多的丹麦人开始关注中国和对中国感兴趣。在我们访问期间，正逢“神六”成功发射，丹麦各大媒体给予了高度关注。丹麦电视台、通讯社、《日德兰邮报》、《政治报》等均在第一时间作了报道，同时发表评论指出，中国“神六”发射成功是中国国力日益增强的一个显著标志，它折射出了中国在军事、科技和经济领域实力大增的事实，展示了中国政府与人民对未来发展的自信。此举连同高速发展的经济，日益提升的国际影响力，都进一步彰显了中国成为世界大国的形象。丹麦《贝林时报新闻周刊》专门做了一期中国特刊，中国时任总理温家宝和丹麦时任首相拉斯穆森都为特刊致了贺词。该刊以《新中国》为封面，较为全面地介绍了中国经济、社会发展的各个层面，一些照片具有很强的冲击力，在丹麦产生了很大的震动和积极的影响。据我国驻丹麦大使馆工作人员介绍，现在想去中国的丹麦人越来越多，我驻丹领事部每天要签发几百个赴华签证。在往返于北京至哥本哈根的航班上，我们也发现飞机上座无虚席，都是在华旅游、经商和访问的丹麦人或北欧人。交谈中，他们对在中国的所见所闻都给予了正面的评价。

从哥本哈根出发，我们又去了安徒生的故乡——欧登塞。在参观安徒生的故居时，我不仅知道了更多有关安徒生的故事，而且随意得到了一份中文介绍，在展厅看到了《安徒生童话》的差不多所有中文出版物，在旁边的书店里，浏览到当地出版的《安徒生童话》的精美中文版，拿起书来重读《夜莺》这篇描写中国黄金满地、宛若仙境、令人神往的童话故事，我才突然明白：今天，丹中两国和两国人民之所以那么友善，那么互有吸引力，也许正是一代又一代人从阅读《安徒生童话》故事中，早就认识了对方，熟悉了对方。

○ 冰岛特色不是冰

一提起冰岛，人们通常会把它与萧瑟严寒与冰天雪地联系在一起。然而，当我们身临其境时才发现，冰岛不见冰，到处触摸到的却是火。火山、热泉、间歇泉比比皆是，“地球的热泪”遍地流淌、热气腾腾。所以，如果把冰岛叫做“冰火之岛”更为确切。

大自然的造化真的很神奇。在冰岛的感觉恐怕是在任何其他国家都找不到的。从空中往下看，在一片雾蒙蒙的大气笼罩下，由黑褐色火山岩堆叠成的方块，看上去如同一栋栋灰色的楼房。真正踏上这块土地，展现在眼前的是：地面上坑坑洼洼、石渣熔浆湿地上草木不生，光秃秃的一片，只是在向阳的一面生长出一层厚厚的苔藓，脚踩上去软绵绵的，周围蒸汽缭绕，似有一种置身人间，亦非人间的感觉。难怪当年据说在阿波罗飞船登月前，美国曾利用这里的地形地貌模拟月球环境，让宇航员来这里体验月球上的生存状态。

在参观冰岛中部的大裂谷和火山口时，当地人向我们介绍说，冰岛是由美洲和欧亚大陆两个板块在北大西洋缓慢漂移产生的缝隙中喷涌出的岩浆逐渐凝固而成的。据不完全统计，冰岛有火山 200 多座，其中活火山 30 余座，活动相当频繁，仅历史上有记载的火山喷发就有 150 多次，目前平均每五年就有一次火山爆发。冰岛的火山类型和火山现象齐全，从盾状火山、叠层火山到裂隙式火山应有尽有。最著名的海克拉（HEKLA）火山有“地狱之门”之称，从 9 世纪有人居住至今共喷发过 18 次，最近一次发威是 2006 年 6 月。它喷发时最长的一次是 1947 年，历时 13 个月，形成的巨型烟柱达万米之高。

这种特殊的地理构造使得冰岛地下热流滚滚，仅天然温泉全国就有 800 多处，水温大多在 75 摄氏度左右，最高温度达到

图为冰岛盖锡尔间歇热泉，其水温足可煮熟鸡蛋。

作者摄

180 摄氏度以上。最大的代尔卡通加泉每秒钟涌出沸水达 150 升。冰岛的间歇喷泉更是世界奇观，英文中的 Geysir 一词即来源于冰岛最大、最著名的间歇泉“盖锡尔”。访问冰岛期间，我们有幸去距冰岛首都雷克雅未克 118 公里处，参观了“盖锡尔”间歇泉，它周围还有许多大大小小的热泉，有的一会儿往上拱一下，有的像一口烧沸的锅，在咕嘟咕嘟地冒泡，手是一点儿也碰不得。“盖锡尔”的沸水下沉积蓄力量后，每 8 分钟自喷一次，喷射高度可达 30 米，走近观赏时能感觉到它散发出来的热气。

如果按照温度来划分，冰岛的地热共有 250 个低温区和 20 多个高温区。热流处在地下约 1000 米，水温低于 150 摄氏度的地区属于低温区；热流生成于 1000 米以下，温度高于 200 摄氏度的地区属于高温区，高温区大多分布在横贯冰岛的火山带上。雷市处在高温区，因而叫“蒸汽海湾”。

在雷市郊区，我们参观了奈斯亚维里尔地热电站。该热电站共有 20 眼地热井，井深为 1100—2000 米，最高温度达 380 摄氏度。它集发电和热水生产功能于一体，发电机组总装机容量为 60 兆瓦，热水生产能力为 1100 升 / 秒。类似的地热发电站还有若干座，冰岛计划在未来 10—15 年内再建 10 来座地热发电站，以满足日益增长的能源需求。现在的冰岛，电多得用不完，只能将路灯不分昼夜地开着。87% 的冰岛家庭靠地热取暖，拧开水龙头就可以用 75 度水温的温泉洗澡。

在冰岛泡温泉实在是一件很爽的事。我们不仅每天在旅店享受温泉的泡洗与按摩，而且慕名到冰岛最大的温泉湖——蓝湖去潇洒了一回。那天正好下着小雪，又近傍晚时分，在雪花飘飘中泡露天温泉非常滋润和刺激！蓝湖很大，湖边熔岩高低突兀、曲曲弯弯，温泉湖大的套着小的，一圈又一圈。湖中的水温保持在 29 度至 45 度之间，越靠近泉眼的地方越热。里面有自然形成的洞、桥、瀑，还专设了桑拿。透过缕缕白烟，仰望夜空眨眼的繁星，人们有的在湖中漂浮，有的聚在一起聊天，还有的放开手脚畅游，一切随心所欲。这时，你会有一种飘飘欲仙之感。人无所求一身轻。在雪花飘飘下，开开心心地，痛痛快快地泡个特别的温泉浴，身心真的舒服透了。

在这片靠近北极圈，听似闭塞冰冻的荒原上，其实一点也不冷，我们准备的御寒行头都用不上。据当地人介绍，雷市最冷时的温度也只有零下十几摄氏度，最高时可达 25 摄氏度。这主要由于一是受墨西哥湾暖流的影响，虽纬度很高，气温却相对比较温和。二是冰岛“外冷内热”，到处向外冒火。当然，这里气候变化无常，正是晴天丽日时，说不定狂风暴雨会降临。冰岛人常说，如果不喜欢冰岛的天气，那么只需要等 5 分钟，老天爷就会变脸。

冰川、瀑布、雪峰、裂谷、苔原、火山、熔岩、热泉是冰岛的地形地貌，冰与火则是冰岛最鲜明的特征。但是依我看，火是冰岛特色中的特色。因为看冰要开车到很远的地方才行，而在人们的脚下却随时随地都能感到“火”的存在，更何况“火”造福于冰岛人民的历史已经非常久远了。

○ 赶上挪威第一场雪

十月的北欧应是寒气袭人的深秋了。可是，在丹麦没有遇到经常不见阳光的阴雨，在冰岛也未碰上时不时光顾的12级以上的大风，到了挪威首都奥斯陆的次日却迎来了据说是当年的第一场雪。因此，一路走来天公作美，遇到的人差不多都说我们是够运气的了。在奥斯陆郊区海拔371米的霍尔门科伦山上，我登上世界级滑雪跳台，看着漫天纷纷扬扬的雪花撒落在松林、楼宇和木屋之上，整座城市变得一片洁白。那起伏跌宕的层次，那山舞银蛇的动感，让人心旷神怡、浮想联翩。

挪威是一个领土延伸到北极圈和被无数峡湾分割的国家，因而被人们称之为“半夜太阳国”或“万岛国”。其独特的自然景观构成了挪威极为丰富的旅游资源：海岸线曲折，近海岛屿多达15万个，崖悬壁峭、风景优美。北极圈穿越挪威北部的一些地区，每到6、7月份，可以看到午夜的太阳以及美丽的北极光。挪威的森林和冰雪更是令人神往。然而，从前，挪威曾是一个贫穷的国家，奥斯陆也是“一个阴郁的城市”。当时是，外国人不愿意来，本国人想往外走，海盗猖獗成群，不少人的老婆都是经海上从爱尔兰那边抢来的。后来，经过一代又一代挪威人的建设与发展，再加上石油带来的滚滚财富，挪威现在不仅置身于世界上最富国家的行列，而且成为世界上最理想的旅游目的国之一。

无论在奥斯陆街头漫步，在挪威皇宫游览，在维格兰雕塑公园拍照，或到海盗博物馆参观，还是去奥斯陆标志性建筑市政厅——每年都在此颁发诺贝尔和平奖的地方，我们都能看到一些来自世界各国的游客。然而，据当地人介绍，奥斯陆最吸引游客的地方还是它的冬季滑雪。奥斯陆每年积雪期有120天，在郊区辟有2200公里长的滑雪道，其中200公里为泛光照明的

人工滑雪道。10 个建有供滑雪者使用的登山索道和缆车。冬天一到，除了滑雪爱好者蜂拥而至外，国际滑雪大赛也经常在这里举行。再加上一些国际博览会和毛皮交易会等，只有 50 多万人口的奥斯陆，每年接待的观光客达到 300 万人以上。

挪威首都奥斯陆市政厅是颁发诺贝尔和平奖的地方，作者到此一游能感受到和平幻影下的纷纷扰扰、浮世沧桑。

当然，因奥斯陆高层建筑不多，由森林公园连着的街区也显得比较松散，城市不很热闹，且物价昂贵。一瓶矿泉水的价格相当于 4 美元，租用一辆出租车 1 小时的收费高达 80 美元。因此，滑雪爱好者除外，到奥斯陆旅游的人多半匆匆地和它打个照面，就忙着奔赴卑尔根去了。我们当然也不例外，在奥斯陆转悠了两天后，第三天一大早就登上了开往卑尔根的火车。

奥斯陆至卑尔根的铁路建于 1909 年，全长 493 公里，铁道要穿越 200 条隧道，17 公里雪挡及 300 座桥梁，沿途的地形和景物变化万千，被称为北欧最著名、最经典的黄金旅游线。火车离开车站不久就钻进了延绵起伏的群山之中。尽管北欧的天气已经开始变冷，但仍难掩令人心醉的斑斓秋色，苍山翠岭中飘动着绿、黄、红、白、紫、褐等不同树木植物呈现的颜色，构成了一幅五彩缤纷的山水图。在一道道山、一道道水之间，红墙白顶的木屋不时撞入眼帘。随着火车不断爬高，天气变得越来越冷，森林越来越密，雪也越下越大，厚厚的积雪，晶莹的雾凇和树挂，漫山白雪皑皑，银装素裹。置身其中使人才真正感受到"挪威的森林"、"挪威的雪"的那种境界，也让人领略到什么叫自然景色美不胜收了。

火车在"林海雪原"中开得比较慢，而且走一站停一站。游客们除了在车内观景外，有的下车拍摄雪景；有的嬉戏斗闹打雪仗；还有的穿着背心在雪中追逐，从车厢的前门跑到后门。特别是，每当经过一个滑雪场时，一批滑雪爱好者一拥而上，他们有说有笑，有闹有叫，仍沉静在滑雪的愉悦之中，车厢里也因他们的到来一下子沸腾起来。

车到米达尔，我们换乘前往弗洛姆的观光列车，在继续高山赏雪的同时，看到了挪威最为美丽的山地风光，巍峨的山峦和令人叹为观止的瀑布。当我们从海拔 866 米的米达尔车站下到海拔只有 2 米的弗洛姆车站时，不知不觉中已经走过了 20 公里行程。稍作小憩后，乘船又开始了我们的松恩峡湾之行。

松恩峡湾虽不算宽，但却是世界上最长、最深的峡湾，全长为 240 公里，最深处达 1309 米。两岸层峦叠嶂、造型鬼斧神工。山下一片翠绿，中间层林尽染，山顶覆盖着积雪。一条条线瀑飞流直下，坠落在岸边的岩石上，溅起一波波水花。两岸虽听不到猿声，但却不时可以看到，山羊在水边吃草，海豹趴在礁石上晒太阳。偶见一两栋民宅点缀于深山野岭，从中跳荡出令人眼前一亮的风情。每天到这里旅游的人很多，与我们同船观光的有德国人、英国人、新西兰人、南非人、日本人，还有一大帮叽叽喳喳的法国中学生。大家非常友好，有说有笑，相互拍照，都想把这美好的记忆定格在峡湾大自然的背景里。

○ 从白马酒馆到侠客棚

当夜幕从天宇深处徐徐降落的时候，我们的汽车行至罗马尼亚黑海之滨的涅夫托旅游点，主人执意请我们看罗马尼亚民间歌舞表演。经过一整天的奔波访问后，虽感心力劳顿，怎奈盛情难却，我们只能客随主便地走进附近的一家白马酒馆。

演出场地是露天的，周围是房间，中央是一个圆形空地，其间稀稀拉拉地长着一些树，坐在室内可以看到晴朗的夜空和闪闪发光的星星。空地的一方为舞台，除了一条环形走道外，桌椅排排，来客满座。他们大多是到海滨度假的外国游客。

当我们就座其中，边品尝美酒小吃，边观赏演出时，周身的疲劳一扫而光。穿着各色民族服装的罗马尼亚艺术家们在台上劲歌热舞，观众中也有人主动登台合歌伴舞，动作既洒脱又娴熟，不仅使全场观众为之鼓掌，演员们也向其投以赞美的微笑。一曲终了，舞台上涌入了许多观众，踏着乐曲的节奏，各展其态地舞动起来。

民歌大联奏将演出推向高潮。在民乐队的伴奏下，罗马尼亚著名小提琴家巴洛米格每演奏一首歌曲，都引起热烈的反响，观众席上和者成片。一会儿此处的人站起来欢呼雀跃，一会儿彼处的人蹦起来舞动着手里的手帕和鲜花。这边在手拉着手随歌而动，那边在旁若无人地放声高歌。全场不论男女老少，都激情奔涌、如醉如狂。我还未转过神儿来，接下来演奏的两首中国民歌，也让我们找到了知音，情不自禁地站起来击掌伴唱。原来，这位艺术家演奏的是世界各国的民歌，他以精湛的演技，用音乐与来自不同国度的游客沟通，并产生直接的情感共鸣。艺术家也被这种欢腾与理解的场景所感动。他的节目演出一结束，就绕场一周与观众握手致意。

在“林间空地”布拉索夫，我们刚到就被一位身着皮马甲，手持一把利剑的“侠客”引进了用圆木搭建的高脚侠客棚。里面挂满了野鸡、瓶子、罐子、花草、麦穗、兽皮和手工编织的饰物，野味十足。按照侠客的习俗，我们吃着烤肉，听着小乐队和浓妆艳抹的女演员的弹奏演唱。金发女郎边唱边微笑地走过来纤手轻轻地与客人携手起舞，举止之大方，感情之真挚，使人消除了拘束，有宾至如归之感。

据介绍，来这些旅游景点献技的演员，大多数都是罗马尼亚各艺术剧团国家级演员，他们通过向游客推销愉快、展示技艺，不仅丰富了旅游内涵，而且增加了旅游收入，同时改变了文艺团体长期困守城市吃不饱的处境，拓展了高端文艺为大众服务的空间。

从黑海之滨的白马酒馆到布拉索夫的侠客棚，给人留下的印象是，办好旅游并非全凭豪华的宾馆、高级剧院和大型游乐场所。罗马尼亚从自己的实际情况出发，靠省钱方便的旅游设施、浓厚的民族特色、文明周到的服务、灵活多样的经营，以更丰富的人文特色吸引了许许多多的国内外游客，把旅游事业办得红红火火。那时到罗马尼亚的游客很多，其中西欧的游客占 40%，东欧及其他国家的占 60%，旅游外汇收入占全国外汇总收入的 8% 以上。

回想当年，从黑海海滨开往布加勒斯特的汽车排成长龙，路边一栋栋挂着双层窗帘的小洋楼掩映在绿树之中，城市建筑鳞次栉比，道路洁净宽敞……再回忆到，在黑海里游泳，在多瑙河三角洲钓鱼，在布加勒斯特购物的情景……罗马尼亚给我留下的整体印象相当的棒。但是，1989 年 12 月，罗马尼亚革命删除了在我脑海中留存的这些画面。齐奥塞斯库体系被彻底打碎，西式政体在那里得以建立起来。随后，罗马尼亚于 2007 年成功加入欧盟，这本是罗马尼亚一直追求的理想目标，也是一次转身的机会。

可是，20多年过去了，由于社会转型矛盾复杂难解，导致国家机器经常在空转，社会发展不进则退：经济增长乏力、债台高筑、失业率攀升、社会动荡不定，大多数罗马尼亚人生活水平下降，人们由希望转为失望，许多人不得不设法离开罗马尼亚到其他欧洲国家去谋生。在匈牙利，笔者目睹了一些罗马尼亚人蜷缩在街头乞讨，有的以看车为名强要几个硬币来维持生计。在法国，大批罗马尼亚的罗姆人，被赶至城乡接合部集中管理，然后一批批被遣返回国。

从前前后后的所见所闻感觉到，罗马尼亚为流血变革付出了沉重的代价。仅以罗马尼亚的旅游业为例，"革命"导致的政局不稳，赶跑了许多传统的游客。现在，罗马尼亚已被列为全世界最不发达的旅游国家之一，与周边的保加利亚、匈牙利、捷克和波兰等国相比，差距可谓天壤之别。

过去一些年来，为了改变自己的窘境，罗马尼亚有时甚至为迎合和讨好西方，做了一些违心的事，说一些违心的话。在笔者亲历的联合国日内瓦人权会议上，罗马尼亚代表曾发言指责中国的人权状况，并跟着西方国家投了中国的反对票，置中罗几十年的友谊于不顾而见利忘义，让人感到特别心痛。尽管如此，大多数中国人对中罗曾经有过的那段美好的岁月仍难以忘怀，衷心祝愿罗马尼亚摆脱暂时的困难，尽快走上繁荣富强的发展之路。

○ 奥林匹克故乡行

希腊曾是西方文明的发源地，也曾是奥林匹克运动的故乡。从那里所播散出来的哲学思想、古典艺术和奥运精神，对促进人类社会的文明与进步产生了广泛而又深远的影响。无论是瞻仰卫城山上的巴特农神殿，还是凭吊爱琴海边的海神庙遗址，或是参观雅典市中心曾经举办过第一届现代奥林匹克运动会的大雅典体育场，我们的所见所闻都印证了古希腊时代的无比强盛与辉煌。

雅典在1896年曾创办了第一届现代奥林匹克运动会。在竞办奥运中，当美国亚特兰大从雅典手里夺走了1996年奥运会100年的举办权时，希腊人的民族自尊心受到了严重的伤害。但希腊人并没有因此放弃，而是再接再厉，一举夺得了2004年奥运会在雅典的举办权，这意味着雅典将第二次举办奥运会。在离别了108年之后，奥运会重新回到它的诞生地，这不仅使希腊人感到兴奋和自豪，同时也引来了全世界关注的目光。

然而，当我们一踏上希腊的土地，除了在雅典机场和奥组委大楼里，看到了“2004雅典”奥运会的宣传标语和吉祥物外，在其他地方有关奥运会的户外广告和招贴画少之又少。雅典奥组委从担心影响场馆的施工进度和安全出发，对各方来访的客人只介绍情况，尽量不安排奥运场馆的参观活动。从表面上看，雅典整个城市的奥运气氛似乎显得相当的平淡，很难找到奥运会将在这里举行的感觉。但实际上，一切都在有条不紊地进行之中。当你走进这座城市的大街小巷，就可感受到迎接奥运会的浓浓氛围。比如，楼房店面在粉刷翻新；街道在拓宽修整；连接一些奥运场馆的轻轨正在铺设；奥运会的吉祥物早已摆上了货架；雅典市民和旅居海外的希腊人纷纷报名争当志愿者……

作者行走到希腊爱琴海边。

据介绍，雅典市内共有29个奥运会建筑项目，其中19个是全新建筑，另外10个属于翻新改建项目，完工的场馆已进入清理、调试阶段，一些项目还在紧锣密鼓地进行。由于筹备工作相对起步晚，以及在施工过程中经常碰到古迹保护问题而延误工期等原因，一些场馆至今仍不见模样，确实令人感到担忧。时任国际奥委会雅典奥运协调委员会主席的奥斯瓦尔德针对工程进度缓慢的状况指出，雅典目前仍面临时间上的压力，时间之紧迫“容不得筹备工作中出任何差错和故障”。但是，不论我们与时任希腊文化部长的韦尼泽洛斯交谈时，还是与时任雅典市市长的多拉·巴科雅妮夫人见面时，他们都对按期完成奥运会的要求做出了毫不含糊的肯定回答。事实上，一些奥运比赛场馆到后来实在完不成了，奥运会比赛照样进行无误，像游泳馆的屋顶没盖上，比赛就是在露天游泳馆进行的，谁又能怎么着？这就是希腊人“车到山前必有路”的泰然处事风格。

当然，希腊人，一个创造了奥林匹克历史的伟大民族，他们对奥运会更是抱有一种与众不同的奥运情结。不仅仅是想通过奥运会这个“过滤器”，重温昔日的辉煌，重塑国家的形象，更重要的是要在当今纷繁复杂的世界中弘扬奥林匹克精神。正如希腊前总统斯特凡诺普洛斯在接见我们时说的那样，“2004年，希腊，奥林匹克思想和奥林匹克主义的摇篮，将迎来世界上最大的体育盛会——奥运会。雅典的雄心不只是组织一次技术层面完美的运动会，而且要赋予奥运会相应的体育、文化和精神的广阔空间”。因为，奥运精神不仅在于追求“更快、更高、更强”，还在于表达和平的信息。

和平奥运是时代的期盼。自古希腊起，各方在奥运会举行前都要签署一个《神圣休战月》条约。根据该条约规定，竞赛期间，正在交战的各方必须实行停火。在神圣的停火阶段，古希腊的每个城邦的城门上都高高悬挂起橄榄树枝以示和平，一切战争与敌对行为全部停止。

为了诠释奥运会这一更深刻的和平内涵，当时希腊特向联合国提交了一份决议，希望能在雅典奥运会期间实现“全球停战”。该决议在联合国安理会得到投票通过。为此，希腊率先垂范，与同其有长期领土纠纷的土耳其在奥运会停战书上签字，以确保 2004 年雅典奥运会取得圆满成功。

同样，为了更好地体现奥运会的休战、团结精神，希腊奥运会的火炬传递方式也十分特别。火炬接力除了在 21 个前奥运会主办地传递外，还传到了未举办过奥运会的非洲和南美洲，以及将举办 2008 年奥运会的中国北京，最后再由 6500 名火炬传递者在希腊传递一个月。2004 年 8 月 13 日，火炬最终被传送到雅典开幕式主会场。火炬传递的目的在于将和平与博爱的愿望传遍全世界。

希腊奥运会吉祥物雅典娜和费沃斯也具有独一无二的含义。他们身着的服装，一个为深黄色，一个为深蓝色，头和脚均为金黄色，十分可爱动人。根据希腊神话故事记载，雅典娜和费沃斯是兄妹俩，雅典娜是智慧女神，希腊首都雅典的名字由此而来。费沃斯则是光明与音乐之神。选择他们作为吉祥物体现了友谊、合作、和平和公平竞争的奥运精神，同时体现了雅典奥运会的四个核心价值：遗产、参与、庆典和人类本身。

希腊是一个约有1000多万人口的国家。雅典是一个只有400多万人口的城市。从历史上看，可以说希腊是承办奥运会最小的国家。在2004年奥运会举行的17天时间里，雅典及周围地区每天要接待包括运动员、教练员、媒体人、赞助商和观众等在内的约200万人次的境外来客。用当地人的话说，是“小国家，大责任”。时任希腊环境、城市规划和公共工程部长的瓦索·帕潘德里欧夫人认为，奥运会是全体希腊人的事，我们需要通力配合和积极参与。尽管面临前所未有的挑战，但是我们没有理由不把2004年奥运会办好。奥运会的成功举办不仅将对希腊的经济发展、就业机会，以及居民生活水平的改善做出贡献，最重要的是会使我们获得走向成功之路的自信心。

2004年奥运会是雅典的节日、希腊的节日，也是一个世界的“重大节日”。它对于所有人来说都是一次难忘的经历。希腊著名诗人宾达罗斯（PINDAROS）曾为奥林匹亚和奥运会写下了这样赞美的诗句：“水是最美好的，金子也像燃烧的火焰显示着财富的骄傲。但是，我的心啊，如果你要给竞赛的人们颁奖，除去那白日光芒四射的太阳，天上没有一颗另外的星星。没有任何竞赛像奥林匹亚的竞赛那样值得我们歌唱。”

奥运会再次回到它的诞生地希腊，“增加了奥林匹克运动的价值”。2004年雅典奥运会的举行给希腊留下了“永久的优秀遗产，也将给奥林匹克运动和世界留下伟大的遗产”。这是国际奥委会前主席罗格对2004年雅典奥运会的评价。

○ 穿过博斯普鲁斯大桥

土耳其最大的城市伊斯坦布尔地跨亚欧两大洲。闻名于世的悬索吊桥飞架博斯普鲁斯海峡，将欧亚大陆紧紧地连接在一起。在大桥的正中间有一道白线，白线以东是亚洲，白线以西是欧洲。桥两头与高速公路相连，我们的车多次来回于博斯普鲁斯大桥，穿行在欧亚两大洲之间。

一国跨两洲的土耳其，领土总面积为 77 万多平方公里，其中 97% 位于亚洲的小亚细亚半岛，只有 3% 位于欧洲的巴尔干半岛。用土耳其人的话说，“没有土耳其就没有亚洲的西部，同样没有土耳其就没有欧洲的东部”。这种独特的地理位置，其战略意义非同一般。同时它的存在也凸显了罗马帝国、奥斯曼帝国在这里留下的烽火连天、你争我夺，最终妥协媾和的痕迹。

大桥西岸，王宫、古堡、教堂、博物馆、高楼，还有那整洁而又古老的街道，浓缩了欧洲文明的精华。大桥东岸，殿阁、大道、塔楼、清真寺，以及历朝历代修建的城墙，具有鲜明的亚洲特色。但是，总的来看，东边的发展远逊于西边，随处可以看到一些破落的街区，这可能与土耳其的历史形成和当今的发展战略有关。

不管从领土的分布情况，还是从人种的组成来看，土耳其都应属于亚洲国家。但是，二战后，“欧洲定位”是其政治、经济、文化的优先发展方向。“西方化”是土历届政府奉行的既定国策。它先是加入了北约，现在一直是欧盟的候选国，而且“入盟”之心非常迫切。它参加所有欧洲体育赛事，却不参加亚洲运动会。土耳其之所以“脱亚入欧”，积极向欧洲靠拢，更多的是出于自身利益的考虑。首先，融入欧洲挤进富国行列，有利于确立其在欧洲的安全和政治地位。其次，欧洲目前是土耳其最大的贸易伙伴、最大的投资方、最大的旅游客源和最大的侨汇来源地。因此，尽可能利用欧洲国家的先进技术和大量

图为横跨欧亚大陆的博斯普鲁斯大桥。
作者摄

的资金，加快经济发展，努力缩小与西方发达国家的差距，是土耳其实现强国富民的梦想。

可是，土耳其毕竟是一个发祥于东方的古老民族。土耳其人也从来不否认他们更多源于亚洲血统，其生活习俗、外貌特征，甚至思维方式都更接近于亚洲人。当他们一只眼睛紧紧盯着欧洲的同时，另一只眼睛也在密切关注着崛起的亚洲，尤其是中国的高速发展及其巨大的市场。此外，土耳其还没有摆脱发展中国家的形态，加之近年来外债猛增、失业严重、物价上涨，经济持续不景气，它更希望利用其独特的地理优势，在东西方之间寻求一种“西方不亮东方亮”，或者“东西方同时亮”的最佳利益平衡。

当我们一进入土耳其的国门，就能感受到土耳其人对中国人的一种亲近感。机场人员对我们非常热情友好，特别是根据土中《外交和公务护照互免签证协定》，无须签证就可顺利入关，主人还为我们安排了周详的访问日程。从首都安卡拉到古城伊兹密尔，再到伊斯坦布尔，无论是政府官员，还是工商界人士，或是新闻界同行，与我们谈论最多的话题，就是如何加强土中两国人民的友谊和经贸合作。土方欢迎高质量的符合国际标准的中国产品出口到土耳其，也希望有更多的土耳其产品能够进入中国市场，如榛子、橄榄油、陶瓷和皮革等。此外，土耳其还期待为中国企业进入欧洲穿针引线，发挥桥梁作用。

从历史上看，土中交往源远流长。举世闻名的古“丝绸之路”东起中国的长安，西至土耳其的伊斯坦布尔，然后再到达西欧国家。伊斯坦布尔的托普卡珀宫中至今还收藏着无数精美的中国瓷器和丝织品足以说明这一点。今天，土耳其这个端着大国范儿的国家，如果能放平心态，而不是眼高手低，唯西方马首是瞻，真正把亚洲国家放在眼里，它施展的空间可能会大得多，发展的机会肯定也会多得多。

○ 一头巨鲸被拦腰缚住

冲着维纳斯故乡的美丽传说，我们来到了塞浦路斯，一个风光旖旎的岛国。它俯卧在地中海中间，形似游弋于浩瀚大海中的一头巨鲸，扼守欧、亚、非三大洲要冲，被视为地中海的“钥匙”和苏伊士运河的门户，战略地位十分重要。然而，这个只有 80 多万人口的岛国却被一条“绿线”拦腰一分为二，形成希腊族与土耳其族分而治之的南北两截，致使塞浦路斯的经济社会发展受到了严重的制约。

“绿线”是指一条停火线。1974 年，塞浦路斯的希族军政府策动军事政变，土耳其以保护土族为名随即出兵干涉，逐步占领了北部约占全岛 38% 的领土。北部希族人纷纷南逃，而南部土族人则成批北撤。1983 年，塞土族宣布独立，成立了“北塞浦路斯土耳其共和国”，但在国际上只得到土耳其一个国家的承认。塞浦路斯首都尼科西亚因此也被一劈两半，成为“柏林墙”后，在世界上被分割的又一个首都。所有到访者们出于对局势的关注，大多都会去参观这条人为划分的“绿线”。

笔者访问塞浦路斯时，正值金秋十月。抵达尼科西亚当天，我们在下榻的饭店里拿了一张该市的地图，发现地图的南部标明了密密麻麻的街道和名胜古迹，而北部则是一片空白，只写有短短的一行字：“由于土耳其的占领，此地不能进入。”带着这张地图，笔者沿着勒德拉斯街由南向北步行，以去实地看个究竟。这是尼科西亚最著名的商业街，两旁的商店、咖啡馆和酒吧一家挨着一家，明亮的橱窗里展示着来自欧洲及世界各地的名牌皮鞋、服装、首饰和化妆品等，其繁华与现代化程度同欧洲国家许多城市相比几乎没有什么两样。

走着走着，突然一个由军人把守的岗哨出现在我们面前，街道被齐刷刷地截断。登上旁边的瞭望台一眼望去，只见缓冲区荒芜的街道杂草丛生、满目凄凉，一些被废弃的建筑物破烂不堪……与“绿线”南侧的繁华热闹景象形成了强烈的反差。

这条“绿线”由东向西蜿蜒217公里，南部占总面积的62%，北部占38%。我看到，在尼科西亚段，“绿线”由建筑物、隔离墙和铁丝网等障碍物将南北分开。沿线划出的“缓冲区”，由联合国驻塞浦路斯维和部队负责监督停火。

在相互隔绝了近30年之后，南北双方通过达成协议，于2003年在“绿线”上开放了四个哨卡，分居南北的希族人和土族人开始有了来往。据陪同人员说，南边的限制要比北边的宽松得多。比如，南边的希族人进入北边的土族人占领区时，必须出示“护照”，而北边的土族人进入南边时，只需出示当地的“身份证”就可以放行了。

一天傍晚，在尼科西亚的一个开放哨卡，笔者碰到了几个正要返回北边的土族青年。他们说，他们是来南边打工的，临时在一家铝合金门窗厂做工，工资要比北边高出很多，但北边有规定，必须早出晚归，不得在南边过夜。塞浦路斯外交部的一名官员说，四个哨卡开放以来，数以千万计的人进进出出，其中有打工的、购物的、做生意的或探亲访友的，对双方加强沟通与了解起到了积极作用。

长期处于分治状态使南北之间的经济发展水平，以及居民的生活质量差距越拉越大，南方明显好于北方，北方人向往南方。北方居民曾举行过游行示威，呼吁全国实行统一，并以统一的国家加入欧盟。国际社会也为解决塞浦路斯问题进行了长期不懈的努力。联合国安理会也曾多次通过决议，希望塞希族和土族通过谈判解决分治问题。但是，由于南北双方都有各自复杂的政治背景，在谈判的要价上谁都不肯让步，致使塞浦路斯统一问题遥遥无期。

2004年，塞浦路斯希族和土族就联合国提出的统一方案举行了全民公决。三分之二的土族人投票支持塞岛统一，但四分之三的希族居民在公投中投了反对票。所以，2008年1月1日，塞浦路斯以希族人为一方的南塞地区正式加入欧盟，其人均国内生产总值超过2万美元，成为欧盟新成员国中最富裕的国家。

“度尽劫波兄弟在，相逢一笑泯恩仇。”由于英国殖民统治者在撤离前人为地制造了民族之间的对立与仇恨，致使塞浦路斯于1963年发生了严重的民族流血冲突，此后相继成立了“塞浦路斯共和国”和“北塞浦路斯土耳其共和国”。南塞加入欧盟时是一次南北和解与统一的难得契机，但因南北方的意愿不同而丧失。现在，人们期待在北塞有朝一日加入欧盟时，双方能否“相逢一笑泯恩仇”，实现塞浦路斯统一大业的夙愿？

○ "流着奶和蜜的地方"

以色列是国际传媒报道最为频繁的国家之一。但笔者亲眼所见的是，拔地而起的高层建筑，纵横交错的高速公路，流动着的五颜六色的汽车，宁静的街道和秩序井然的居民生活，这一切所折射出的社会安定与经济繁荣，同媒体整天渲染的一团乱局似乎并不相干。然而，以色列给人留下最深刻印象的不完全是这些，除此以外，还有它在沙漠上创造出来的农业奇迹。

目前，以色列实际控制的领土面积长不过500公里，最宽处也仅100公里。一辆豪华大巴载着我们一路K歌，走到哪里看到哪里，与这个国家进行了一次深度接触。从海浪拍岸的地中海试水遥望欧洲，到盐汤子似的死海游泳直立行走，到一头扎进红海浑身被鱼群叮咬得疼痛难忍，再到走进边远农庄参观农家的里里外外……两周的时间差不多把以色列转了个遍，让我们大致领略了以色列的自然地理概貌和经济社会发展的现状。

在《圣经》中，以色列被称为"流着奶和蜜的地方"。然而，笔者所见到的以色列，却是一个炎热干旱、戈壁滩起伏延绵、水资源严重匮乏的国度，可耕地仅占全国总面积的三分之一，且土质差、含碱高。可是，以色列就是在这样的沙石上，创造了令人难以置信的现代科技农业。

以色列农业发展的模式是非常规的。通常，发展农业的第一要素是自然环境，其次才是技术、资金和管理。但以色列人把这个次序颠倒过来了。人们首先注重的是充分发挥人的因素，从本国的特点出发建立起了一整套特色农业的科研、推广和生产体系，普及使用温室栽培和滴水灌溉就是其中最成功的例子。

在离特拉维夫不远的以色列国家农业中心，笔者参观了一处钢结构玻璃温室，据说每间的造价高达上百万美元，它完全

作者在位于约旦、以色列和巴勒斯坦交界处的死海中游泳，由于盐度很高，在里面直立行走也不下沉。

是一个由计算机控制，吹风机、冷热器、助光灯和滴水管道组成的小气候循环系统。通过该系统，人们可以为不同品种的作物寻找到最佳的生长环境。在以色列南部地区的贝索尔试验基地，人们搞的是地上、空中一起上的立体化农业栽培。悬在半空中的草莓和大椒等，苗儿还没有完全长大就开始挂果。按照需要，作物的位置可通过滑轮来回移动。当室内营造的人造风乍起，连成一片的白色大棚里，绿波涌动、蔚为壮观。

伴随着大面积温室种植的推广，使得农作物在以色列易季种植、高产多样和择期收获成为可能，并且源源不断地向地中海对岸的欧洲国家出口，真正成了欧洲离不开的“冬季厨房”。

水对于以色列来说，如同生命一样宝贵。据介绍，以色列全国可利用淡水资源人均年占有量仅为320立方米，是世界上人均占有量的三十三分之一。因此，提高水的利用率对以色列的生存和发展至关重要。早在20世纪60年代，以色列就发明了滴水灌溉技术，并使其不断得到优化。现在，以色列的新型滴灌系统采用计算机技术，根据土壤的吸水能力、作物的生长阶段和特性及气候的变化，较好地控制了用水量，在农业用水逐年减少的情况下，农产品的产量和销售额却大幅度上升。参观中，笔者发现，不管在太巴列湖附近的杧果园内，还是在海边上的瓜地里，或在市区的橄榄树下的花丛中，只要有绿色的地方，下面肯定埋有蜘蛛网状的滴水管，滴水灌溉为以色列勾画出一道充满生机与魅力的风景。

多亏了滴水灌溉、沙漠温室以及其他先进技术的使用和推广，以色列农作物每公顷的产量比过去提高了3—7倍，农业生产取得了突飞猛进的发展。在20世纪50年代，一个以色列农民只能养活17人，到90年代，可养活90人。后来，占以色列全国总人口3%的农民生产的农产品，除了能满足国内需要外还可出口，每年从国外换回大量的外汇收入。

环游以色列，哪怕是在北部的加利利湖地区，我们仍未看到一块真正属于大自然赐予的“绿洲”。显然，在茫茫戈壁和沙漠上，以色列人不靠天、也不靠地，靠的是非凡的智慧和不屈的民族精神，才建成今日的美好家园。

○ 橄榄树下的忧虑

说到橄榄树，人们自然会联想到橄榄枝象征着和平。但是，无论我站在耶路撒冷橄榄山的橄榄树下，与游人一起观赏落日时，还是坐在面对戈兰高地的一个古村寨的橄榄树下，听当地人讲述他们的祖先在那里生活、开拓的动人故事时，我被周围的景色和胜迹吸引的同时，心头也难免蒙上了一层莫名的阴影。因为，从这些极为敏感的地方，人们可以感觉到，和平的橄榄树下实际上隐藏着不安全的忧虑。

从地中海畔的特拉维夫到亚喀巴湾的埃拉特，从宗教圣地耶路撒冷到政治热点戈兰高地，表面上看起来，以色列无疑是一个繁荣、稳定、安全的国度。可是，从头顶上不时呼啸而过的战机，道路两旁停放的坦克、大炮和侦察飞艇，边界架设的密密麻麻的铁丝网，城里来回走动的军警巡逻队，以及随处可见的挎着冲锋枪的士兵……这从不同侧面反映出以色列似乎是个“军营国家”。由于安全问题被置于国家事务的首位，以色列的军费开支一直居高不下，每年约占国家财政预算的四分之一到三分之一。在军队建制方面，以色列不仅拥有一支高素质的国防军，而且还建立了常备军。按照义务兵役制规定，所有合格男女均在年满 18 岁应征入伍。男性服役 3 年，女性服役 21 个月。在完成义务兵役后，每一士兵均被指派进入预备役部队。男性在 51 岁前每年服役 39 天，非常时期可增加到 60 天或更长的时间。女性则服役到 24 岁。人们对此的解释是，虽然以色列建国已经半个多世纪，但是不少人仍觉得有种被包围的感觉。

以色列人总有这种不安全感并非空穴来风，这既有历史的原因，又确有现实的情势。根据 1947 年联合国关于巴勒斯坦分治决定的规定，当时划归以色列的国土面积约为 1.49 万平方公里。然而，经过四次中东战争后，以色列相继占领了约旦河西岸、加沙地带、耶路撒冷和戈兰高地。尽管1994年和1995年，以色列先后从阿拉伯被占领土部分撤军，但目前以色列实际控制的面积仍约为2.7万平方公里，高出规定其应有领土面积差不多一倍。在我们到达特拉维夫的第二天，以色列外交部官员迈迪纳先生为我们介绍中东形势时，并没有回避这一历史事实，一般的以色列人对此也直言不讳。现在的问题在于，如何归还这些被占领土？会不会归还这些领土？若答案是否定的，以色列与周边阿拉伯国家的紧张关系就难以得到松动。

特别在历经沧桑的耶路撒冷，人们整天更是处于担惊受怕之中。耶路撒冷是世界上宗教、人种、传统以及政治的交汇点。为争夺这块圣地，千百年来曾发生过无数次战争，犹太人、巴比伦人、希腊人、罗马人、阿拉伯人、奥斯曼土耳其人和英国人纷至沓来，都曾做过它的主人。据介绍，耶路撒冷现由四个部分，即穆斯林区、基督区、犹太区和亚美尼亚区组成。在这里，一种政治主张也许有碍于另一种政治选择，一个宗教圣殿很可能建在另一个宗教教堂的遗址之上，透过这种历史形成的层层纠葛与积怨，各方心里都很清楚，如果对任何敏感问题处理不当，和平与安宁随时会被纷争与冲突打破。

笔者在耶路撒冷访问期间，正赶上警察在市中心进行突然搜查，使我们的汽车受堵一个多小时。从安全角度考虑，以色列外交部专门给我们配备了两名全副武装的特警保镖，因此我们的一切活动全在他们的监护之下，看起来是安全了，实际上更可能成为攻击的目标。我们的陪同欧芳小姐，曾在中国留学过，能讲一口流利的中文。她是地地道道的以色列人，家就住在耶路撒冷。她说，曾在一次死伤上百人的爆炸事件中，参加了抢救行动。当时她浑身上下沾满了鲜血，那些无辜受害者惨死的情景，她仍历历在目。尽管如此，她说对此只有理解，没有仇恨。她希望无论是以色列人，还是阿拉伯人，都应消除怨恨，和平相处。

事实上，据史书记载，犹太人和阿拉伯人曾和睦相处，共同反抗过外族的统治。再说，历史也已经多次证明，武力是不能完全奏效的，建立起长久的信任与和平，已成为阿以广大人民的共同愿望。

当然，要使各方从目前的恩怨纷争中摆脱出来，着手解决棘手的问题和难点，继续推进和平进程，这不光要靠双方政治家的智慧与远见，更重要的还需要两大民族人民做出非同寻常的政治抉择。在耶路撒冷的哭墙前，我闭着眼睛，双手合十，为巴以双方实现真正的和解与和平而默默地祈祷。

○ 走南访北看越南

对大多数中国人来说，越南是一个既熟悉又神秘的国家。因此，走近越南，去感受她的海风椰影，去体味她的异国情调，去看看她的发展变化，这无疑是一件让人求之不得的事。幸运的是，我们中央新闻工作者代表团一行，应越共中央宣传部的邀请，对这个国家进行了一次实地踏访。我们先从越南首都河内出发，一路向南，下岘港，游胡志明市，然后再返回河内，乘车至北江省，最后抵达与中国接壤的谅山省，穿越远近闻名的友谊关回国。所到之处，越南人表现出的热情，越南涌动的建设热潮，加上越南炎热的天气，我们犹如又度过了一个热浪扑面的夏日。

越南位于中南半岛东部，北与中国接壤，西与老挝、柬埔寨交界，东面和南面濒临南中国海。领土面积为 32.95 万平方公里，人口约 8000 万。越南地形狭长，南北长约 1600 公里，东西最窄处约为 50 公里。越南的山地要占到领土面积的四分之三，但山中的石油、煤炭和天然气等矿产资源储量惊人。越南海岸线长达 3000 多公里，海里矿藏和渔业资源丰富。所以，人们将越南称之为坐拥“金山银海”的国家。由于越南地处北回归线以南，常年高温多雨，又使其成为山岭屏围、河海滋润，土肥水美、物产丰饶的地方。此外，越南还是一个历史悠久的“文物之地”和多民族文化的聚集之地。在这样的国度里行走，到处有新的看，有稀的瞧。

河内是指被环抱在红河大堤之内的意思。7 世纪初，它建城于红河与墩河的交汇处。走进这座千年古城，人们会发现，一条条历朝历代遗留下来的古街坊，至今仍香火不断的文庙，富有历史意义的巴亭广场等，凸显了它古老的过去。而街头巷尾的霓虹灯、广告牌、宣传标语，还有大型超市、休闲广场、玻璃幕墙，勾勒出了它今天的现代化气息。

在越南朋友安排下，我们从河内去了广宁省的下龙湾，圆了“不到下龙湾，不算到越南”的心愿。下龙湾是典型的喀斯特地貌，猛一看上去，与桂林的山水何其相似乃尔。不同的是，那些大大小小、奇形怪状的山包，桂林是从地上长出来的，下龙湾是从海上冒出来的。乘船穿行于山、海、岛之间，那种神秘、隔世的感觉是独有的。正因为如此，越南人把它传说为龙下凡的地方。联合国教科文组织已将它列入世界文化遗产名录。

岘港是越南最大的中部城市，也是一个海港城市，战略地位十分重要。自古以来，岘港是越南重要的对外贸易口岸。通过参观占族博物馆的珍贵文物，人们就可以想象当时占婆国在这里创造的繁荣盛景。岘港市区范围不大但洁净亮丽。一座可收放的旋转式大桥飞架于汉江之上。江面上客货轮穿梭、小机帆点点；沿江大道上车水马龙、川流不息；大江两岸花木扶疏，新老建筑比肩而立；一到晚上，江面江岸灯火通明，桨声灯影里的汉江港湾非常迷人。

从岘港南行 30 公里，我们兴致勃勃地来到会安市古代中国人在那里建立的中国村落，从语言、习俗到四合院、亭台楼阁，都能找到一种似曾相识的感觉。不仅如此，在越南各地的许多建筑上，庙宇内，人们还能见到大量地道的汉字。可见，中国文化过去对越南的影响有多大。而今天，中国文化魅力依然不减。中国的很多歌曲，不少越南人都会唱，流行歌曲更是如此。越南文化部负责人接见我们时，他是以一曲《我的祖国》中文独唱开始，以一首《社会主义好》的中文合唱结束的。由于文化相通，思维相近，中国很多电视连续剧，像《渴望》、《年轮》、《情深深雨蒙蒙》、《三国演义》、《水浒》、《红楼梦》和《西游记》等在越南大受欢迎，据说热播时曾出现万人空巷的情景。中国 CCTV4 和 CCTV9 在越南的滚动播出，更使两国人民之间

越南的下龙湾如海上仙境一般。作者摄

实现了零距离的文化交流。

随后，我们又参观了离岘港不远的小河石头村，由不同质地的石头雕刻成的大大小小、品种多样、形状各异的石头艺术品，摆满了街道、商店，甚至整个山坳。置身其间，有如进入了一块艺术品天地。赞叹之余，手痒痒得不行，我掏了些美元，买了一对天然的，具有爆炸型花纹的石雕花瓶，真可谓巧夺天工，让人爱不释手。

胡志明市在越南统一前原名为西贡市，法国人最初在这里登陆时，还是一个小渔村。目前，胡志明市已成为越南的贸易中心和经济增长的龙头。繁华的市场，流动的时尚，高耸的楼宇，俨然一副国际大都市的气派。直插云天的大教堂尖顶，市中心的骑士铜像，统一宫前笔直宽阔的林荫大道，其间一拨接一拨的西方游客熙来攘往，人们似可领略到法国那样的浪漫风情。

在胡志明市访问期间，我们下到工厂、农村，参观了车间，走访了农户。然后折回，一路北下，在北江，我们与当地官员进行了轻松热烈的餐叙交流。在谅山和广西交界的友谊关，我们同越南朋友握手惜别，依依不舍……

踏访了越南的山山水水，参观了越南的方方面面，感触和感叹多多，但给我们留下最深印象的莫过于，经过20多年革新开放越南取得的巨大成就，全国上下发生的惊人变化。根据越方统计，20多年来，越南经济一直以较快的速度增长。1991—2000年，越南的GDP增长了一倍。1991—2005年，越南连续15年经济增长率保持在7.5%。越南未来的发展目标是：经济年均增长率力争保持在7.5%以上的水平。到2020年，越南要基本实现工业化。耳听是虚，眼见为实。在访问期间，我们实实在在地感受到越南处处充满了生机与活力。

在“越南速度”的带动下，越南老百姓的生活水平有了明显的提高。由于越南的国策是“民富国强”，“藏富于民”，因此一些统计数字不能完全反映居民的实际收入。越南朋友告诉我们说，在过去的五年中，越南固定电话和手机用户分别以年均44%和63%的速度增长。在越南的一些大城市，每3个人中就有1个人拥有摩托车。每逢上下班，摩托车洪流浩浩荡荡，场面蔚为壮观。特别让人羡慕的是，无论在越南的城市还是农村，到处都可以看到，许多人家盖起了小洋楼，日子过得红红火火、有滋有味儿。

在整个旅程中，我们看到，人们的自信和微笑写在脸上。据国际机构对亚洲国家民众幸福指数进行的调查结果显示，越南被排在第一位，看来这不是偶然的。越南人对此的解释是，如果横向看，与世界上许多国家比，越南的差距还很大。但若纵向看，与我们的过去比，20多年来的变化实在是太大了。

越南，这是一块经济腾飞的热土，这是一个吸引世界眼球的地方，这是一个充满希望的国家。

○ 《萨朗波》原型地

突尼斯是一个地道的非洲国家。在人们的印象中，非洲通常是贫穷的代名词。可是，当飞机在突尼斯机场降落时，我透过机舱看到的是灿若繁星、延绵不绝的万家灯火。下了飞机后还没有来得及反应，接机的汽车就拉着我们沿高速公路急驰，穿过立交桥和幢幢白色小楼，很快就把我们带到了阿布纳瓦斯五星级宾馆。时差一下子倒不过来，与其说躺在床上睡不着，还不如干脆不睡，第二天一大早我们就去布尔吉巴大街溜达，再次亲眼确认昨夜不是在梦游。给我的第一印象，突尼斯虽是个非洲国家，但更像是个欧洲国家。

接下来，突方的接待很开放，也很对我们的口味。可以去我们想去的任何地方，或可以看我们想看的任何东西，到全国各地走走看看，这样能对突尼斯有更多的了解，得出一个较为全面的观感。

我们的旅行从突尼斯南部城市哈马马特开始，那里一边是阿拉伯人于10世纪建造的伊斯兰教区、防御城墙和古老渔港。另一边是新建的商店、住宅小区和旅馆，再加上平缓细柔的海滩，具有阿拉伯风情和富有人性化的海滨大道，吸引了众多来自西方的游客。在前总统阿里家乡苏斯，我们参观了当地的博物馆，看到了古罗马人、拜占庭人留下的文化古迹，以及中国道教早期传到这里的阴阳图。在距突尼斯城200多公里的凯鲁万，那是马格里布地区的首座圣城，它宏大的清真寺以及其用从附近废墟中发掘的大理石建造的圆柱巍然耸立，堪称杰作。想不到的是，正是在这里，我们看到了世界上最具特色，设计建造都令人耳目一新的超豪华宾馆（HOTEL LA KASBAH），享受到了最礼貌的服务，品尝到了奇异水果与美味佳肴。

突尼斯最经典的古迹艾尔让和迦太基遗迹更让笔者崇敬有

加。艾尔让是位于突尼斯南部的一个小镇，经济虽略显落后，但古迹却保护得很好。那里有世界上第三大古罗马斗兽场，场面之壮观，气势之恢宏，保护之完好，令人惊叹。迦太基位于突尼斯城北 17 公里处，濒临地中海，是公元前 814 年由腓尼基人兴建，为当时地中海地区政治、经济、商业中心。昔日的迦太基城占地 315 公顷，主要建筑包括城墙、王宫、神庙、行宫、民宅、公共浴室、剧场、竞技场、跑马场和港口等。其辉煌的历史与强大的影响力，当时在地中海沿岸无人能及。法国大文豪福楼拜正是以迦太基及其历史事件和人物为蓝本，写成了波澜壮阔、扣人心弦的历史小说《萨朗波》。尽管随着时代的变迁，这座近 3000 年历史的名城只留下残垣断柱，然而从历史遗迹的巨大建筑规模和精美绝伦的结构和科技文明中，可以窥见腓尼基人时期空前繁华的景象。迦太基作为承载突尼斯古老文明和厚重历史的不凡之地，现在它已成为提振其民族自信心和自豪感的敬仰之地。

借司机加陪同的便利，我们在突尼斯也顺便踏访了一些乡村小镇，从那里的建筑布局，景色与宁静，街巷里的人家，以及港湾里的游艇来看，很难分出是在非洲还是在欧洲。人们在露天咖啡吧，悠闲地喝着咖啡，自信轻松地交谈说笑，散发着一种向往生活的小资情调。

据介绍，在 20 世纪末至 21 世纪初的一些年，突尼斯经济保持了年平均 5% 的增长速度，这在非洲国家中是不多见的。此外，道路、旅游和其他公共设施较为完善，妇女社会地位较高，全国适龄儿童全部实行了义务教育。在非洲国家中，乞讨的现象随处可见。但让我惊讶的是，在突尼斯的日子里似乎没有遇到乞丐。

良好的人文和社会环境，丰富的旅游和自然资源，加之提供的服务价廉质优，突尼斯每年吸引 600 多万游客。由于隔地中海相望，突尼斯是法国人重要的旅游目的地之一。上至总理、部长，下到平民百姓，不少法国人都有到突尼斯一游的经历，一些法国政要甚至曝出了全家到那里被免费旅游的丑闻。法国上层选择突尼斯作为度假目的地，足以说明突尼斯在欧洲人心目中的地位。

但是，2010年，因一名突尼斯大学生的自焚，引燃的一场所谓“阿拉伯之春”的群众运动，将执政23年之久的本·阿里政权推翻，持续前进的“列车”被推倒，这种“断腕疗法”使突尼斯经济增长出现停滞甚至倒退。当时，我正工作和生活在它的对岸法国，突尼斯发生的极端事件让我感到突兀、震惊和惋惜。

突尼斯整体发展情况好于大多数非洲国家，为什么会成为“阿拉伯之春”的起爆点呢？法国阿拉伯问题专家给笔者归结的几点原因是：首先，当地人一直羡慕地中海对面欧洲的繁荣发达，并把这一切简单归于民主体制，从而产生对社会现状的不满。其次，本·阿里连续掌权23年，经济建设方面虽功不可没，但铁拳政治下衍生的家族腐败问题成为不治之症。还有，现代通信技术的发展，便于公众相互联系，更易于民众了解世界。特别是，媒体关于中国高速发展的多层面报道，对突尼斯群众的听觉和视觉冲击特别大。因此，已经布满了“干柴”的突尼斯，导火索一点就燃爆了。

政治动荡带来了严重的社会后果。所谓的民主政治并没有使突尼斯状况得到改观，政局仍然不稳，经济发展比以前更糟：增长率大幅下降，公共赤字加大，外贸出口走低，货币不断贬值，失业率高居不下，达到17%。不少冷静下来的突尼斯人也许已经意识到，这是为所谓“革命”不得不付出的代价。

○ 沿西非海岸行

应了中国的一句古训，“在家靠父母，出门靠朋友”。我从科特迪瓦经济首都阿比让乘飞机首抵尼日利亚最大城市拉各斯，打算由远而近对西非沿海国家挨个进行一次环飞访问。多亏了朋友们的好心忠告和热情帮忙，我没有乘飞机而是搭他们为我提供的汽车，从拉各斯出发，经贝宁，到多哥，再到加纳，最后返回阿比让。沿西非海岸西行，长驱约1200公里，饱览了一路独特的风光。

当我告别了繁华喧闹的拉各斯，汽车穿过几座大桥后，进入了人烟稀少的沿海大道。广阔的稀树草原上，草木茂盛，藤葛缠绕，偶尔看到几处掩映在椰林中的茅屋，炊烟袅袅，成群结队的牛羊在啃着草，沉寂的荒野里深藏着神奇与奥秘。也许因受海洋性气候和季风的影响，这里的动植物种类丰富，植物分布层次分明，由低而高，从海岸线向内陆延伸，地平土沃，发展农业的潜力很大。热带的雨季，天气变化无常，烈日当空却突然下起雨来。雨中行，陡增了不少情趣，远看那飘动着的雨帘翠幕，让我思绪万千、心潮激荡。

约莫一个多小时，我们就越过尼日利亚与贝宁的边境，到达贝宁的最大城市科托努。西非沿海国际公路从这里穿城而过，为贝宁扩大对外交往提供了便利。城中虽然没有什么高楼大厦，但是别墅多样，店铺林立。在农贸集市上，不仅到处摆满各种蔬菜瓜果，海产品很多且新鲜。大虾竟养在水盆里卖，捞上来时活蹦乱跳，非常诱人。从海里刚打上来的大螃蟹，一只差不多有1公斤重。受朋友之邀，我有幸一饱口福，味道着实鲜美，“内容”又特别的丰富，一只螃蟹差不多让我吃饱了。大街上最引人注目的是摩托出租车。驾驶者身上穿一件带有编号的黄

在西非的大西洋岸边，作者感受阳光、海水、沙滩的美好时光。

色背心，拉客送货，满城穿梭。

前往多哥首都洛美的路上，与公路平行的蓝色大海，远远望去好像高出了路面许多，颜色由浅及深，缓缓地流向天际。沿途不时晃过的蚂蚁山，人们提在手中兜售的野兔、田鼠、穿山甲等野味，以及路边摆放的椰子、西瓜和木薯粉，特有的异国风情，一路总给人以兴奋和新奇。但是由于路上关卡林立，我们乘坐的汽车又没有带全证件，害怕随时被拦，整个旅途使人并不感到轻松。好在遇到的军警一听说我是中国人，还算比较客气，“意思”一下也就过去了。

洛美，首先看到的是一排排巨大的储油罐，直通港口的封闭式输送带和不少停泊在码头的货轮，洛美港是西非有名的良港和商品集散地。港口有保税区，税收低，外汇管理条例宽，这里商贾云集，转口贸易做得相当的活。据介绍，有位中国台湾商人在此仅靠做味精生意，最终发达成上亿美元的巨富。

车行至多哥与加纳边境，正常通行本应没有问题。但是，两国边境曾发生的暴力事件的阴影犹存，界牌两边士兵荷枪实弹，气氛仍较紧张。出入境一般的签证不行，须持特别通行证。由于出发之前没有做这样的准备，我只好借助朋友的特别牌照汽车，一路过关，直抵加纳首都阿克拉。

阿克拉城市不算大，但看上去很整洁精致。新建的高速公路，川流不息的汽车，豪华的旅游宾馆，良好的社会秩序，从不同侧面反映出，这个被视为非洲经济结构调整的“样板”国的发展变化。这里很少有路边乞讨现象，倒是在商店和机场，我的胸前两次被大头针别上要求为加纳儿童发展基金捐款的纸片。加纳是二战后，黑非洲第一个挣断殖民枷锁，获得独立的国家。为此，加纳政府花巨资在阿克拉市中心，修建了独立广场和黑星凯旋门，以纪念民族解放运动的胜利。

在参观恩克鲁玛公园展览馆时，笔者发现，馆内以突出的位置和篇幅展出了加纳“独立之父”恩克鲁玛总统曾于1961年和1966年两度访华时，周恩来总理曾于1963年访问加纳时，恩克鲁玛与毛泽东、刘少奇、周恩来、邓小平、陈毅和董必武等，差不多所有我国老一辈国家最高领导人合影的二十多幅大型照片，其中还有一张是恩格鲁玛与毛主席打乒乓球的镜头。照片保存之完好、之珍贵，为国内所少见。这使人感觉到，加纳人民乃至西非人民对中国人民的友好情谊。

在阿克拉逗留期间，正好遇上从科特迪瓦到加纳出差的朋友，我又一次“乘东风”，坐上他们的大奔沿着西非海岸继续西行。这是一段风光秀美的海岸，一边是蓝色的大海和洁白的沙滩，一边是长满面包树的萨瓦那草原或浓浓密密的热带森林，当汽车穿行于这静谧的绿色之中，真使人感到特别的惬意。加纳海岸线上的另一奇观是，在海边的礁石上，殖民时期遗留下来的大大小小的奴隶堡和炮台，共计约有100多座，其中一个叫埃米尔的奴隶堡，据说是非洲现存最大的一座奴隶堡，它坐落在阿克拉以西约200公里的海岸角。在经历几百年风雨的侵蚀后，城堡虽已到处斑驳破损，但它无情地记录了欧洲殖民主义者曾经在这里犯下的抢掠残害当地百姓的罪行。

离开海岸角，经港口城市塔科拉迪，我们一路风尘，顺利地越过加纳与科特迪瓦的边境，又回到了我西非海岸行的起点，也是终点。

沿西非海岸行使我亲眼看到，这是一片充满魅力和神奇的土地！在这里，传统与现代，历史与现实，既融合又冲突。但变化带来的挑战，给这片土地注入了巨大的活力。走向世界的西非人，正在设法摆脱发展道路上的困难，共同营造一条西非一体化的“金色海岸”。

○ 象牙海岸象牙多

15 世纪，随着世界市场对象牙需求的增加，猎取象牙便成为一件有利可图的事。当葡萄牙人在西非登陆后，科特迪瓦即成了著名的象牙采集地。接踵而至的西方殖民者们用廉价的酒精、布匹和枪支等换取贵重的象牙。当时，科特迪瓦沿海地区很快形成了一个较大的象牙交易市场，“象牙海岸”也就因此而得名。

在西非、南非或东非，当地居民源源不断地向殖民者们提供足够多的象牙。但是，有时人们按照指定的地点运送象牙时，经常被黑心的商人连同象牙一齐卖掉。这些大批的非洲象牙主要输往欧洲、北美和中东地区。根据有关史料记载，18 世纪 20 年代，伦敦的民兴巷一条街已发展成为世界上最大规模的象牙交易场所。1788—1789 年，象牙输入量为 100 吨。1845—1849 年，象牙年输入量近 300 吨。1870—1874 年，上升到 600 多吨。1880—1884 年，维持在 500 吨左右。这意味着，在贸易最鼎盛的时期，人们每年杀死的大象达 7.5 万头。

为获取巨额利润，19 世纪中叶，美国、英国、法国和德国等国的探险家和传教士们也紧随葡萄牙人之后，纷纷涌入非洲，他们对大象又进行了新一轮的狂捕滥杀，在历史上留下了极不光彩的一页。有一位杀戮者在一篇笔记中描述围猎大象时写道：“猎人们打死母象的孩子。它怒吼一声，猛扑过来。母象向我们连扑了三四次。大家使它身上中的枪伤越来越多。它满身是血，在人们面前忽然僵住不动了。最后，经过一刹那的决斗，它摇摇摆摆地慢步走开了。过了不久，它的腿一弯，倒在地上死掉了。”此后，人们也许用这只母象的长牙制成优美的琴键，弹奏着《月光奏鸣曲》。但是，不论是雪白的琴键，或者是美妙的音乐，都不能掩盖杀死母象的罪恶。

在今天的科特迪瓦，大象几乎濒临绝迹，但在阿比让的科科迪，即“中国城”，泻湖对面的库马西，还有在科特迪瓦历史上的第二个首都大巴萨姆仍有大量象牙买卖。除了偷猎之外，大部分象牙来自大象成灾的一些非洲国家，如博茨瓦纳、南非、津巴布韦和扎伊尔等。在这些市场上，人们完全可以选购到自己所喜欢的象牙制品。尤其在库马西，一排长长的店铺里，象牙制品琳琅满目，大到 1 米多高的原牙，精美逼真的人物牙雕，各种动物造型，小到项链、手镯、耳环和戒指等，可以说应有尽有。有些店铺还根据亚洲人的爱好，制作了一些象牙弥勒佛、手杖和筷子等象牙制品。

据商家介绍，这些象牙或象牙制品不是来自科特迪瓦，而是大多从刚果（金）、坦桑尼亚和赞比亚等国进口。有的已经加工成成品，有的则是前店后厂就地制作。当地艺人在既无绘图，又无像样的制作车间的情况下，凭即兴创作，雕刻出一件件具有非洲特色的栩栩如生的艺术品来，吸引了许多游客围观。

象牙作为一种稀有珍品，它的价格在科特迪瓦市场上并不像人们想象的那么贵，有的甚至还不及一件非洲乌木雕的售价。女士们喜爱的一只手镯或一条项链，10—20 美元就可买到。一个人物雕刻售价仅 100 美元左右。一双筷子、一副耳环几个美元就能买到。当然，一个较大的牙雕或者一根原牙售价也高达几百到上千美元不等。这些商店的光顾者大多数是外国游客，他们中有非洲人、亚洲人、拉美人，也有金发碧眼的欧洲人。卖者漫天要价，买者可随意讨价，最后的成交价比标价要便宜很多。

象牙虽好，但往往是看者多、购者少。主要由于自 1990 年 1 月 1 日起，国际野生动、植物保护组织宣布禁止象牙及象牙产品的贸易，与其他一些非洲国家一样，科特迪瓦之所以能保留象牙市场，旨在发展本国的旅游业，所以至今还未加入《受危害物种国际贸易公约》组织，也就不受任何条例的约束。在世界范围内，人们不能随意购买和携带象牙和其他野生动植物产品，违者各国海关一经查出就会受到处罚甚至坐牢。当你到科特迪瓦旅游时，只能看却不能买（当然小制品除外），因为带着象牙不仅过不了海关，而且会惹上不必要的大麻烦。

○ 大巴萨姆在苏醒

出高楼林立的阿比让，开车沿大西洋岸边向东南方前行约40公里，穿过一片片苍翠欲滴的棕榈树林和椰林，就进入了一个温馨而又宁静的海滨小城——大巴萨姆。

大巴萨姆位于一条约200至350米宽的沙带上，一边是烟波浩渺的大西洋，另一边是长达数十公里的泻湖，这里原来曾是一些盐工和渔民们的临时栖身之地。1469年，葡萄牙航海家索艾罗·达·科斯塔最先在这个地方登陆。接着，荷兰人、英国人和法国人也相继到来，竞相用廉价烟草、酒、火药从当地人那里换取黄金、象牙和奴隶。后来，英、法为了争夺这块地盘曾兵戎相见，英国人战败后退出，并于1842年2月10日签署了一个大巴萨姆协议。法国殖民者因而获得了该地区的管辖权。1893年，法国殖民当局决定将大巴萨姆定为首府，路易斯·居斯塔夫·班热担任第一个总督。大巴萨姆当时成了科特迪瓦乃至西非的政治、贸易和文化中心。谁知1898年至1899年，一场骇人听闻的黄热病大流行袭击了大巴萨姆，造成75%的人死亡。首府被迫于1900年迁至阿比让以东15公里处的班热维尔。从此，大巴萨姆随着其重要性的下降而渐渐地衰落了。

在当地人的引导下，我走进了大巴萨姆当年的“法国街道”。顺着一条绿树成荫的大道往前走，两旁耸立着市政大楼、总督官、法院、邮局、银行、海关、交易市场、商店、学校和医院等形态各异的欧式建筑。尽管因年久失修，墙壁斑驳，百叶窗腐烂，阳台脱落，房屋瓦破砖碎，到处杂草丛生，但是“法国街道”的遗址仍保留了原有的时代印记。一些房子上的壁画浮雕、街巷号码、招牌字样至今仍依稀可见。

在拐向第二条街的醒目处，有一尊高大的少妇雕像，她手里拿着一束草药，正急切地向躺在她面前的一位男子走来。当地人解释说，这是遭受黄热病袭击后，法国人撤离时挥泪为成千上万的死难者建造的纪念雕塑。它向人们诉说了一个悲惨的故事：当这位妇女采集到草药，赶回来为丈夫治病时，丈夫已被瘟疫夺去了生命。今天，仍有不少法国人不远万里来这里凭吊，为这位少妇更换手中的草药。在离雕像不远的博物馆内，展出的许多珍贵图片成了法国殖民者占领大巴萨姆、奴役当地人民、掠夺财富的历史见证。

为了挣脱殖民统治者的枷锁，科特迪瓦人民曾进行过长期不懈的斗争。在横跨泻湖、通向大巴萨姆的大桥旁，居住于此的尼埃尚老人给我讲述了一段往事：当年曾有2000多名科特迪瓦妇女，为了救出被囚禁在大巴萨姆的8位科特迪瓦民主党领导人，从阿比让等地出发，步行40公里来到这座桥上，抗议殖民当局的暴行，并要求立即放人。妇女们的斗争最终取得了胜利，为大巴萨姆的历史增添了光辉的一页，这座桥因而取名叫“胜利桥”。

今天，沉睡了将近一个世纪的大巴萨姆开始苏醒了。人们发现，它的真正价值不仅在于它曾是科特迪瓦的第一个首都，而且是一个有待于开发的旅游“金矿”：一望无际的大海，碧波荡漾的湖水，晶莹细软的沙滩，四季灿烂的阳光，以及引人入胜的民风民俗和历史遗迹，构成了这个海滨小城的特有风貌。当地政府正充分利用这些潜在的有利条件，改善设施，培训人员，想方设法吸引游客。

征得同意，工作人员破例地为我打开了很久未开启的铁门，我顺着已经锈断的铁扶栏，到处布满蜘蛛网的旋梯，拾级而上，登上了1915年由法国殖民者建造的高17米、海上二三十公里范围内都能见到的航海灯塔，凭栏远眺，顿觉大巴萨姆的历史，如同这大海的波涛，在浪起浪涌中不断翻滚向前。

○ 亚穆苏克罗到了

在一片藤葛缠绕、茂草迷离的矮树林的拐弯处，道路突然变宽，向前铺开，一眼望不到头的折射路灯和谐地耸立于宽阔的大道两旁。抬头望去，全城最高的总统宾馆和熠熠生辉的大教堂尖顶一齐映入眼帘，我情不自禁地叫了一声，“亚穆苏克罗到了！”

亚穆苏克罗位于阿比让以北 250 公里处，是在稀树草原上建起来的一座新城。它整个地域被莽莽苍苍、延绵起伏的热带树林所包围。满目的椰林、橘园、杧果树、鳄梨树，果实累累，散发出诱人的香气；街道两边，经过人工修剪的树木花草铺青叠翠，生机盎然；散落在市内的人工湖，岸上棕榈婆娑，湖中红莲绿荷，盖满湖面。游人在那里，或徜徉漫步，或甩竿垂钓；都市的一大特点是，没有高耸的摩天大楼，也没有白烟滚滚的工厂，环境幽静，鸟语花香，呈现出一派浓郁的田园风光。新城犹如撒落在绿色田野上的一颗璀璨的明珠，又好似一个幻觉中的“海市蜃楼”。

亚穆苏克罗是科特迪瓦前总统博瓦尼的故乡。这里原来只是一个约有 500 人的小村庄。随着 1983 年迁都于此，成为科特迪瓦继大巴萨姆、班热维尔和阿比让之后的第四个首都后，该市取得了惊人的发展。目前，全城占地面积已逾 15 万亩，人口达到 12 万。博瓦尼总统曾亲自和突尼斯著名建筑师奥利维尔－克莱门特·卡库布一起制定的“村庄城”建设计划，得到了理想的实施，从而形成了现在的花园式城市布局。这与高楼林立，街道相对拥挤，人口膨胀的旧都阿比让相比，风格迥异，反差强烈。

亚穆苏克罗虽没有高楼大厦，但建筑设计却匠心独运、新颖别致。以几何造型、新材料、新色彩和立体草坪为基调，充满未来主义风韵的博瓦尼和平基金大楼、总统宾馆、民主党党部、国宾馆以及公共工程学院、高等技术教育学院和农学院等竞相媲美，斑斓多姿。

位于该市入口处的五星级总统宾馆，其奢华和舒适的程度堪称世界一流。它外有150多亩的草地、网球场、游泳池；内设三个餐厅、四个酒吧、电影厅、夜总会、理发室和蒸汽浴室等。登上15层的环视餐厅，你将会获得观赏亚穆苏克罗全景的最佳视觉效果。

已远近闻名、精美绝伦的和平圣母大教堂，是来者必游的地方。教堂于1986年动工，1989年建成。其占地面积约1950亩，建筑面积为10500平方米，高度超过了罗马大教堂，达160米。教堂主体部分是一座大圆屋顶，前面与由60根巨大柱子支撑的两个对称半圆形列柱廊相连，中间是广场，居中用大理石拼出了一个和平鸽，意在向人们传递和平意愿。教堂内能容纳1.8万人，其中7000人有座位。而室外场地可同时接待30万人。穹顶下，镶嵌着大彩色玻璃，上面栩栩如生地描绘了非洲的各种民俗、风物。当赤道阳光透过玻璃射入时，堂内金碧辉煌、异彩纷呈。

到总统私人住宅前的护宫湖边看鳄鱼争食，同样机会难得。在从高大宫门前向两边延伸的湖中，成百条凯门鳄有的嬉戏斗殴，涉水而行，有的懒洋洋地躺在岸上睡大觉。每天下午五点以前，那里就聚集了许多等待照相、看热闹的游客。当饲养人员开始喂食的时候，这些凶狠无比、令人生畏的爬行动物立刻嗷嗷蜂拥而上，争抢飞蹦的活鸡，厮打成一团。当吃饱肚子后，饲养员则可赤着脚在它们中间走来走去，甚至抓起它们的尾巴抖动几下，真叫人为之捏一把冷汗。

落日的余晖渐渐撒向大地时，我不得不依依不舍地踏上归途。然而，这个有“非洲的巴西利亚”之称的新都城给我留下的印象，却久久萦回于脑际。那差不多在这座城市所有建筑物上都可看到的吉祥标志——公羊头，以及在总统住宅前用巴乌莱语写的一句话：“公羊，它总是向前，走在羊群的前头。”似乎使我从中找到了亚穆苏克罗之所以与众不同的注脚。

○ 今日拉各斯

尼日利亚最大的城市拉各斯，是我此次西非四国之行计划的第一站。但在办理出访手续时，对拉各斯的治安及社会状况已耳有所闻。临行前，朋友仍劝我放弃，自己也犹豫再三，但是最终我还是硬着头皮按原计划从阿比让登上飞往拉各斯的飞机。

经过约 1 小时 30 分钟的飞行，飞机抵达拉各斯国际机场。那高大的指挥塔，与候机楼相连的封闭式通道以及能够同时停靠 14 架飞机的巨大停机坪，西非最大航空港的现代化气势，赫然在目。走出机场，一股微风吹来，顿使人为之一振。刚刚到来的雨季将拉各斯浇了个透，热带林木花草被染得红肥绿盛，到处一派欣欣向荣的景象。驱车驶往市区，三座跨海大桥飞架于陆地与三面环水的都市之间。当车子进入 12 公里长的三号桥，倚窗远望，大桥尽头，高楼林立的拉各斯城从烟波浩渺的海面崛起，气宇轩昂、蔚为壮观。

拉各斯由“一陆三岛”，即陆地上的七个城区和拉各斯岛、维多利亚岛和伊科依岛组成。热闹繁华的城区主要集中在三岛之上。拉各斯岛为商业区，伊科依岛为高级住宅区，维多利亚岛是新开辟的旅游娱乐区。岛与岛之间，摩天大楼与精舍飞翠，喧嚣繁华与宁静悠闲，形成强烈的反差。维多利亚岛上的埃科宾馆和联邦宫等靠海而建，装修豪华，环境优雅。每当夜幕降临，人们纷纷而至，饮酒听歌，海风徐来，涛声灌耳，不亦乐乎。然而，由于尼日利亚政局动荡和治安状况不佳，来此旅游、经商的人大量减少，得天独厚的条件不能得到充分利用。

尼日利亚虽出巨资在阿布贾兴建了新首都，但这并没有改变拉各斯作为尼日利亚联邦共和国政治、经济、文化中心的特有地位。国际机构和各国使馆仍在拉各斯设有办事处。尼日利亚独立初期，该市只有三十多万人口。伴随着20世纪70年代末到80年代初的经济起飞，城市不断扩展，人口迅速膨胀。目前，全市人口估计达1700万，成为西非最大的都市。

拉各斯的发展处处显露出尼日利亚石油工业沉浮的痕迹。20世纪70年代，石油工业的崛起，使尼日利亚一跃成为非洲最大的石油生产国和输出国。80年代，尼日利亚石油外汇年收入最高时达250亿美元，由此带来了城市建设的空前繁荣，世界一流的大型工程和现代建筑不断涌现。当油价暴跌时，石油美元锐减，经济的潜在危机和负面影响显现。然而，尼日利亚毕竟是非洲拥有石油收入的大国，虽步履艰难，但并未停止发展，拉各斯仍新楼迭出。从人们的生活水平看，该国的居民也要比一般西非国家的老百姓富裕，拉各斯的汽车多，或多或少反映了这一实际情况。

拉各斯汽车有多少，我没有获得确切的统计数字。但是行路难，给人印象深刻。尼日利亚交通相当发达，贯通全国的高速公路或国家公路就有29100公里，拉各斯更是四通八达。尽管如此，无论是在市内还是郊外，机场还是港口，到处车流滚滚。多车道的高速线上，汽车根本跑不起来，堵得一塌糊涂。为了缓解交通拥挤问题，政府不得不采取行政干预措施，根据汽车的牌号，按单双号限行。拉各斯车多的一个重要原因还在于，汽油价格太便宜，人们用油如用水。这样，不分什么样的车，只要能走尽管开，不仅造成交通紧张、环境污染，而且汽油浪费极大。

百闻不如一见。拉各斯是笔者在西非所见到的问题与活力并存，最具挑战性的城市。由于禁止拍照和摄像等原因，人们可能对拉各斯缺乏足够的了解。事实上，拉各斯并不像外界想象的那么糟糕和可怕，而是以一种独特的方式丰富和改变着自己，它正通过发挥人口、资源和资金等优势，把握非洲经济崛起的机遇，试图走出一条具有非洲特色的发展道路。

○ 沃尔特湖富加纳

如果说，历史上加纳曾以“黄金海岸”而闻名于世，那么在今天，年轻的沃尔特人工湖则是镶嵌在这片“黄金海岸”上的一颗璀璨的宝石。在加纳逗留期间，我有机会游览了美丽的湖光山色，也了解到它巨大的经济价值。

那天，我搭乘中国某援外公司的越野车前往沃尔特湖。尽管一早就从阿克拉动身，但因我们都是来往过客，道路不熟悉，一百多公里的路走了有两个多小时。当我们到达沃尔特湖渡口——阿科松博时，已是十点多钟，游轮正准备起锚开航。

赶上了最后一班船，总算松了一口气。早已在甲板上坐定的不同肤色的游客，差不多都向我们投来了欢迎和庆幸的目光。我们乘坐的游轮分上下两层。甲板上有乐队演奏，船头建有小游泳池；船舱内安装了空调，配备了彩电、棋类和酒吧。游客可按其所好，尽享其乐。

船在湖面上缓缓前行。蓝天白云下的沃尔特湖烟波浩渺，水天相接。远方，依稀可见的群山，逶迤起伏，云雾缭绕。湖面上，水澄波静，白色的水鸟在自由地飞翔。想不到在干旱的非洲大陆，竟能见到有如中国江南一般秀丽的山水，一种似曾相识的感觉突然涌上我的心头。

然而，令人赞赏的不仅仅是沃尔特湖的美景，更是它的经济价值。位于加纳境内的沃尔特湖是西非最大的人工湖。其面积约 8500 平方公里，水深 80 米，库存容量为 1476 亿立方米，湖岸线长达 4000 多公里，流经加纳国土面积的三分之二，对加纳经济的发展起着日益巨大的作用。

早在 1915 年，一位名叫阿尔贝 · 基特森的工程师曾提出一个大胆设想：如果在黑、白、红三条沃尔特河的汇合处——阿科松博峡谷修建一座大坝，截流沃尔特河河水，既可以用于发电，发展航运，将夸胡高原大量的铝矾土运到阿科松博提炼，还能用丰富的水资源灌溉广阔的阿克拉平原。50年后，也就是在1965年，这一设想终于变成了现实。勤劳、智慧的加纳人民在阿科松博峡谷筑起了一座长660米，高132米，高出水平面73米的弧形重力拦水大坝。它犹如套在巨龙咽喉上的石锁，将奔流不息的沃尔特河紧紧锁住，从而在夸胡高原与阿克瓦皮姆山区之间形成了一个巨大的湖面，也就是现在的沃尔特人工湖。

在沃尔特湖上，人们利用湖水落差建造的水电站是目前西非最大的水电站。其总装机容量约为90万千瓦，年发电量达45亿度。它的建成一下使加纳的总发电能力猛增了9倍。这不仅解决了加纳本国的能源短缺问题，而且其富余电力还向多哥、贝宁、科特迪瓦和布基纳法索等国输出。

沃尔特湖湖水也给加纳的农业提供了良好的发展条件。它使沿岸的大片农田得到灌溉，促进了该地区农业的增长。加纳政府还计划引沃尔特湖水，浇灌阿克拉平原上大约6万亩未开垦的肥沃黑土，将它们改造成为加纳粮食和经济作物的重要生产基地，并带动这一地区的畜牧业发展。

沃尔特湖变成了一个大渔场更是意外的一大收获。湖中盛产的各类淡水鱼，年捕捞量达到4万多吨，相当于加纳全国捕鱼量的五分之一。此外，沃尔特湖已发展为加纳重要的旅游区，吸引了许多国内外游客。目前，加纳的沃尔特湖地区已成为集防洪、灌溉、发电、航运、渔业和旅游等为一体的新兴经济区。

游轮在湖中飘荡了约六个多小时，靠岸时已近暮色时分。这美好的一天给我留下了美好的记忆。归途中，回首渐渐远去的沃尔特湖，我想，伴随着沃尔特湖的进一步开发，它造福于加纳人民的作用将更加难以估量。

○ 达喀尔的早晨

曙色满街，雾气蒙蒙的一个清晨，我独自一人离开旅馆，信步来到达喀尔海滨。蔚蓝色的大海拥围的达喀尔城全被笼罩在淡淡的晨曦中，看上去犹似若隐若现的“海市蜃楼”。陆地，满城的树木花草枝叶扶疏，暗香四溢。海上，水天相接，微波轻涌，涛声不绝于耳。漫步其间，处处清风海影，令人舒心悦目。感觉告诉我，达喀尔的早晨太美了。

达喀尔是个半岛城市，它宛如一座鹅颈状的陆桥，远远地伸向浩瀚无垠的大西洋，从城市到大海只有一步之遥。生活在这里的人们既可享受都市的各种现代文明，又能独领大海的风韵和抒发大海的情怀。一些酒吧、娱乐厅干脆建在海上，饮酒观潮，闻涛起舞，实在是一种福分。为了尽显达喀尔的个性，市政府在修建海滨公路时，沿大海边上留出了一片宽阔的空地，或用卵石铺起跑道；或以碧绿的光棍植物和开满花朵的仙人掌种出多姿的图案，供人观赏；或因陋就简，搭起了各种健身器械；整个海滨似乎成了一个巨大的天然游乐场。

清晨，来这里进行各种活动的人特别的多。跑步的，垂钓的，踢球的，练歌的……各随所好，尽其欢心。就连一些残疾人也都不愿放过这良辰美景，他们三五成群聚在一起，有自练的，也有对练的。在一个固定于水泥地上低矮的木杠边，一位只有一条腿的青年笑着对我说：“你给数数，看我能做多少个。”然后，他将那条腿放到杠下，两手抱着后脑勺，做起了腹肌运动。我按其要求数到20下时，他突然停下来，以审视的目光问道：“试试，你能做这些个不？”我向他竖起了大拇指，并甘拜下风地做了个“Non”的手势。

在潮汐之后露出水面的一大片礁石上，垂钓者排成了队。有的使竿，有的只使线，鱼饵用的是鱼肉，尽管是大鱼食小鱼，但是愿上钩者仍然有之，当我凑过去看热闹时，个个已收获颇丰。尤其使我感到来劲的是，人们用竹篮从石头水汪里竟捞出不少鱼来。海中鱼群更是不停地追逐翻跃，在朝霞的映衬下，溅起道道波光。塞内加尔近海渔业资源丰富，目前年捕捞量为35万吨，除供出口外，人均年消费量达28公斤。因此“瓢舀鱼”在这里一点儿也不稀罕。这些垂钓爱好者中，一个名叫克罗德尔的银行职员认为，大海的渔业资源无疑对丰富达喀尔居民的生活做出了较大贡献。他说，他大清早来这里不完全为了给餐桌上增加点美味佳肴，更重要的是为了锻炼身体，陶冶情操，开阔心胸，忘掉烦恼，开始新一天的生活。

达喀尔大学就建在海边，宁静而优雅。该校现有10个系，在校学生约15000人。校园前的海滩给大学生们提供了广阔的活动空间。这些塞内加尔未来的建设者们，心灵从小就受到海文化的熏陶和净化，无论是在散步的，还是做操的，都显得特别轻松、潇洒和富有朝气。我问一些手捧书本面对大海读书的学生，在室外学习，感觉如何，受不受涛声的干扰？他们的回答是，他们对这里的一切已经习惯了。一日之计在于晨，坚持早读，环境安静，空气新鲜，书读得进记得牢。

达喀尔的早晨确实太迷人了。它总是给人新鲜感，有一些想看且没有看够的东西。鉴于在此逗留时间较短，第二天我又约朋友一块儿起了个特别大早，开车沿海滨大道绕城一周。天刚拂晓，位于半岛南部的传统市场上，小商贩们已开始忙碌；东北部、东部工业区及港区，机器轰鸣，汽笛声声；繁华的市区也已车来人往，川流不息；整个城市都喧腾起来了。只有达喀尔的最西端——“西非之角”的历史沉船，在海浪的拍打下，还在酣睡……

当我沿着盘山道，登上达喀尔最高处的马米里斯火山顶时，太阳正跃出地平线，将云和海，城和山，染得一片金黄。随之，蒸蒸日上的达喀尔城便清晰地展现在我的面前。

○ 沙漠中的绿洲

为了完成我计划中来去匆匆的冈比亚一日游，我早早约请了两位常驻塞内加尔的朋友，一同驱车前往这个楔入塞内加尔境内的国中之国。

汽车在茫茫的沙漠中奔驰，重重地划出了一道弧线，黄一色的沙原被急速地抛向身后，前方扑面而来的沙丘上、洼地里、车道旁，不时晃过一些在赤日下傲然挺立的、没有叶子的面包树和光棍儿植物，偶尔还能瞧见撒腿奔跑的野兔和正在觅食的黄羊。这无疑给乏味单调的漫漫沙海行车增添了不少生气。我们一路兴致甚浓，全然不知已南行约350公里，到了塞内加尔与冈比亚的边境。

这里的两国关卡由一条公路相连，没有明显的分界线。然而，当我们一踏上冈比亚的国土，感觉就有所不同：大地渐渐由黄变绿，褐色的土壤上鲜花盛开，绿草萋萋。一块块的农田、果园和香蕉地更是连成一片，汇成了一幅多姿多彩的绿原。再往前走不多久，烟横水漫的冈比亚河跳荡而出，拦住了我们的去路。

隔河相望，晴空丽日之下，没有太高建筑群的班珠尔清晰可见。它位于冈比亚河口与大西洋交汇处，三面濒海，一面临河，战略地位十分重要。15世纪，葡萄牙人首先占领该地。此后英军虽入侵得手，但多国列强的争夺从未停止过。英、法曾为此进行了长期战争。直到1783年签署《凡尔赛和约》时，经过激烈的讨价还价，最终将冈比亚河两岸划归英国殖民者统治。塞内加尔则由法国殖民当局管辖。历史就这样人为地造成这片地域肢体分离的现实。

在渡口处，摆渡的轮船刚刚到岸还未靠稳，上下几层船舱里人头攒动的乘客以及平台上停满的各种车辆就开始骚动起来。乘客们差不多不是手拎、肩扛，就是车载、箱装，从班珠尔采购来许多物品。他们并不全是当地人，有不少是来自邻近国家的商人。他们说，之所以来这里购货，主要在于班珠尔港已成为西非有名的低税自由贸易港，商品丰富，价格便宜。

随着人流我们好不容易登上回开的渡轮，爬到了三层最高的驾驶舱凭栏观波，这条在冈比亚境内长 480 公里，宽约 4000 米的冈比亚河，河水充盈、波光潋滟，静静地流向原野的尽头……船头前，成群的白鸥在低空盘旋；河面上，白帆点点，渔舟片片。这块沙漠中难寻的绿洲，确实令人赏心悦目，意飞神驰。

班珠尔，它没有我想象中的那种小城之美，而是相当的简陋和落后。据说，冈比亚全国 86 万人口中的十分之一差不多都生活于此。这里的街道比较拥挤，店铺显得陈旧，即使最热闹的商业中心——惠灵顿大街也还是土路。街上各种牌子的汽车不少，奇怪的是却没有红绿灯、路标和警察，交通难免有点混乱。不过，政府已拿出专门资金着手市容整治，翻修房屋、铺设道路。市内有时也能见到一些在建的建筑。一位生活在那里的外国人对我说，如果一年之后你再来这里参观，就将会发现有不少的变化了。

事实上，冈比亚政府已在班珠尔西北十余公里处建起了一座旅游新城——巴考。那里有超级市场、体育场、热带花园、现代化的豪华旅馆和游泳场等。尤其是一幢幢掩映在椰林、花丛中造型各异的别墅以及平展细软的海滩，更给它增添了不少浪漫的海岛风情。所以，每年来这里度假的欧洲人很多。在海边，一位正在享受日光浴的英国老太太告诉我，她来这里已是第二十次了，往后还打算再来。原因不仅在于此地风光绮丽、环境优雅，更重要的是安全、安静。

绿色是大自然中最引人赞美、振奋的色彩，水是人类社会赖以生存和发展不可替代的资源。然而，这对于暂时还欠发达的冈比亚人民来说并不缺少。他们正在利用这些得天独厚的自然条件，装点这块美丽的土地，编织繁花似锦的明天。

○ 海滨蕉园漫步

香蕉，在喀麦隆被看成是“王牌水果”。当我走进杜阿拉市附近的一片香蕉园时，总算大开眼界：茫茫碧海蕉林，绿涛阵阵；一嘟噜，一嘟噜的硕大香蕉串儿垂挂在蕉树上，密密层层；甜美香风，飘逸而至，诱惑得人直咽口水；科学栽培，管理先进，更使人耳目一新。

笔者是在去喀麦隆南部海滨的路上，中途下车，想通过这里曾在中国工作过的方萨先生，顺道一睹此地的蕉园风光，然后再前往目的地。可是，进得园中，我就被卷进了这绿色的海洋，以至于不得不放弃原来的计划。

对于方萨先生，我们原来并不认识，是间接偶得他的情况后，才萌生此念头。他是位年轻的博士生，地道的喀麦隆人，不仅在武汉工学院教过英文，而且还与一位中国湖北姑娘结为伉俪。现在，他是这个香蕉园的工程师兼某部门负责人。尽管电话相约仓促，方萨先生的工作也比较繁忙，但我还是受到了热情接待。接触之中，我又巧遇两位曾在中国留过学，能讲一点中文的思钢和福米农先生，他们也都是该园的工程师。这样，我们的参观与交谈不仅可以说法语，而且也能讲中文，大家谈笑风生，问答随便，无形中给这次蕉园之游增添了不少快乐。

方萨先生开一辆吉普带着我和思钢先生等穿行于田间地头。他一面用对讲机与工作在各处的田间管理人员进行协调，指挥干活儿，一面边走边看边介绍。他告诉我说，这个香蕉园是由一个喀麦隆公司和一个国际公司合作经营的。现种植面积为22500 亩，两年后可望增至 30000 亩，香蕉年出口量可达 70000 吨，主要销往法国、英国、德国和意大利等欧洲国家。全园共有职工 3000 人，内设一个由 250 名专家组成的专家部，负责安排和指导生产。他们中除了喀麦隆人之外，还有哥斯达黎加人、洪都拉斯人、菲律宾人和美国人等。我同他们交谈时发现，有些人不会讲法语，但并不影响工作。因为，喀麦隆是一个法、英两种语言通用的国家。

与我在拉美和其他非洲国家所见到的香蕉园相比，这里经营规模大，现代化程度高。万亩连成一片，道路纵横交错，蕉林成畦成行，灌排地下连贯，治虫飞机撒药。园中实行承包，每人各管一片。棵棵蕉树用绳子扶持，结出的嫩蕉受到悉心保护。我看到工人们借助于梯子爬到高处，先采用带孔的塑料薄膜把一串串香蕉包扎起来，然后砍去苞头。据说，此法不仅可以控制温度，促使养分进入蕉果，助其快速生长，而且还能起到保持清洁、防鸟防虫的作用。

我们踏进一个正在收获的田块，看到一棵棵挺拔的蕉树比大碗口还粗，随便拿起一串刚割下的香蕉串掂了掂，足有几十斤重，数数个头约有上百个。方萨先生自豪地说，由于他们的栽培和管理方法先进、独特，每 15 亩地可产香蕉 35—40 吨，一茬连续生产期可达 20 年。

顺着阡陌往前走，“蕉园缆索”又让我大开眼界。它紧挨着田边架设，各处相连，四通八达。缆索的钢架大约有两米多高，形似小圆门，一根钢索固定其下，上面悬挂着带有滑轮的联动钩，钩与钩之间用距离相等的固定杆隔开，香蕉边收割边挂到钩上，避免了损坏和碰撞，待排成一条长龙后，只需轻轻地牵引，缆索就如同一挂长列，发出有节奏的声响，沿索道驶向指定的加工场。在那里，香蕉经过流水作业线，及时得到清洗、分拣、保鲜和装箱外运。

当我走出香蕉园时，已是下午一点多。虽早已饥肠辘辘，但却感到极大的快慰与满足。因为我看到了勤劳的蕉园人从播种绿色中收获了成功的喜悦，听到了他们快速进军世界市场的脚步声。

○ 难忘墨尔本

从悉尼到墨尔本，给人的感觉截然不同。气候由热变温。绿色由浅变深。天空一会儿晴，一会儿雨，真让人有点儿措手不及。我们到墨尔本只不过是来去匆匆，但留下的印象却令人难忘。

墨尔本是以英国前首相墨尔本的名字命名，曾是澳大利亚的首都，现在是维多利亚州首府。墨尔本是澳大利亚最大的工业城市，可它那带有英伦本土情调的城市建筑、富有创意的街头雕塑，以及匠心独运的艺术中心、博物馆和歌剧院，充满了浓重的、高品位的艺术氛围。蓝天、碧水、白云、绿树、花草映衬其间，毫无工业城市的明显迹象。

墨尔本位于澳大利亚东南海滨，濒临菲利普湾亚拉河口。该市市区占地 800 多平方公里，人口约 350 万，是仅次于悉尼的澳大利亚第二大城市。1835 年，英国人在此建立了牧场，是澳洲牧羊业的发源地。1851 年，墨尔本附近的本迪戈和巴拉莱发现大金矿，藏金之富使早先开发的美国旧金山黯然失色，由此有了“新金山”之称。国内外淘金者的蜂拥而至，才有了后来城市的迅速发展和繁荣。墨尔本的城市布局如同中国城市一样，街道横平竖直，使初来乍到者容易辨别方向。市内林立的高楼中间散落着繁花似锦的公园。静静的亚拉河从城内流过，河上架设的各种各样的桥梁，以及两岸多姿多彩的风光，使这座城市更加令人赏心悦目。

市内尤其引人注目的是，与伯克商业街平行的“唐人街”，中国牌楼挺立于两头，看上去完全像一条中国街道。街道的两边到处是华人商店、饭馆、超市。他们说的是中国话，挂的是中文招牌，卖的大多是中国商品。来这里用餐购物的人很多，有华人，也有当地人和不同肤色的游客。尽管街道窄了一点，但却特别的热闹，而且充满人情味儿。据介绍，自1851年起，大批中国人来到墨尔本加入到淘金的行列，并成立了自己的社团“四邑会馆”。在华人的工艺品商店里，中国不同朝代的瓷器、古画，制作精美的红木家具，惟妙惟肖的刺绣，巧夺天工的玉雕，吸引了不少西方游客，从中不难体味到东方文化不可抗拒的魅力。在华文书店里，各种各样的中文书籍杂志，包括《人民日报海外版》在内，人们都能买到。

由于英国著名航海家詹姆斯·库克与发现澳大利亚联系在一起，我特地去参观了库克的小屋。它被建在墨尔本的一个公园内，据说是由一位名叫拉塞尔·格里姆韦德的英国爵士于1934年，在维多利亚州100周年的时候，赠送给墨尔本市民的。它的珍贵之处是，这座小屋是库克于1755年在英格兰的大艾顿亲手建造的，并在每次航海之后去那里居住。为了保持它的原貌，人们将大艾顿的房子拆下来运至墨尔本按一比一重新建造的。小屋小得平淡无奇，简陋得不能再简陋，与库克的功绩和名望相比，显得微不足道。在低矮屋子的外墙壁上，到处爬满了常青藤。房间里，按照18世纪中叶英格兰北部的居家风格，陈列着原来的或复制的家具。小屋的背面原作为马厩用的小套房里，开设的一个有关库克航海生涯的小型展览特别抢眼。库克一生成功完成了三次环球航海的壮举，在探索新陆地、航海、测绘等方面都对人类做出了卓越的贡献，最后却在夏威夷与当地土著人的冲突中丧生。这抑或正是今天许多游人去那里瞻仰的缘故吧！

只要时间许可，到了墨尔本的人，没有不去菲利普岛看企鹅的。就像人们到了北京，都要去登长城一样。菲利普岛素以夜晚观企鹅回巢而闻名，岛上的夏日湾是企鹅、海豹出入的栖息之地。听从当地朋友的忠告，大家带上御寒服，从墨尔本出发，驱车约150公里，到达了澳洲最南端的菲利普岛。

穿过木板铺就的陆桥，我们来到海边的看台上等候企鹅的到来。这时高音喇叭里分别用英文、中文和日文等播出注意事项，中文在这样的天涯海角被当地官方使用，不仅对有关注意事项听起来痛快，而且为在异国他乡中文被列为讲解语言而感到自豪。

天色渐黑，企鹅的“阅兵式”开始了。借着比较柔和的灯光，顺着人们手指的方向看去，企鹅的先遣队向岸边游来，海浪将它们推掀到了宽阔的沙滩上，这些可爱的小生命先是向一块儿靠拢，东张西望警惕地向前走了几步之后，突然又折向大海。接着，几个冲出来的“勇士”越过海滩，伸长脖子大胆地走过嘈杂的人群，进入它们各自的洞穴。随后就是一队队，一片片，呼啦啦，一波一波地涌上岸来。草丛中走动的沙沙声，相互间发出的咕咕声，响成一片，使原本平静的荒岛一下子沸腾起来。踩着通向不同方向的高架木桥，欣赏着桥下企鹅憨态可掬、嬉戏斗闹的场景，一种回归大自然的自由自在的感觉陡然萌生。

据介绍，目前菲利普岛大约生活着 2500 只企鹅。这种企鹅比较小，个头一般只有 30 公分高，毛色黑白分明，是世界上少有的稀罕品种，被称为“神仙企鹅”。所以，到墨尔本看企鹅，好玩，爽呆了！

○ 美洲一圈儿纪事

美国： 飞机在旧金山国际机场降落，我们对古巴、墨西哥、委内瑞拉、秘鲁、玻利维亚和巴西的访问由此中转后而开始。入关时尽管查得很严，但是一切比想象的顺利。踏上美国的国土，确有看看这个世界超级大国的欲望，无奈只有几个小时的中转时间，不敢乘车走得太远，在机场周围转了转发现，美国什么都大啊，机场大、汽车大、道路宽，就连美国人的块儿都比别人大。从中可以看到这个国家的富裕和发达程度。想想，将时光倒推十几二十年，对人家只有羡慕不已的份儿。因此，一些早期做美国梦的国人不惜一切代价和手段偷渡到美国，以致连累国际旅行中的所有华人，即便我们是公务护照和签证也一律被外国航空公司不容分说地扣留，直到返回时飞机飞至太平洋上空，才将护照和签证还给你，以防再出现那种在转机时强行冲关滞留美国的事件发生。一些害群之马自毁形象不说，他们的劣行致使美国等实施针对华人的歧视性做法，让同胞们实在难堪，老伤自尊了。

墨西哥： 这是个盛产仙人掌的国度，田园式的仙人掌超级大公园让我大开眼界。墨西哥北与美国接壤，东南与危地马拉和伯利兹相邻，东濒墨西哥湾和加勒比海，西部是太平洋，自然地理气候条件都很好。尽管历史上因美、墨战争墨西哥失败失去了大片领土，但它与强邻相处的方式是从不搞硬碰硬，而是采取温和圆滑的政策，所以经济发展相对比较好。墨西哥首都墨西哥城城市超大，机场超大，超现代化。从表面上看，与美国的城市没有什么差别。但从整体上看，墨西哥仍是个发展中国家。因为美国已从政治上、经济上、贸易上、文化上等，将所有的风头和油水占尽，墨西哥只能从旁捡点漏，做点美国不屑于干的活儿。看上去，这个国家好也好不到哪儿去，差也

在古巴著名的“哈瓦那雪茄”卷烟厂内，工人们正在卷雪茄。
作者摄

差不到哪儿去。或许，这是面对强邻的无奈吧。

古巴：不管人们怎么看，笔者总觉得，古巴是个英雄而又伟大的国家。1962 年 2 月 3 日，已故美国总统肯尼迪以古巴没收了美国在古资产和企业为由，颁布了 3447 号文告，对古巴实施政治全方位打压，经济、贸易和金融的全面封锁。此后，10 届美国政府保持对古封锁政策 50 多年，造成对古巴的直接和间接经济损失估计高达 9750 亿美元。自 1992 年起，联合国大会每年高票对美大加谴责，要求取消这一无理封锁。但是，美国至今置若罔闻、我行我素，不肯改正历史性错误，继续对古巴实行高压封锁政策。

在美国人眼鼻子底下生活的古巴，是一个人口为 1000 多万，面积仅为 11 万多平方公里的岛国。以不屈的精神，与世界上最强大的美国死磕 50 多年不倒，这是值得令世界人民敬佩的。从另一侧面也反衬了美国的霸道、狭隘、自私、自以为是和老子天下第一的丑恶心态。

在这样恶劣的环境下，古巴出现什么样的困难都是可以理解的。古巴街道上的建筑很破旧，路上行驶的老爷车有的都快要散架了，商店里货架上空空如也，人们的衣、食、住、行难以得到满足。但是，古巴制糖的“甜蜜事业”，哈瓦那著名的雪茄与烟草种植，闻名于世的古巴先进的医学与医疗技术，美丽的热带风光和盛产的各种水果，以及一年四季不缺的阳光、大海、沙滩，还有那充满激情、欢乐、优美、性感、活力四射的热带舞蹈等，给笔者留下了难以抹去的深刻印象。

古巴得天独厚的自然资源和发展潜力，民众乐观向上、自强自立的生活态度，特别是面对强权，长期练就的以小搏大的“抗击打能力”，在未来国际环境可能得到根本改善的情况下，相信其会释放出巨大的能量，实现大翻身，旧貌换新颜，最终将建成一个现代、美丽、富饶的国家。

委内瑞拉：委内瑞拉是世界上最大的石油出口国之一。据统计，委内瑞拉探明的石油储量达 2960 亿桶，超过沙特跃居世界第一。天然气存量达 185.2 万亿立方米，为拉美国家之最。丰富的能源资源将委内瑞拉推向了一个发展高度。目前，委内瑞拉国内生产总值人均超过 10000 美元，已步入了中等发达国家水平。如果政局保持稳定，强化自然资源的开发与管理，减少与美国的“顶牛”，排除美国的干扰，委内瑞拉本可以建设和发展得更好。但笔者所见到的实际情况是，一边为亮丽耀眼的现代化城市，人们住别墅、开名车、享受生活。另一边是脏乱不堪的大片棚户区，一部分人被边缘化，过着基本生活得不到保障的极贫生活。今后，如果两极贫富问题得不到比较好的解决，必然会拖委内瑞拉向真正富裕国家迈进的后腿。

秘鲁：秘鲁是一个与众不同的神秘国度。它古老得像个令人咋舌的老古董，原始得似穿越到了钻木取火的年代，神圣到让人产生远至天边上接天堂，可与上帝对话的感觉。

“无雨城”利马是秘鲁的首都。它每年的降水量仅有 10—

50毫米，然而却四季如春，最冷时月平均为16摄氏度，最热时月平均为23.5摄氏度。利马绝对不缺文明和文化底蕴，许多古建筑和老教堂说明了它过去的悠久历史。工艺品市场品种繁多价格低廉，尤其是银器琳琅满目、精美绝伦。“金子博物馆”里展出的古代黄金制品，从各种饰品到大部件的战车盔甲，满馆尽是黄金物。但怎么看，利马还是缺乏一点精气神，更没有那种首都应有的范儿，它像个多部落聚集群，邋遢与混乱交织在一起。坦克装甲车停在道旁，货摊摆到了街中间，无车盖和车门的汽车开得贼快，看上去没有什么管理和规则约束。特别是，秘鲁前总统藤森接见我们时，原名单中未被列入的一位当地陪同，竟然也进入了总统府。藤森在与我们交谈时，亲自起身去关被风吹打得作响的窗子。这有点让人匪夷所思、难以想象。

马丘比丘是秘鲁古印加帝国的古城遗址。据说，它是由印加统治者帕查库蒂于1440年建造。这一已被联合国教科文组织于1983年列为世界文化与自然遗产名录，并于2007年入选“世界七大奇迹”的古遗址，在深山老林中深藏了470多年后，于1911年由美国考古学家宾厄姆发现后，才被世界所知晓。

马丘比丘位于印加古都库斯科城（建于公元1100年）外120公里处，它被建在海拔2400米的山脊上。当我们顺着3000个台阶拾级而上，登临这座祭拜太阳，与天对接的“古老的山巅”时，我仿佛钻进了南美大陆文明的“心脏”，也真正体会到什么叫登峰造极。朝下望去，宫殿、庙宇、广场、作坊、街道、堡垒等尽收眼底，虽物是残垣断壁，人已羽化飞天，但当时盛极壮观的情景可以想象。古城依山层层叠叠建至最顶端，周围群山尽绿、郁郁葱葱，奔腾的乌鲁班巴河绕城而过，山峰间云雾缭绕，让人有飘飘欲仙之感，不禁为印加人创造的古老文明所震撼！

鹅卵大的石子将友人崭新的大奔砸得砰砰直响，让人过意不去地为它感到心疼。我们就是这样开车走进的的喀喀湖的。

到了的的喀喀湖区如同进入了一个未知的世界。的的喀喀湖位于秘鲁和玻利维亚交界的安第斯山脉的普纳高原北部，海拔 3800 多米，水深 140–180 米，其 60% 位于秘鲁一侧。它是印第安人文化发源地之一。湖中不仅留下日岛、月岛、太阳岛、神庙等文化古迹，而且流传着许多美丽的传说。在这里，印第安人于很早很早的年代就培植或引种了玉米、土豆、西红柿和大麦等农作物，为人类文明做出了杰出的贡献。

的的喀喀湖内水草丰美，盛产鱼虾，飞禽麇集，完全是一种原始生态。生活于此的古老族裔乌鲁人择芦而居，他们吃芦笋，用香蒲或芦苇造船、造帆、盖房，制作一些日常生活用品，甚至将香蒲等水草捆扎连片，在湖上制造人工浮岛，以方便他们的各种社交活动。生活在湖区的乌鲁人至今仍讲印第安语，他们在湖中捕鱼、捞虾、打野鸭，岸上种地、放牧、纺织，过着一种自然循环的，自给自足的，知足常乐的传统生活。

登上印第安人新造的“淘淘拉”草船，游纯洁圣湖，看群山环绕，赏峰顶积雪，仰望湛蓝的天空，呼吸着稀薄却又清新的空气，心中顿生从未有过的感慨：啊，不是仙境，胜似仙境！

玻利维亚：玻利维亚首都拉巴斯机场海拔 4200 米，是世界上海拔最高的机场之一。由于含氧量稀薄，我一下飞机，便感觉胸闷气短脚下在飘，拖着一只行李箱慢慢地向机场接待室移动。坐定后，主人为我们每个人准备了一杯大麻茶，虽是毒品还得喝，目的在于提神醒脑消除高原反应。据说，以往曾有些不在乎的人，下了飞机想怎么着就怎么着，因活动量太大，导致缺氧死亡。入关的时候还算比较顺利，出关的时候就不那么简单了。由于玻利维亚出产大麻，且有饮用的习惯，怕被游客带出境外，检查是从里到外，从行李到全身，包括鞋底，反复搜了个遍。

拉巴斯市海拔约 3600 米，是世界上最高的首都。整座城市呈碗状结构，碗口处为印第安人住宅区，碗壁处为政府行政中心和商业区，碗底为高级住宅区。处在这样的高度，仍不乏高楼大厦、豪华宾馆，商业街也相当的繁华。行走在这里的大街上，随时都可能有离奇的事情发生。一份各式全裸女人的画报，突如其来地从楼顶坠落到我的头上，当时把我给砸蒙了。据当地人夸张地介绍，玻利维亚女多男少，消费水平又相对低，一杯啤酒就可邀请到一位金发女郎陪宿。真够恐怖的。街上不时见到一些印第安妇女，她们穿着绿裙子，披着黄披巾，戴一顶圆边黑礼帽，摆摊做着小买卖。我们向街边一位提篮卖橘子的妇人问价，她的要价是，一人买3个橘子可以便宜些，一人买10个就不能便宜，把一篮子全买了干脆不卖。问她为什么？她不假思索地说，卖完了一天就没有事干了，那怎么办？看看，古老的民族多么单纯可爱，做买卖不以赚钱为目的，只是为了实现某种商品交换而已。

圣克鲁斯是玻利维亚最大的城市，也是个现代、宜居的城市。其居民超过拉巴斯一倍，达到200多万人。它位于玻利维亚中部，地处平原地带，属亚马逊雨林气候。森林、沃野、河流、街道、钟楼……一切变得丰富漂亮起来，我们也终于可以放开脚步在城里行走了。这里白人居多，华人也不少，有大批的日本移民，他们主要是垦荒种地，然后将收获的物产运回日本，以解其“皇土”不足之困，据说这已是几代人的事了。知道我们来自中国，日本侨民很友好亲切，带我们参观他们一望无际的高产农田。不论是来自两岸三地哪一方的华侨，见到我们后，更是“老乡见老乡两眼泪汪汪”。我们的一位台湾同胞，特地将我们请到他家里做客，参观小洋楼和台湾风光图片自不必说，让金发碧眼的洋儿媳和我们共进晚宴，混血儿孙子围绕在主人左右，我们一起吃着烤全猪，品尝着当地特色佳肴，交流着台海的近况，展望着两岸会走到一起的未来，度过了一个快乐、开心、过瘾的夜晚。

巴西：在去过的国家中，巴西是我最喜欢的国家之一。脚

作者走进玻利维亚的的喀喀湖区。

刚着地，一位旅居巴西的台湾同胞林先生就对我们说，他非常喜欢这个国家，相信我们在接下来的参访中，也一定会产生同样的好感。他追述从前的往事说：第一次作为海员来到巴西时，在里约热内卢的海滩上，看到了一位美若天仙的女子，他大胆地对她说，要是你能把泳装都脱了，那就更迷人啦！一句调侃的玩笑话，女子当真话听，当场脱去泳装，并大大方方地摆了个POSE。两人素不相识，美女的这一出人预料的举动，让林先生震撼不已，终生难忘。后来，他毫不犹豫地携家带口移居到巴西。

确实，巴西人热情、慷慨、大方、助人为乐的精神，常常温暖着别人。在里约热内卢的日子里，一天晚上，朋友因怕被盗开了一辆旧车带我们去酒店吃饭，当时正赶上上下班高峰期，路上汽车川流不息。不巧的是，我们的汽车在路中间熄火抛锚，车一辆接一辆从旁边嗖嗖地飞驰而过，我们不敢也无法把车门打开，坐在车内动弹不得。大家正不知所措的时候，一辆汽车突然在我们后面急停，然后来了个90度的转弯，直挺挺地横在马路中央，挡住了两条汽车道。这位勇敢的巴西人不顾危险地跳下车来，先将我们引领到人行道上，再帮我们把车推到路边停妥，他微笑着向我们招手离去的身影，至今仍深深地印刻在我的脑子里。

一次，我们的车飞快地行驶在前往圣保罗的高速公路上，紧跟其后的一辆汽车不停地响喇叭，大家正在纳闷儿，向前开了一两公里后，那车还紧追在后响喇叭，我们就觉得有些奇怪，大家相互对视检查后未发现什么异常。接着，该车快插到我们左侧空当，与我们并排而行，从驾车人指指点点的手势中，我们终于明白车门没有关严。巴西人乐于“多管闲事”的举动，怎么能不让人心生感动？据当地人介绍，巴西人的爱心表现在许多方面，即便是小偷入室盗窃时，通常也不会把钱财洗劫一空，而总会给主人留下一点，作为基本需求之用。晚上，我们曾爬到警察都不敢上的贫民窟山上，那里什么人都有，可是相互间交谈甚欢、非常友好。虽然他们生活很拮据，却非要请我们喝咖啡。

在巴西，最美妙也是最享受的感觉，就是大饱口福，体验巴西豪爽待人的饮食文化。吃自助海鲜、自助烤肉，价格不贵，但海产品应有尽有，想怎么吃就怎么吃，可一次让你吃个够。一顿自助烤肉下来，牛的各个部位你都可以尝到，来回穿梭的服务员随叫随到，一道一道给你送，足有几十道，指哪儿割哪儿，要多少切多少，只要你有足够大的胃。吃不下或是觉得不想吃的，允许你随便往旁边盘子里扔，最后还可以带走。特别享受的是，巴西的牛肉新鲜、生态、味美，其烤功亦唯巴西独有。笔者品尝过世界上不少特色佳肴，但像在巴西这样吃烤肉，吃得如此随心所欲，吃得如此酣畅淋漓，对我来说人生还是头一回。

巴西人的日子过得挺滋润，够浪漫。巴西人均国内生产总值超1万美元。但是，巴西人的生活观念和消费水平绝对远远超前。巴西民间广为流传的一个故事，即一位富商与一名流浪汉的一段对话，似可印证巴西人的人生观。一位富商问躺在沙滩上晒太阳的一名流浪汉，“这么好的天气，你为什么不出海打鱼？”流浪汉反问道：“打鱼干吗呢？”富商说：“打鱼才能挣钱啊！”流浪汉反问：“挣钱干吗呢？”富商说：“挣来钱你可以买很多东西。”流浪汉又问：“买东西以后干吗呢？”富商说：“等你应有尽有时，就可以舒舒服服地躺在这里晒太阳啦！”流浪汉听了，懒洋洋地翻了个身回答说：“我现在不已经舒舒服服地躺在这里晒太阳了吗？”人们虽然把它当作一个笑话来讲，但也确实反映了巴西人的一种生活态度。人们追求的是随遇而安、悠闲潇洒、及时行乐。

从里约热内卢街道到海边只有一步之遥，海滩成了人们去得最多的场所。在巴西国立博物馆里，我看观者寥寥。人们的解释是，大多数巴西人不拘泥于回顾过去，更注重的是向往未来。一些办公室、酒吧、舞厅等干脆搬到海滩上，在那里休闲、阅读、跳舞、踢球、聚餐、办公和谈生意，一个都不能耽误。

无边的亚马逊森林，广阔的稀树草原，令人神往的狂欢节，热情奔放的桑巴舞……也许正是这些美好的东西，丰富了得天独厚的巴西，孕育了可爱、可敬、可亲的巴西人。

第二章 〇 话说地球村

○ 走进新千年

光阴荏苒，时间飞逝。当2001年的钟声敲响的时候，世界各国人民普天同庆。在兴奋和期盼中迎来新千年，并以更坚定的步伐迈向经济全球化的“世界时代”。

回顾过去，人类创造的无数文明成果推动了社会的不断进步和科技的迅猛发展，由此带来的诸多创新不仅改变了世界，而且改变着人们生活的方方面面。“阿波罗”11号宇宙飞船登月成功，标志着人类向科学高峰迈进了“一大步”；在国际象棋比赛中，电脑“深蓝”战胜了世界棋王卡斯帕罗夫的对局，对当今社会来说，具有划时代的意义；随着克隆绵羊“多莉”的诞生，以及人体第二十二对染色体密码被全部破译，人类基因的奥秘因此也将可能被揭开。这一个个令人眼花缭乱的奇迹的出现，使世界变得更加多姿多彩和充满生机。

从2000年到2001年，时间的过渡只是瞬间，但我们跨越了一个千年，站在一个新的起点上。我们对未来岁月无限憧憬的同时，更要准备面对新的挑战。

21世纪将是一个充满希望的新世纪。伴随着科技进一步发展，有人预言，人们也许会穿上如皮肤一样舒适的衣服；食用如同科幻小说中描述的那么几粒片剂，就能满足人一天的营养需要；居住也不仅仅在陆地，而是地下、海上和太空；人们可以乘航天飞机和宇宙飞船去太空观光或到月球上度假；在人脑中植入计算机芯片以提高记忆能力；通过向人体注入长寿基因，减慢衰老速度，人类“长命百岁”的愿望将成为现实等。总之，在新的千年里，社会将会取得更大的进步和发展，科技将会获得更多新的发明和创造。

当然，从另一个方面来说，人类不仅要记取过去付出的沉重代价，还要应付未来的严峻挑战。譬如，政治与技术方面的难题，能源和原材料危机，还有诸如人口膨胀、环境恶化、顽固疾病防治、贫困和冲突以及军备控制等，假若这些问题得不到很好的解决，人类的生存环境就会变得日益紧张、恐惧和危险，自然界的生灵就会有逐渐窒息和消亡的危险。人类还面临核武器等大规模杀伤性武器的严重威胁。而解决这些问题的钥匙就是全人类的团结与合作。在迎接新世纪到来之际，我们尤其企盼让战火远离人类，让和平永驻人间。

虚拟现实和网络空间，已使地球变得越来越小，人与人之间的距离也越来越近。在这个小小的“地球村”里，我们大家既是居民，也是“园丁”，把地球改造成一个大花园并加以呵护，这将是对新世纪的贡献，同样也是我们每个人的责任。正如各国领导人在新年贺词中所希望的那样，让我们携手共同编织新千年的梦想，满怀信心地去迎接光辉灿烂的明天。

○ 人潮灯海不夜天

悬挂于香榭丽舍大街两侧的“迎接第三个千年”的红幅，在碎雪和微风中飘动；从圣诞到新年，人们精心装点的各种灯饰如同火树银花，闪烁耀眼；在协和广场周围和埃菲尔铁塔上，激光师们为迎接新世纪特设的绿色光束，一齐喷涌而出，划破巴黎的夜空；与灯光交相辉映的“光明交响音乐会”也在这里拉开序幕；绚丽多彩的焰火在各处鸣放升空，爆裂出五颜六色的花朵，整个巴黎一片灯海宛如白昼。暂辟为步行街的香榭丽舍大街上人头攒动，人们似乎忘却了冬日的寒冷，沉浸在跨越世纪的幸福之中，他们相挤相拥，在通宵达旦的狂欢中迎来了新千年。

从2000年到2001年，跨越这一刻意味着人类告别了旧世纪，从昨天步入了明天，从过去走向了未来。

法国人以乐观、向上和充满美好憧憬的心情走入了新世纪。他们认为，世纪之交好似一座桥，它使法国结束了“非常压抑”的过去，迎来了一个“玫瑰色”的未来。由于经济出现好转，失业率有所下降，世界杯足球赛冠全球，“理想欧洲”正在一步步向前迈进，从而使法国人的精神面貌达到了一个兴奋点。一次民意调查显示，63%的法国人对新世纪持“坚定的乐观态度”，其中法国青年对未来充满希望的人高达84%。他们都希望能在新世纪中再现强大的“法国时代”。

坐在香榭丽舍大街边的一条长凳上，笔者与一位叫斯特凡的法国青年闲聊，问他对新世纪有什么期盼。他说，现在他还是个学生，他将会以积极的姿态面对未来的竞争，但愿成为一名国家公务员的心愿能够成真。他尤其不能理解在迎来新世纪之时，巴以双方还在进行流血冲突。他希望杀戮和战火远离中东，和平与和解能够早日在那里降临。在人流中，一对小两口认为，减少失业仍将是法国政府今后必须优先考虑的问题之一。解决食品卫生问题也将是新世纪的当务之急。当然，乐观和悲观是一对连体婴，重要的是对未来抱有信心。法国前总统德斯坦对有些法国人对未来持悲观冷漠的态度，以及无节制的贪婪欲望，明确表示不赞同。

夜空多璀璨，未来更美好。法国人认为，只要设法摆脱 20 世纪灰色的“反弹球”，前景就会出现光明。正像时任法国总统希拉克在发表的新千年献辞中所指出的那样，新世纪的头一年，无论对世界、对欧洲，还是对法国来说，都将是“有益的一年”、“行动和进步的一年”。

○ 欧元风光上路

欧元于 1999 年 1 月 1 日面世却一直未能面市，在欧元区各国流通市场门槛外徘徊了整整三年后，终于在 2002 年 12 月 31 日午夜，伴随着零点钟声的敲响，人们在欢乐的喜庆中走进新年之时，“元旦之夜”变成了“欧元之夜”。欧元风光上路，标志着欧洲告别了多币体系，进入了货币统一的欧元时代。

欧元在一片狂欢中闪亮登场。欧元区国家均以不同的形式欢迎欧元的到来。尽管还有一些人因对原有货币抱有怀旧情结，对新货币缺乏热情，可是 3 亿多人使用同一种货币欧元的大势难挡。对于所有欧元区国家的民众来说，除了平静地接受之外，没有其他的选择。

新年的第一天，笔者加入了巴黎取款人群的行列，从自动取款机中取出了一张 20 的纸币欧元，先睹为快。到 2 日凌晨，巴黎差不多所有的取款机中都已填满了欧元，足可保证 300 万人平均每人提取 80 欧元。在埃菲尔铁塔旁的商亭前，大部分游客仍使用法郎购物，但找回的已全是欧元。一位礼品商抱怨说，游客用的差不多都是大面值法郎，找退余款已出现欧元零钱不足的问题。

2 日法国商店一开门，笔者到巴黎最繁华的香榭丽舍大街走了一趟。这里没有任何关于宣传欧元的招贴画和标语，但买卖兴隆，一切如常。在丝芙兰香水店里，顾客们手里拿着法郎排着长队正等着付款，可收银员们却在反复点算要退的欧元，显然对新货币不熟悉，生怕出错。走进一家服装店，店员忙向我推荐一件标价为 1.49 万法郎的皮衣，他说由于新年促销，价格可以减半，用法郎或欧元支付都行。我遗憾地告诉他，“今天未带信用卡”。同样，分布于巴黎大街小巷的烟草店，据说已达到70%用欧元结算。由此可见，欧元已经成功地经受了面市的考验。

欧元刚起步可能会给人们造成一些麻烦和不适应，这是难免的。但是，欧元平稳上路后给欧盟国家带来的好处将是不言而喻的。

首先，暂由12国组成的欧元区，它是一个蕴藏着无限商机的巨大市场，其每年内部贸易额高达1.4万亿美元，约占全球贸易量的15%。实行统一货币后不光节省了许多周转费用，还使人才、资金、技术和资源等得到最佳配制，从而会获得最大的经济效益。

由此各国居民立竿见影地得到的实惠是，欧元允许消费者选择来自12国的商品，而不是一国商品。据欧盟委员会的一项调查表明，因产品、产地和季节的不同，价格差异非常大，各商家已开始了统一大市场内的“价格狩猎”大采购。广大消费者因此能平均降低约12%的费用，用同样的钱可以买到更便宜的商品。比如，西班牙的鲑鱼只占平均消费价格的61%。奶酪在荷兰比在意大利便宜两倍，爱尔兰的土豆价格要比丹麦低3.5倍。

另外，对抵御金融危机将起到一种盾牌的保护作用。虽然欧元自诞生以来，一直处于美元的挤压之下，但其实力是12国任何一国货币难以比拟的。欧洲央行董事会董事索朗认为，欧元实体化后将逐步走强，并有助于国际汇市的稳定。随着欧元区的不断扩大，加上包括一些非洲国家在内的欧盟贸易伙伴国将陆续加入欧元的使用圈，欧元的潜力将更大，并将与美元形成抗衡之势。

还有，欧元的使用促进了欧洲文化的融合。这种融合还包括经济的和社会的。无国界、无身份、货币通用的人口大流动，允许欧洲人能更好地交流、讨论和表达不同意见。人们生活在同一“屋顶下”，从而紧密凝结成“新欧洲”命运共同体。欧元进而成为加快欧洲统一的“杠杆”或“助推器”。否则，正如德国历史学家鲁道夫·冯·塔当所言，如果“没有政治统一的欧洲，欧元只是一杯冷咖啡”。

在欧元使用时间正好“到点”时，时任法国总统希拉克发表电视讲话说，“欧元是欧洲的一个胜利”。时任英国首相布莱尔说，尽管英国尚未加入欧元区，但欧元对英国经济至关重要，欧元的成功“完全符合英国的利益”。国际货币基金组织发表声明指出，对欧元纸币和硬币正式投入流通表示欢迎，称这是欧洲一体化进程中的“一个历史性的里程碑”。

○ 圣诞节被放大

浓浓的圣诞节气氛又向我们扑面而来。这个西方世界一年中最重要的节日，今天已被全球化了。12 月 24 日晚，一曲《平安夜》："平安夜，圣善夜；万暗中，光华射……"唱响全世界。一个"圣诞节快乐！"的祝福很快会传遍"地球村"。"村民们"欢天喜地共度家人团聚、万民同庆、全球同乐的欢乐时光。

圣诞节是为了纪念耶稣诞生日而创立的节日。但事实上耶稣作为一个宗教历史人物到底生于何日，《圣经》上并无确切记载，把 12 月 25 日定为耶稣诞生日，也就是圣诞节，源于罗马教会当时要将这一天与传说中的太阳神（即光明之神）密特拉的诞辰相联系。

圣诞节从公元 4 世纪创立至今已有 1600 多年历史，并形成了内容丰富的圣诞节文化。构成这一文化体系的是圣诞老人、圣诞树、圣诞袜、圣诞颂歌以及与之相关的风俗和理念等。此后，随着斗转星移，圣诞节已不仅仅是信教徒的节日，同时也逐渐成为世界上许许多多非信教徒的节日。

西方人把红、绿、白三色定为圣诞色，圣诞节来临时人们都用圣诞色将室内室外装饰一新。根据耶稣诞生在夜里的说法，圣诞节的庆祝活动从 12 月 24 日夜晚开始，半夜时分达到高潮，这一夜因而被称为圣诞夜。圣诞夜是一个狂欢之夜，各种欢庆活动通宵达旦。人们有的聚集在酒馆或舞厅里狂欢；有的一家人共享圣诞大餐，然后围坐在熊熊的火炉旁，讲述各自一年中的故事；有的走进灯火通明的教堂，参加耶稣诞生的午夜礼拜；有的忙着以贺卡、电话、短信或网邮等不同方式互致问候和祝贺。当然，人们必不可少的互赠礼物，更给平安夜增添了不少惊喜。

圣诞节本来是一个西方的宗教节日，也是一个阖家团聚的温馨时刻。但是，现在的圣诞节经过历史长河的演变，一些做法已经违背了纪念耶稣的原本真义，也缺少了原来的那份神圣、神秘和虔诚，开始变得越来越商业化、世俗化了。从圣诞节到新年的“幸福一周”里，人们在一片喧嚣声中尽情地放松，尽情地狂欢，尽情地享受，疯狂地购物。笔者在法国工作期间，曾目睹了圣诞节豪饮与抢购的狂潮，也曾亲历了上山滑雪与打猎的洒脱。那种刺激，那种感觉，简直到了似乎让人忘却上帝的地步。

圣诞节释放出来的复杂的“信仰消费”能量，让全世界的零售商们兴奋不已。圣诞节文化因他们而改变，也因他们而火爆。

与法国朋友一起在阿尔萨斯山林里打猎（中间为作者）。

正是他们使尽浑身解数，想方设法通过渲染气氛、宣传促销等手段，无限放大圣诞节，使它变成了一个世界范围的消费狂欢节。据统计，在一个普通的西方家庭中，且不说其他内容的支出，每年用于购买圣诞礼物的花销就达到 500 美元左右。家家这么痛痛快快地掏腰包，让大大小小的零售商们赚得个盆满钵盈。

圣诞节的过度消费和过度浪费已引起西方国家许多人的警觉和担心。人们认为，圣诞节期间，相当一部分人去商店里抢购的并不是他们所需要的东西，其结果是买得越多，扔得越多，如此畸形消费造成了一种制造垃圾的可抛弃型经济。然而，要想改变这种由来已久的消费习惯，最好的办法就是引导人们回归节日本义，不要与圣诞节消费综合征为伍，收紧钱包不乱花费，过一个节俭、简单、轻松、快乐的圣诞节。

○ 错位的时尚

时尚即时代的潮流与风尚。时装、发式、美容、饰物……一波一个潮流，轮回花样翻新，各领风骚若干年。时尚将人们的生活点缀得多姿多彩，把人类对美的企盼与追求差不多推到了极致。与此同时，怪异的妄念、扭曲和表达也使得时尚出现错位。

服装由宽变紧，鞋跟由高变低，发线由直变弯，嘴唇由红变黑，花都巴黎引领世界时尚新潮流，生活在这里的人们时时都能感受和触摸到它的变化。陪伴来访的朋友逛巴黎时，经常听到对巴黎人穿着打扮的赞美，认为他们个个穿着搭配得到位、高雅、有特点、有品位。然而，如果你稍许留意一下就会发现，不论是俊男们，还是靓女们，大多数人穿着打扮看上去都比较随意，很少见到浓妆艳抹，或矫揉造作者。但实际上，自然中有讲究，随意中有刻意。有时似乎到了“增之一分则太长，减之一分则太短”的程度。

一件高领薄毛衣，一条低腰紧身裤，腰间系一根宽皮带，脚蹬一双半高跟皮鞋，外面敞罩一件风衣，巴黎金发碧眼女郎的那种丽质与端庄，那种潇洒与浪漫，会让人环顾左右而言她。大多数法国人，尤其是在时尚潮流中徜徉的女性，能够较好地把握分寸，设法弥补个人的不足，最大限度地展示自已的优点和特长。在茫茫人海里，那些极富个性魅力的动人男女总会赢得更多羡慕的目光。

当然，过度地追逐前卫和怪异的时尚，到头来往往会误入歧途。在法国这个开放度比较高的社会里，有的男的打扮成女的，并与妻儿生活在一起；有的身着带铁刺、系钢索的奇装异服招摇过市；还有的男子一丝不挂，脖子上被拴上铁链，手脚着地乱爬，晚上甘于被女士们牵着在大街上当狗遛。特别是，目前最时兴的恐怕莫过于穿钉打孔热了。耳朵上、嘴唇上、舌头上、眉弓上、鼻子上、肚脐上，还有其他一些关键部位和器官上到处被扎孔穿钉或戴环。有一次，笔者在塞纳河边看到一位无所事事的男子，仅其眉毛、嘴唇和耳朵上穿挂的金属环足有几十个，脑袋一晃叮叮当当。

穿孔时尚已在西方持续了几十年，并形成了一股潮流。这些穿孔的信徒们大多为青年人。尽管穿孔有引发肝炎和艾滋病的危险。据法国卫生部调查，穿刺、文身可能引发的感染风险因身体部位不同而异，穿刺乳头发炎的比例为 5 %，穿鼻发炎的比例为 12%，肚脐部位可能导致发炎的比例为 40%，阴部穿钉上环的发炎率更高。但是，穿孔装饰之风依然不减，其瘾头之大甚至到了迷恋的地步。在地铁、商店、医院、剧场，随处可以看见穿孔的一族。粗细不等的不锈钢钉不仅扎在人们忌讳的“三角区”，在肉体上加穿“环衣”，而且在闲不住的舌头上也扎进一根粗钢钉，再拧上固定螺帽，旁边还加穿一个金属环，这些人一下变得“开口如银、沉默如金”了。在法国南部城市图卢兹市镇广场上，几位穿孔男女在与笔者毫不避讳地聊天时说，穿孔的人不会觉得疼痛或不适，每当他们触及不同部位的饰物时，就会突然感到自己的存在，从而可以忘掉一切，进入自我亢奋的自虐自恋状态。

在中世纪，欧洲人把穿孔戴环视为是对异教徒和罪犯的一种惩罚，或者是一种赎罪、示众。当然，耳环后来也逐渐变成了受广大妇女喜爱的饰物。可是，目前许多年轻人在全身上下穿孔戴饰已经不是一种正常意义上的爱美行为。“人体是上帝的杰作”，在包括朋克、嬉皮士在内的一个不小的“边缘群体”中，他们如此地向自身“发泄”，实际上是一种社会性的示威和挑逗行为。因为在西方文化中，饰物同样能反映其反叛性的一面。他们把过去耻辱的标志变成了今日妆饰的标志，目的是要在施虐狂与受虐狂的兴奋中，寻找人体和精神的平衡点，以填补精神空虚，模糊理想与现实之间存在的巨大差距。

○ 大业始于做慢工

巴黎何止引领现代时尚潮流，坚守传统手工同样独领风骚。久负盛名的爱马仕坚持170多年手工制作不改初衷，商业规模超常发展，今天的爱马仕商店已成为巴黎最贵的商店，爱马仕品牌已成为世界顶级品牌的象征。

总店设在与法国总统府同一条街的巴黎福宝24号的爱马仕，其历史可追溯至1837年。当时的创始人爱马仕在巴黎林荫大道旁开设了一家制造销售马具的专卖店。尽管经历了一次次工业革命浪潮的洗礼，但是爱马仕不为流水生产线所动，产品坚守传统手工制作模式。目前，在世界奢侈品市场上，爱马仕不仅在其起家的鞍具方面独占鳌头，年销售量成两位数增长，2010年销售额达24亿欧元。爱马仕生产的丝巾、皮包、行李箱、香水、皮带、珠宝、服饰等也都捍卫了“手工”的形象，世界销量持续全面增长，销售额成天文数字。

爱马仕的一个手包售价从3500欧元至1.8万欧元不等，一个鳄鱼或蜥蜴皮包价格高达好几万欧元，即便一条小小的丝巾也可卖到近300欧元。至于那些专门订制的物品，其价格就更是商业秘密了。即使这样的天价，许多商品仍供不应求，订制者和订购商得长时间排队等待，店里整天顾客盈门。类似的商业范例还可举出很多：比如，瑞士产的“世界第一名表”百达翡丽至今仍保留着一个纯手工制作车间，一年只造一块表的单价甚至超过500万美元；风靡全球的路易威登包，香街的店前总是排着“长龙”，购者须凭护照一人只允许买一个；行走在巴黎的街道上随时可以发现，一些传统手工制作的限量版酒、服装和珠宝等，虽价格不菲却顾客众多。

从传统手工作坊到机械化的大工业，生产力有了无与伦比的飞跃，机器人不停地复制打破了人力的“天花板”。可是，机器是在规定圆圈内画规定的圆，生产的产品整齐划一、缺乏创意。然而，到目前为止，人还没有能被复制，人的创造是“千江有水千江月”，各有灵感一闪念的神来之笔，所以每个个体的手工都可能成为永恒，其价值空间也是无限的。有学者认为，世界上一些含金量最高的品牌，不会逐一时之利，而是洞悉人们的消费心理，最大限度地使人的手工价值最大化。

因此，大凡有历史、有远见的世界知名品牌都特别注重延续传统，用培养国际化人才的大力气培养工匠（培训时间一般4到10年），极尽所能将手工做到极致。爱马仕一条完美无瑕的丝巾要用40种颜色，经18个月层层苛刻的工序才能做出来；一只定做的百达翡丽表从设计到制成耗时8年，其精工细作程度可想而知；法国里昂博物馆里的一条挂毯一织就是20年，它所浓缩的精华举世无双；法国名酒庄为捧得上等佳酿不惜“择果”：一根葡萄藤上结了五串葡萄，可能被果农剪去两串，尽管留下的成熟果实少了，但更充足的养分阳光“点石成金”，高品质的葡萄里自然而然地流淌出了“液体黄金”。

目前，国内一些企业热衷于资源型规模扩张，总想以量取胜。一位旅法华商曾忧心地对我说，国内生产的某商品过去以一麻袋计价，后来以一集装箱计价，量虽多了赚头反而少了，原因是粗制滥造。我国有些出口商品的材质和设计都上档次，问题往往出在螺丝没有拧紧的手工上。手工方显绝技和细节，而现代高端企业之间的竞争拼的就是细节，哪怕超越“一点点”，实际上就是跨越了“一大步”。因此，当今现代企业在紧盯高科技发展的同时，还需要有点“坚持做慢工，经久成大业”的精神，不断创造经典带动一片产业，方可立于潮头，谋得大势。

○ 巴黎周日开门啰

星期日通常是人们逛街购物的日子，也是一周中消费最火、人气最旺、商家不愿错过的时刻。奇怪的是，这种再平常不过的事在法国却不可能做到。原因在于法国《劳动法》规定，周日是法定假日，商店不得营业，必须关门休息。如果商店偷偷营业，就有可能被告上法庭，或受到重罚。

2009年法国国民议会和参议院分别通过了《周日工作法》。法案的内容有三：一是再次确认周日休息的原则。二是授权旅游区商店可以自愿在周日开门。三是商业最为聚集的三大城市巴黎、里尔和马赛被划为“例外”，授权其商业店铺周日可以开门。因此，自《周日工作法》于当年8月16日生效后，巴黎的一些商店周日才可以名正言顺地开门营业，从而使周日商家是否有权工作的长期争论尘埃落定。此法案的试行，不仅让花都巴黎变得更加能动起来，而且将为全法周日商店开门正常化开了一道口子。

由于巴黎没有被全部列入旅游区，所以《周日工作法》第一天的实施仅惠及香榭丽舍大街、圣日耳曼大道、蒙马特高地、卢浮宫周围等七个观光街区。当然，其他一些街区的加入还有待市府的审核。尽管巴黎是世界上最火的旅游城市，但是左派掌门的市政府对实施《周日工作法》并不积极，理由是巴黎实行周日工作的条件不具备：在市府看来，一方面，许多商店全天候营业能力一时达不到。另一方面，仅社会层面而言，由此引发的诸多棘手问题难以解决。如果采取一刀切的办法，对巴黎将带来灾难性的后果。

周日商店可营业是法国前总统萨科齐任内力推的改革内容之一。支持者认为，周日开门营业不光释放了人们的工作热情，增加了收入，支持了就业，同时将方便了公众的生活，有利于拉升经济。但反对者则认为，此法案违背了劳动保障法，损害了劳动者休息的权利，特别是该法案事实上会造成人与人之间的不平等。不过，《周日工作法》的最终通过并付诸实施说明，它已得到多数法国人的支持。

自 1906 年通过强制周日休息法令以来，法国人周日或节假日休息变得神圣不可侵犯。他们坚守这一习惯的依据是，《圣经》中的故事都说，在星期日工作的人该杀该剐，因为星期日上帝都休息。

在一年中，法国劳动者享有许多法定休息日，除了每周 5 天工作制所带来的全年 104 天休息外，每年还有 11 天节日休息日，如元旦、“五一”、圣诞节和复活节等，外加 5 周带薪年休，加起来大约有 150 天之多。1997 年，全法实行每周 35 小时工作制（但按 39 小时支付工资），这等于无形中又增加了约 5 周的休息。让法国人放弃如此宽松浪漫的工作条件，不可能没有反对和争吵声，而要适应这一过程，恐怕还有一段相当长的路要走。

古希腊哲学家亚里士多德曾经说过，科学与哲学来自闲暇。智慧离不开闲暇。闲暇是人类进行精神生产、审美创造的必要。但是，亚里士多德又强调指出，闲暇是高出于人的一般生活的合乎理性的生活。也就是说，闲暇是建立在一定的社会层级和条件之上的。法国人崇尚假日文化和假日生活无可非议，但是将闲暇的概念无限扩大化，肯定是不利于法国经济、社会可持续发展的，尤其在世界金融危机带来的冲击仍未得到全面缓解的当下。

○ 从度假到作假

度假对于法国人而言是一件“神圣”的事。从每年的 7 月中旬到 8 月底，这是全法休假出游的黄金时段。虽不能说都市里万人空巷，至少也是门庭冷落车马稀。从国家政要到平民百姓，在忙碌了一年之后，谁都非常珍惜这一美好的季节。为了暂时躲避城市的喧嚣，去感受一下外面的世界，他们收拾起行囊，头也不回地上路了。

法国人的全年休息日超过 150 天，差不多工作两天就有一天休假。法国人所说的“疯狂的假期”、“绿色的假期”，通常是指带薪的长假。在这些阳光灿烂的日子里，崇尚个性的法国人在度假的问题上，却显示出少有的一致。

据统计，每年大约有六分之一的法国人到国外度假旅行，他们首选目的地是意大利、西班牙等邻国，有的对非洲情有独钟，也有的对中国、印度等亚洲国家越来越感兴趣。至于那些乐于在国内度假的人，法国丰富的旅游资源为他们提供了很多选择。比如，北部的诺曼底二战遗址，西部的布列塔尼民俗风情，南部的蓝色海岸，东部白雪皑皑的阿尔卑斯山，都是度假消暑的好去处。

如果说法国人精于享乐是众所周知的话，那么法国人节俭的习惯也是出了名的。他们既想玩儿得好，又想花钱少。根据各自的经济情况，对于一部分人来说，他们希望住讲究的宾馆，而对另一部分人来说，他们不在乎住便宜的乡村旅店，或干脆野外宿营。有的全家人开着车，带上帐篷和生活用品，找个荒山野岭的地方住一段儿。有的开着房车，车开到哪里，就玩儿到哪里，随兴而安，充满了野趣与浪漫。

当然，度假对于相当多的法国人来说，并不是一件轻松的事。

法国国家统计及经济研究所进行的一项调查表明，法国外出度假的最大群体是中、高级职员以及高级知识分子，其度假的比率达到 87%。而那些月收入在 1200 欧元最低线上下晃荡的人，外出度假的人不到 40%。

在法国乃至西方，人们对度假特别看重。因为度假是一种时尚、一种生活状态，同时也是一种有形无形的心理攀比。但凡有点办法的人，都会想方设法守住这份做人的尊严。所以那些看似体面，实际钱包干瘪的人，只好偷偷地呆在家里，可又害怕邻居知道了看不起，于是，有人会不声不响地钻进地下室、阁楼或其他什么地方，躲上十天八天，以给人外出度假的假象。还有的人跑到郊外去找个僻静的地方，脱去衣服暴晒上几天，皮肤自然就变成了古铜色，或者在身上涂抹上类似的油彩，上班后好在同事面前以假乱真。对于那些有钱度假的人，他们有时也得被迫作假。因为全家人出外旅游，人走楼空，最可能成为窃贼下手的目标。为防万一，往往要找个信得过的朋友帮助照应。每当夜幕降临，满屋子的灯被打开，目的是为了给人制造主人没有外出度假的假象。

度假是一种境界。度假是一个“快乐的加工厂”。度假也是一个“夏日的大学”。人们走近大自然既能放松一下自己的身心，又可从中获取一些新知识和新感觉，尤其是全家相聚在家以外的地方，能够更好地感受和享受天伦之乐。但是，从度假到作假，不管是美丽的谎言也好，还是要避免露富也罢，都是出于不同的无奈。而且在西方社会，这种假作真来真亦假的自导自演的“戏”，估计还会继续演下去，因为这是无法缩小的贫富差距所导致的结果使然。

○ 法国政要度假扫描

2000年8月的巴黎，告别了7月阴冷的“秋天”，迎来了艳阳高照的“夏日”。度假的人群不能说是倾城而出，大街上至少使人感到清静了许多。平时很难找到的停车位，一下子空出了不少，不但可以免交停车费，而且假期无罚款之忧。据法国铁路局公报显示，从7月28日至8月1日，往返度假的人潮仅巴黎各火车站就达到250万人，创下了新的出游纪录。与此同时，法国政要也不例外，于8月1日提前结束内阁会议，开始了他们各自“神圣的”度假旅行。

爱丽舍宫和马提翁对总统、总理以及其他部长们的度假安排秘而不宣，但法国媒体还是紧追不放，将其一一曝光，从中人们既可了解政要们的生活众生百态，又能一窥政治角力场上的弥漫硝烟。

时任法国总统的希拉克，本来想躲避法国媒体的跟踪，到非洲毛里求斯岛上去领略一下异国风光，谁知《巴黎竞赛报》记者已捷足先登，在他到达之前，该报就整页整页地发表了关于他“梦幻般”的奢华度假介绍：什么盥洗室是“好莱坞式的”，住所平台是“天堂般的”，总统房间价格每晚天文数字，预购的四块丝织地毯，价值多少多少钱，等等，弄得本来烦心事多多的希拉克有口难辩，后来只能让《巴黎竞赛报》作出书面道歉作罢。

时任法国总理的若斯潘，于8月1日上午主持完内阁会议之后，下午就匆匆上路，赶往他的度假目的地——风光迷人的雷岛。他和夫人西尔维娅内手挽着手在海边散步，有时爬到礁石上去拣海贝。雷岛凉爽与宜人的气候使若斯潘心旷神怡，政府内讧的烦恼早已被抛诸脑后。当有记者问及他与内政部长的矛盾及内阁改组之事时，他以开玩笑的方式风趣地回答说："内阁改组？不。目前，我正在看一份资料，学习如何使用我的网球拍"。

时任法国内政部长的让－皮埃尔·舍维内芒与总理若斯潘虽有 30 多年的交情，但在科西嘉岛地位问题上双方意见尖锐对立。经过协商，两人同意把这一事件的解决推迟到假期之后，以给予各自"进行充分思考的时间"。在反对党、绿党和一些分裂主义者要求舍维内芒立即辞职的一片叫喊声中，舍翁于 8 月 2 日早上从巴黎乘火车前往位于法国西北部的贝勒岛度假。车行一个多小时，即接到车上有炸弹的报警。车紧急停在雷恩车站，警方突击检查虽未找到爆炸物，但这位主管安全的部长的出现，在当地引起了不小的骚动。事后，一个独立组织发表公报称，舍维内芒反对科西嘉岛民主进程，所以他是"不受欢迎的人"。如此尴尬的处境，舍维内芒假期心情能好才怪呢!

时任法国财政部长的法比尤斯则回到了热尔省自己的家中。他假期的计划是：休息、读书、游览和到马尔西雅克去听爵士音乐会。当然，曾担任过总理的他，也少不了研究带回的一大堆材料，在法国经济相对不错的形势下，他还想在税制改革方面有所作为，使他的既定计划能够一炮打响。

至于时任法国运输部长的盖索，尽管"7.25"协和飞机空难事件震惊世界，调查工作仍在紧张地进行，但他并不想被这一事件所累，而是像大家一样准备痛痛快快地轻松一下。休假期间，他准备和儿孙们去野外钓鱼、游玩。在他看来，"和孩子们在一起才是人生中最大乐趣"。

其他的法国部长们个个也都不会闲着，而是尽兴地把各人的假期生活安排得丰富多彩。比如，时任法国外交部部长的于贝尔·韦德里纳先去希腊岛待一段时间后，将乘飞机前往格陵兰岛旅行。时任法国就业部长的奥布莱夫人将在法国西南部家里休息几天，然后再到意大利的威尼斯小住。时任法国司法部长的吉古夫人将到位于沃克吕兹省的别墅去，以干点园艺活儿消遣。时任法国国防部长的里夏尔回到了萨瓦省的家中，要亲自完成住宅的装修工程。自由民主党主席马德兰将来回于里昂和巴黎两地，利用暑假就未来的总统选举的议题进行思考，过一个“工作假期”，等等。

总之，无论躺在太阳伞下，或海边的沙滩上，还是待在静谧的小岛上，或温馨的家中，法国政要们都会经过这个夏日的“休养”与“深造”之后，以更充沛的精力、更新颖的论据、更精明的策略和更尖锐的言词，投入到关于科西嘉岛地位、总统五年制、市政选举和欧盟前途等问题的唇枪舌剑中去。

○ 给孩子们留点空间

有人认为西方世界是“儿童的乐园，中年人的战场，老年人的坟墓”。这样的比喻是否确切，不想妄加评论。但是这些“花朵”们确实受到比其他人多得多的特别关爱。比如，不管在拥挤的巴黎，还是狭小的日内瓦，街心往往总要给孩子们留出一些空地来，或当成溜冰、骑车、游戏的场地，或作为搭建滑梯、秋千和跷跷板之用，孩子们不难找到玩儿的公共场所。然而，据法国媒体报道，有些西方家庭“望子成龙”的心情并不比中国人差，他们在学习上给孩子安排一系列补习课，致使孩子们学习负担加重。

一位叫科尔内的家长反省说，我的女儿卡尔尼刚刚5岁，在她这样幼嫩的年龄，从托儿所回来之后，每周要上三次课：星期二学舞蹈，星期三学钢琴，星期五学滑冰。后来发现，她累得不愿从冰上站起来，我这才决定停了这些课，让她喘口气。

教育学家们指出，假如认为孩子们学的课程越多，获得的东西就越多，这是一种误解。许多业余课程不仅使家长们的钱包变瘪，更重要的是消耗掉孩子大量的精力。只有有了宽松的时间和空间，一个孩子的思维才能得到发散，才能允许他（她）发挥充分的想象力。如果你一味地要求他（她）去做太多的事，将使他（她）产生厌烦的心理。

为了使孩子将来能较好地融入社会，引导他们学会合群比学会某些技能更重要。因此，家长要尽可能带小孩去公园游玩，鼓励他们与同龄的小朋友多进行交往。

儿童心理学家们认为，对学习方面的安排，父母要认真听取孩子的意见，尊重他们的选择。如果对孩子的正当要求漠不关心，或是抛在脑后，这将会对孩子的心灵造成不良影响。

当一名儿童突然拒绝参加其所学习的课程时，最好的办法是让他（她）放松，给一个星期由他（她）去支配。倘若经常

夫人和小不点在法国托儿所过中国春节。
作者摄

发生这类情况，这大概就要休息更长的时间，也许是一个学期。

同样，当孩子在幼儿园、学校或其他活动中与别人接触产生不快，无兴趣时，父母可以考虑改变一下环境，为什么不可以让孩子在家里学习某些课程呢？

另一方面，专家们认为，对一些智力超常的“小神童”，必须留有与一般孩子不同的自由发展空间，否则他们的聪明和兴趣就会受到制约。对此，法国智力早熟儿童协会呼吁学校和社会承认那些“小神童”或“潜力极大”的儿童，而不要刻意让他们变得像普通孩子一样。

这些专家们介绍说，在法国社会特别是法国学校，人们不太承认超出常规的东西，这些孩子通常被视为过于捣蛋或过于理智，因此从一入学开始，他们就受到种种约束，否定他们的与众不同之处，或者迫使他们“正常化”。这往往使孩子们学习失败，变得内向，躲进一个自己的世界，形成令人担忧的个人平衡，或者想方设法进行反抗。

据统计，由于学习环境不利，这些“小神童”有三分之一甚至拿不到中学毕业文凭，有 80% 进入少年期后与学校或家庭发生冲突，有 10% 自杀。

因此，专家们普遍认为，扩大孩子们的自由活动空间，让他们做能做和想做的事，是培养兴趣、发展个性、开发智力的重要途径。

○ 违章罚款与总统大赦

违章停车遭罚款这码子小事儿与总统大赦此类大事儿本来是风马牛不相及的。但是，这在法国却不是什么新鲜事，新上任总统大赦停车罚款似已成为惯例。出于对选举的投桃报李和回应社会呼声的需要，这种小中见大的两码子事自然而然地被扯到了一起。

巴黎的停车罚款被提到总统大赦的高度，看起来是小题大做，其实是情势使然。凡到过巴黎的人，都会对其车多感到吃惊。巴黎的大街小巷行的是汽车，街道两边停的也是汽车。在行车难和停车难的双重压力下，为照顾到各方利益，当局还在不少相当拥挤的路段辟出了旱冰滑道、自行车道和公共汽车道，这使得交通更拥挤，停车位更紧张。据统计，除了休息日和假日之外，每天从四面八方涌入巴黎中心城区的车约达160万辆，而巴黎市内的停车位只有80多万个，其中40万属于私人车位，23.6万个为路边公共停车位，其余的为各类停车场，巴黎全市的停车位远远不能满足需要。

巴黎停车全部实行收费，全市共设有12600个停车自动收款机。根据地段的繁华程度不同，每小时收费的价格也不一样，市郊一般1、2欧元1小时，市中心达4到8欧元1小时不等。仅此一项，市府每年可获得一笔可观的财政收入。但是，对于汽车拥有者来说，星期日例外，每天早9点至晚19点收费，确实是一个不小的负担。由于价格昂贵和车位难找，就难免出现违章停车。据警方透露，在交通违章中，停车违章占三分之二。巴黎市每年停车违章约达700万件。

在违章停车者中，据说只有11%的人受到检查员开罚单，每份罚单为17欧元，而交纳罚金的人仅为50%左右。从职业角度看，被罚最多的人大部分是商人、推销员、艺术家、医生和孕妇。这是因为他们的情况特殊而需要不断地移动和停车。其中的一些人每个月的罚单多达 5 至 20 张，一年下来摞成一大沓，有的被罚金额高达上万欧元。当执法机关发出传票后，有的拒绝交纳与政府打官司，有的因失业、贫困交不起，政府拿他们没有辙，最终执行不了，只能不了了之。

在巴黎开车难免“不湿鞋”，有时没有车位，只能开着车在街上转，实在等不到机会，只能找个地方暂时停下，但雨刷上随时可能被压上罚单。笔者也领略了多次挨罚的滋味儿。刚开始，我很当回事，按规定的时间和指定的地点去交罚款。后来，我也仿照法国人的做法，将罚单放到一边，而且真的等到了一次总统大赦。

古人云：法不压众。既然几乎所有人都存在停车被罚的问题，警察当局的执法就不可能全部兑现。如果强行采取行动，必然触犯众怒。再说市政当局也有不能提供足够停车位的理亏之处。所以，在不影响其执法威慑力的情况下，执法部门有时只好睁一只眼闭一只眼，能走多远走多远。实在解决不了的一些长年累积的烂账，等到总统大赦时一笔勾销可能是最好的选择。这样既可在法律框架下解决了问题，又向老百姓送了个顺水推舟的人情，增强了总统的亲民形象，真可谓一石两鸟，何乐而不为呢？

○ 构建生命的防线

汽车既是缩短时间和空间的一个代步工具，也是对人类生命构成直接威胁的无情杀手。“驾车如驾火”一直警示公众：遵守交规、谨慎驾驶。但是，交通安全形势压力未减。目前，全球每年仍有50万人死于交通事故。为了尽可能避免悲剧的发生，增建路网监视系统，构建生命的防线，变得特别重要。

西方人驾车相对文明，技术水平也比较高。这主要在于，从小就受到全面的交通安全教育。驾照考试非常苛刻，通过的难度超乎想象。一般人接触汽车早，驾龄长技术好有经验。按理说，西方国家的交通事故相对要少得多。可是，实际情况并非如此，一些恶性交通事故时有发生，并造成了大量人员伤亡。比如，2008年，法国交通事故导致约9.7万人伤亡，其中4400多人丧生。

造成事故的主要原因是：人为的超速行驶、酒后驾车和开车打手机等。法国对所有的道路都进行立牌限速，市内时速一般为30—50公里，环城线80公里，高速公路90—130公里。但因法国人爱开快车，抱着不会被发现的侥幸心理，高速路上时速跑到150公里是家常便饭，路面一遇情况来不及反应，交通事故随之发生。

法国是葡萄酒的故乡，人们有饮酒的嗜好，警察执法也有允许饮一杯葡萄酒的底线，即不超过0.5毫克的宽容。但只要饮戒一开，酒鬼防不胜防，“漏网之鱼”在所难免。这就给交通安全带来不测。尤其是，现在的“摩托潮”横冲“汽车阵”，在汽车夹缝中穿行的现象更令人害怕。

对这些交通安全的“顽症”，法国警方均开出了“止血化瘀”的“药方”。除加强交通安全教育、完善交通标志和交通信息提示外，对违章行为下重手治理。具体做法是，警察以摩托对摩托拦堵违规者；穿便衣捉拿开车打手机的人；中途随时叫停抽查醉驾及其他隐患；大型卡车司机每天限时驾驶、确保休息，违者严办；对酒后开车处以135—4500欧元罚款不等，重犯罚款翻倍至9000欧元，并要蹲4年监狱。若醉酒驾车发生车祸造成他人死亡，罚款高达15万欧，最高判刑10年；超速行驶的罚款从90欧元增加到1500欧元，甚至没收汽车。在被罚款的同时，驾照还要被扣分或吊销。因此，只要被逮住一次，谁都会长记性。

重拳治理已使法国交通事故明显下降。法国人口虽只有6000万，但拥有汽车总量却高达2950万辆。在如此庞大的汽车洪流中，全国每个月的交通死亡数为360多人，死亡率可以说是比较低的了。然而，法国政府仍在继续强化交通管理，收紧遏制事故的防线，争取在不久的将来使全国的交通年死亡数降至3000人以下。法国采取的最有效措施是，在全国所有的高速路网中建造固定测速雷达。现在，在多发事故路段已建立固定雷达和移动雷达4500台，据估算，车速每下降1公里，每年就会挽救200多人的生命。花费重金建立电子监测网眼，无疑对每个驾驶者将起到提醒、震慑和保护作用。

每个人的生命只有一次，人人需要倍加珍惜。法国所做的一切，目的在于：让明白这个道理的人更加明白，对暂时还不明白的人要强制其明白，对某些害群之马最好的办法是严惩不贷。唯有如此，才能建立起真正的现代交通文明秩序，才能使大家避其害，趋其利。

○ 治堵不搞小九九

作为一座文化名城、时尚之都，巴黎流动不息、顺畅有序的立体交通，更使她变得动感十足、魅力四射。巴黎的交通谈不上豪华和现代化，但却比较有效和实用。试想，倘若是一个拥堵不堪的巴黎，何以能每年吸引那么多世界游客？

目前，大巴黎地区共有人口约 1200 万，各种汽车拥有量高达 400 多万辆，要说交通不堵塞那就是天方夜谭了。然而，除因个别特殊情况外，通常巴黎交通包括香榭丽舍大街这样的繁华路段，车也是走得动的，很少出现堵死的现象。

巴黎的许多街道是拿破仑三世时代由奥斯曼男爵规划修建的，所以相对都比较狭窄。尽管如此，巴黎没有单双号限行之说，路为车而建不可因噎废食，街道对所有的汽车开放，包括货车在内。但是，巴黎的交通基本能通能行，这与多方面措施的共同作用不无关系。

西方人是交规、红绿灯、环岛、环线的设计者，也是最大化的利用和执行者。汽车与行人严格按照交规办事，不抢不超，相互礼让，不存在“害群之马”横在路中间，谁都动不了的问题。巴黎街道环岛多意味着出口多，一遇拥堵选择也就多，不会同挤在一个“独木桥”上，而是“条条大路通罗马”。比如不到 2 公里长的香街就有三个大环岛，像协和广场的环岛有 6 个出口，凯旋门星形广场的环岛则有通向全法各地的 12 个出口，更不用说街道上随时有拐出去的道口了。而环线上的进出口很密，进出非常方便，尤其进入时，正常直行的车会一辆间一辆地让你进入，绝不掰直行优先的死理。试想，若没有相互礼让，汽车怎么能入口并线，安全进入高速行驶的车道？

巴黎的一些地铁中心站与轻轨、城际、公共汽车站和出租车站实行了连接，且在周围建有大型地下停车场。这些联网的立体交通不仅保证了大量人员分流，而且对驾车人来说，提供了可根据当时的路面通行状况，在节点上改变通行方式的选择，从结构上部分解决了汽车堵塞问题。

巴黎缓解拥堵问题还在于其搞的是大交通，不搞缺乏远见的小九九。巴黎算的是大账，不是蝇头小利，或小集团的利益。发达的交通并没有使巴黎停下脚步，“毛细血管”扩张“手术”一直在做，街区里的一些车道在挖潜在联网。另外，六条新的城铁也已立项准备开建。巴黎加大交通投入是为了加强城市功能，减少运营成本，更是以人为本，不是为了捞取利益。法国高速公路历来收费，但巴黎 60 公里范围内的高速公路全部不收费，更谈不上机场路收费了，这就使巴黎的运行空间大大扩展了，时间大大节省了，交通堵塞的死结也就解开了。

○ 换脸的伦理尴尬

2006年2月6日，世界上第一位“换脸”人——法国的伊莎贝尔·迪努瓦尔女士首次公开露面后，经过国际媒体的轮番爆炒，“换脸”轰动全球，其受关注度之高，影响之大，恐怕是人们始料不及的。

“换脸”以后改名为伊莎贝尔·迪努瓦尔的法国妇女，时年38岁，家住法国北部的瓦朗谢纳地区。2005年5月27日，离异且已有两个女儿的伊莎贝尔，为了忘掉一些烦心事，她吞下了过量的安眠药，夜间起床试图去洗澡，突然摔倒在地上就不省人事了。当次日清晨她从迷迷糊糊中醒来，正要抽根烟时，才惊愕地发现自己的嘴唇、鼻子、下巴都不见了。后来她从现场的惨状中发现，她的脸是被当时仍待在她身边，与她朝夕相处的狗啃掉了。

在接下来的6个月里，迪努瓦尔受尽了苦难。面不能见人，口不能说话，吃东西往外流，眼睛不能表达感情，只好整天戴着假面具度日。多亏曾于2000年因首次移植双手成功而一举成名的，两位法国教授德沃谢勒（Devauchelle）和迪贝尔纳(Dubernard)的鼎力相救，又凑巧法国里尔有一位脑死亡者家属愿意捐献死者的面部组织。这样，2005年11月27日，医疗小组为伊莎贝尔实施了世界上首例脸部移植手术，将刚死亡者的面部组织、肌肉和动脉血管取出，移植到迪努瓦尔的面部。

当迪努瓦尔以新的面孔出现在新闻发布会上时，在世界媒体的聚光灯下她兴奋地说：“手术后，与所有的人一样，我有了一张面孔”，“这张脸让我重生”。尽管迪努瓦尔脸上缝合处有明显的手术疤痕，说话的时候张着口，嘴唇还不能完全合拢。可是，一张死人的脸在她的脸部确实复活了。现在，迪努瓦尔的脸已经恢复正常。

由于“换脸”需要脸对脸移植、对接，再将肌肉、血管及神经一一连接，全程需要借助显微外科技术来进行，实际上是一项脸部再造系统工程。因此，这次“换脸”的成功受到了国际社会的高度评价，并被世界媒体誉为“开创了人类整形史上的先河”、“21 世纪绝无仅有的手术”等。

法国人“换脸”成功引起如此关注，除了医疗技术创造了奇迹外，当然也少不了猎奇逻辑的发酵。其实，据说从技术层面来讲，“换脸”在当今也许并非是什么高不可攀的事。据说，国际上不少国家都能做这样的手术，只是法国人把握住了时机，赶上了点儿，而拔得头筹罢了。

法国此次“换脸”只是局部的，似不能算是全部意义上的“换脸”，所以法国妇女的新脸具有双面人的特征。目前一些国家的医学专家正在酝酿的“换脸”，是从颈部到头皮的彻底更换，这将使一个人的面孔完全变成另一个人的面孔。

“换脸”引起的争论和质疑是，一个人的体、发、肤受之父母，如果因“换脸”使相貌骤变，将会引起伦理、法律和人际等多方面的错位。百分之百复制的一张脸，面、身不属于同一个人，会带来死人变活人的恐惧、家庭关系的陌生、个人身份的混淆等一系列问题。

还有，“换脸”还可能付出生命的代价。除了手术风险外，即便病人“换脸”成功，也需要终身服用抗排斥药物，以防自身免疫系统对移植器官出现排斥反应。可是，长期服用这类药物又会带来诸如高血压、糖尿病和肾毒病等后遗症，进而给生命造成致命的危害。医学界不少专家认为，为了美观而不是健康原因做换脸手术得不偿失。

然而，不论人们愿意不愿意，一场“换脸”手术的竞赛已在国际上悄然展开，大概想停都停不下来了。在科技进步、名利诱惑以及“换脸”病人呼唤的合力驱动下，21 世纪是否进入了一个“就像人们换衣服一样的‘换脸’时代的到来”？

○ 警惕刷卡的“陷阱”

法国银行信用体系比较发达，信用卡是人们重要的支付手段。人人一卡或多卡在手形成的“刷卡潮”，自然而然地将法国消费方式推入了一个“全民使用信用卡时代”。对于法国人来说，信用卡如同身份证、驾照一样，是随身携带的不可或缺之物。

在法国，信用卡的使用一直呈增长之势。据统计，目前法国人口约为6000万，2008年信用卡使用量高达5750万张，比2007年上升3.1%。信用卡年均支付金额为3038亿欧元，同比增长7.2%；使用信用卡取款达15.2亿次，比上年增长7.8%。

法国全民流行刷卡的原因在于：一方面信用卡使用方便、快捷、相对安全，另一方面法国银行资金管理方式使得客户不得不选择信用卡。现在法国银行几乎很少设提现柜台，如果要提一笔款项，必须要填表申请，到指定的银行办理，整个程序相当麻烦。有了信用卡，人们可从提款机中随时提取，很是方便。但它的局限性是，一般信用卡都设有每周自动取款数和每月消费额的上限，一遇要用大钱时，方知卡提不出、刷不了。因为信用卡通常用于支付像超市购物、餐馆吃饭等小额消费，要想花得痛快须进行额度升级。

升级后的信用卡不仅可以花银行里已存的钱，而且可以透支银行里没有的钱。轻松刷卡，快乐消费，到头来使许多法国人误入了一条漫漫还债之路。信用卡的透支逾期罚金很高，循环贷款利息计算复杂，持卡人稍不留神就会“马失前蹄”，在不知不觉中债台高筑。据法兰西银行报告显示，从20世纪开始，法国家庭负债率逐年上升，2008年底这一比率已达到74.4%。与此同时，过度负债家庭数量也迅速增加。据不完全统计，目前，法国约有70多万户家庭身负重债，过着被逼债的“卡奴”生活。

在巴黎西北部的一座小镇，曾有一对叫马利·卡蒂埃和帕特丽夏的夫妇因过度使用信用卡，大手大脚消费致使债务很快达到4.5万欧元，并像滚雪球一样继续膨胀，当债务压得这家人喘不过气来的时候，他们选择了全家自杀。然而，在法国，追求类似这种“消费至上主义”的受害者绝对不在少数。

面对消费者严重的“超额负债”问题，法国参议院通过了《消费信贷改革法案》。法案除了对消费信贷利率做出最高上限规定外，还将利率的高低与贷款的数额大小挂钩，而不再取决于贷款品种和还贷期限。另外，法案对信贷广告、信贷行为，以及信贷机构做出了更为严格的规范管理，要求信贷方须在广告和一些宣传册子中注明“借贷承担责任，贷款必须偿还”的提示，并且禁止使用任何可能导致借贷消费者误认为借贷消费可以改善人们财政状况的不实之词。

尽管法国政府出台的《法案》对金融机构起到一定的制约作用，但是以营利为目的的信用卡埋设的“陷阱”仍无处不在。法国舆论认为，要想最终摆脱“连环债”的怪圈，法国广大消费者需要做的是，抵制各种消费诱惑，改变超前的消费习惯。

○ 窃听网魔剑高悬

信息技术的迅猛发展使得“地球村”村民之间的时空距离缩短。但它随之带来的负面影响是，国与国之间，人与人之间几乎到了无密可保的地步。有人戏称，信息流汹涌的“花都”巴黎快成了“窃听之都”了。

好长一段时间以来，法国和欧盟其他国家与美、英等国就“间谍网”事件闹得沸沸扬扬。根据英国媒体透露，美国利用“阶梯”窃听网一直在法国和欧洲国家进行间谍活动。所谓“阶梯”是20世纪70年代冷战时期由美国牵头，有英国、加拿大、澳大利亚和新西兰参加，而建立起来的一套规模大、机密度高的全球窃听系统，它可以截收民用和军事领域内经由卫星、海底电缆或互联网发送的电话、电传或电子邮件。欧洲的窃听网中心据说建在英国，地面基地将截获的情报转送中心，经过大功力计算机对情报进行分拣筛选，该系统能够识别通信者的姓名、字迹、声音和电话号码等。窃听网每小时能截获数十亿信息。

美国在西方盟国头上悬挂了一张窃听网，目的在于牟取政治、战略和经济利益，引起欧洲国家的极大震惊和强烈不满。人们认为，通信间谍活动“构成了国家法律约束之外运作的最后灰色地带”。比利时前外交大臣米歇尔曾指出，如果确实存在“阶梯”间谍网，这个局面就无法让人接受；欧洲议会前议长尼科尔·封丹纳夫人称“似乎可以肯定这违反了公民的基本权益”，“经济间谍会产生灾难性的后果”；欧洲前议会议员让—皮埃尔指控窃听网“损害了国家根本利益”，“侵犯了通信保密的原则”。

根据法国媒体透露，由于“阶梯”提供了重要情报，欧洲公司曾失掉了不少大合同。比如1994年，法国与沙特密谈60亿美元的军火交易时，情报被泄露，美国公司中途插入，最终夺走了这笔巨大的合同。1995年，法国对美国施行报复，一举驱逐五名美国驻法国使领馆外交官。

欧洲议会曾通过一项决议，决定由欧洲议员组成一个特别委员会，对“阶梯”国际间谍网展开全面的调查。特别委员会希望在调查过程中，能够得到美国有关方面的合作。然而，美国对欧洲议会采取行动的反应自相矛盾：一方面，美国矢口否认“绝无此事”。另一方面，美国情报人员又撰文说：“我的欧洲朋友们，有一些欧洲科技超过了美国，但不客气地说，这实在非常非常的少，绝大多数欧洲科技根本不值得偷。”美国间谍网对欧洲盟国科技、经济情报的窃听可见一斑。当然，据说欧洲国家也采取了相应的措施，对美国的情报机构进行反制。

在巴黎这个间谍网交错的旋涡中，生活于此的人们常常有被窃听的感觉。一位友人介绍说，他的两条电话线中，有一条就是不能上网，找来法国电信公司的专家查看，问他是否有窃听，他不置可否，重新安装了一条新线作罢。一名在法国已居留10年以上的华人，至今都没有拿到绿卡，原因不仅是他的电话和手机被长期窃听，而且还常有人盯梢，法国有关方面找他谈过话，问他为何与某些中资机构联系密切，吓得他再不敢与中资机构打交道。从巴黎向国内打电话，经常回声很大，或是中途只听见一方讲话，另一方却听不见，或是陡生杂音，短暂没有反应。这些现象令人心生疑窦不是没有道理的。“棱镜门”事件的曝光使地球人都知道，“黑客帝国”无所不在。

信息技术给人们带来了方便、快捷的同时，人们的隐私也受到了前所未有的侵犯。如何阻止信息链上的这些“海盗行为”，目前似乎仍让世界各国一筹莫展。

○ 让信息高速快起来

“信息高速公路”使地球变小、资金流加快、全球化程度加深，“信息高速公路”同样改变着人们的生活、工作和沟通方式。现在人们很难想象，如果没有电脑，或电脑不能上网，生活会是个什么样子。当然，互联网这柄双刃剑带来的衍生物——垃圾邮件来势凶猛，导致信息通道经常出现“牵一线动全球”的“塞车”困局，对世界的方方面面造成无可估量的损失。

在当今网络时代，垃圾邮件一直对“信息高速公路”和网络安全构成严重威胁。据有关方面统计，垃圾邮件在人们的通信总量中所占比例已由21世纪初的7%上升至现在的50%—80%，目前每天约有几百亿封垃圾邮件在互联网上到处传播，它每年给全球造成的损失高达500亿美元以上。我国也是垃圾邮件重灾区，据初步估算，我国每年因此造成的经济损失超过60亿人民币，这还不包括处理垃圾邮件的一些额外费用。

垃圾邮件是指那些用户避不开、甩不掉，被硬塞到邮箱里的，与收件人毫无关系的邮件。除了大量的商品广告内容外，还有政治、民族、宗教、迷信、谣言、淫秽、色情、赌博、恐怖和暴力等无所不包的内容。这些垃圾邮件不仅侵犯了用户的私人空间，而且干扰了网民正常使用电子邮件的一些功能。特别是一些形形色色不健康和谣言惑众的邮件，已经对青少年的成长，以及对社会的和谐与安定构成危害。垃圾邮件还是传播电脑病毒的重要途径之一，黑客们往往通过侵入并控制某些高带宽网站，然后用数以亿万计的垃圾邮件散发病毒实施攻击，致使网路堵塞，无数电脑瘫痪。一些犯罪分子以垃圾邮件为诱饵，窃取大量金融和经济信息，进行网上诈骗等。如今，垃圾邮件已经成了各种犯罪活动的一个灾区。

垃圾邮件之所以如此泛滥，首先由于互联网通全球的特性所决定的。因各国的经济发展水平不同，政策法规各异，在对垃圾邮件的界定上，国际社会一直存在分歧，至今仍没有一个统一的、有法可依的标准，这就给一群国际“垃圾虫”提供了在网上兴风作浪的机会。当然，这也与垃圾邮件的产业特性有关。具体而言，这就是制造和发送垃圾邮件具有成本低、利润高、隐蔽性强的特点，不间断无限量地发送垃圾邮件可从中牟取暴利。国际“垃圾邮件大王”阿兰·罗尔斯基据说曾在一天之内发送过7000万封广告邮件，按每100万封收取500美元计算，每天只需敲敲键盘就能获得3.5万美元的收入。可见，“垃圾邮件产业”是一个一本万利，甚至无本万利的行当。

面对垃圾邮件这些无处不在、令人讨厌的“蛔虫”，受困扰的各国用户人人喊打，某些西方国家也纷纷出台了一些相关的法规加以遏制。比如，欧盟将发送垃圾邮件的行为定性为非法，英国明确规定禁止发送垃圾邮件，美国公布了《反垃圾邮件法》等，对违者加以严厉处罚。可是，反制措施效果并不理想，网络上的垃圾邮件并没有因此而减少。这主要因为“垃圾虫”们可以变着法儿将发送业务转移到其他国家进行，从而避开了相关国家的制裁和惩罚。

因此，垃圾邮件实际上已成为一个全球性的公害，而全球性问题需要全球性的治理。这就要求国际社会充分认识到垃圾邮件生态的复杂性，全面加强交流与合作，建立切实有效的反垃圾邮件国际合作机制，在编织好法律和技术这张“大网”的同时，还要唤起公众的防范意识，打一场全球性的持久保卫战，才能逐步扫除垃圾邮件，让信息高速真正快起来。

○ 摩天大楼试比高

“9 · 11”事件使美国世贸中心双塔轰然倒塌后，摩天大楼遭到了前所未有的质疑。但是，争建世界第一高楼似乎仍是当今许多城市的梦想。美国在遗址上新建的世贸中心大厦，由原来的 411 米上升到 541 米，重回纽约第一高度。近年建成的阿联酋的迪拜塔，也就是哈利法塔，一下飚升到 828 米的高度，给你追我赶的超高层建筑热又添了一把火。

摩天大楼是科技进步的象征和人类智慧的结晶。摩天大楼最早崛起于美国，后逐渐风靡于世界。如果进一步追本溯源的话，它兴起的地方是美国的芝加哥。据说由于 1871 年的一场大火，芝加哥市内的大部分建筑被化为灰烬。重建时，为节约市中心的用地，拓展原有的生存空间，芝加哥开展了大规模的造楼运动，一座座拔地而起的高楼推动了世界建筑向高空发展。随后，芝加哥摩天大楼不敌后起之秀纽约 411 米高的世贸中心，一年后高达 443 米的芝加哥西尔斯大厦再次反超，并将世界第一高楼的纪录保持了整整 20 年，直到 1996 年才被马来西亚吉隆坡 452 米高的双子楼打破。

世界超高层建筑从来不仅仅是为了居住而建造，而是一种“以自我为中心”的标志，是国家、城市或集团财富、实力和抱负的象征。有关专家认为，“摩天大楼具有一种魔力，它能牵动大众的想象、情绪和记忆。摩天大楼你追我赶出现的原因其实是自尊心，是社会向世界寻求科技形象的定位。”人们在最引人注目的摩天大楼里工作，总觉得更有成就感。一些公司在豪华的摩天大楼里设立办公区，能够发挥意想不到的广告效应。从传统的宗教习惯看，自古以来，西方人总是尽可能把教堂往高空建，人们子子孙孙锲而不舍，一砖一石地尽可能往上垒，教堂的尖顶直插云端，为的是让灵魂更接近上帝。当然，摩天大楼也是人类“欲与天公试比高”，挑战智慧极限的最直接的表达。

20世纪后期，伴随着 “西方”、“东方”同时“闪亮”，超高层建筑热开始东移，亚洲摩天大楼的跟进速度惊人。据统计，在目前世界建成的10栋最高的摩天大楼排名中，亚洲占据了6个位置。不久的将来，世界上现有的摩天大楼的排名将有可能一个个被改写。韩国的首尔、日本的东京、中国的上海和香港、印度一些城市等，都将会加入到这一竞赛中来，争建世界第一高楼似乎成了一种不可抗拒的势头。

从技术层面上讲，凭借现代高新科技，建造千米之高的超级摩天大楼已不是天方夜谭。问题是，耀眼光环下的摩天大楼，其先天不足显而易见。先抛开可能遭受恐怖主义袭击不说，就其昂贵的造价，它的适用与安全性，人性化与经济效益等方面而言，摩天大楼已是一种“陈旧的时尚”。有关人士认为，超过300米的高楼，已失去了其节约用地的经济意义，一些在低层建筑中本不是问题的问题却成了大问题。城市“巨无霸”不仅使“城市洼地”日照量减少，而且对周围的环境和景观也会造成破坏。假如发生强烈地震、爆炸、火灾和有害气体泄漏等意外事故，摩天大楼受威胁的程度远远大于低层建筑，即使预防设施完备，也很难做到万无一失。特别是，超高层建筑将人与地面分隔开来，减少了人情味，老死不相往来，进而会患上“摩天大楼综合征”。

据联合国一份报告估计，因全球人口爆炸性地增长，世界城市人口很快将超过农村人口。伴随着这一历史性的转折，城市建筑必然要向空中和地下发展。世界各城市根据自己的特性和辐射功能，建高层或超高层建筑也是无可非议的事。但如果某些城市片面地追求摩天大楼的形象效应，那就等于钻进了一个误区。因为摩天大楼在极尽张扬和炫耀之外，并不一定代表一个城市的现代化，也不能说明一个城市的文明和富有程度。倘若人们去巴黎、伦敦、罗马，抑或波恩、日内瓦，去走一走看一看，大概就不难得出这样的结论。

○ 霓虹灯下的暗影

“流光溢彩”、“光芒四射”是人们对光亮的赞美之词。光亮给人们带来了兴奋、热烈和欢乐，光燃起了人们心中的希望。然而，当人们尽情地去追逐光亮，享受缤纷色彩的时候，很少有人考虑到光污染对环境和人体造成的危害。

与其他污染一样，光污染是社会发展的产物，但由于缺乏明确的界定标准，长期以来一直被人们所忽视。光污染是指现代城市建筑和夜间照明产生的溢散光、反射光和眩光等对人、动物、植物造成干扰或危害的现象。国际上通常将光污染分为三种，即白亮污染、人工白昼和彩光污染。城市建筑的玻璃幕墙，不同发光涂料，不同场所的镜面式装潢等形成的光污染叫白亮污染。当夜幕降临，大路边、街道旁和楼宇间的广告牌、集束灯、瀑布灯等灯光直刺夜空，使黑夜如同白昼，人们处在这样的环境中，就好像大白天一般，这就是所谓的人工白昼。街头处处闪烁的霓虹灯，舞厅和夜总会安装的黑光灯、旋转灯、荧光灯以及各种彩色光源等构成了彩光污染。

在光污染环境下长期工作和生活，会使人眼花缭乱、头晕目眩，食欲不振、情绪低落，免疫力下降、眼病发病率增高。“不夜城”强光的反射会打乱人们的正常生物钟，导致神经紧张衰弱。据美国一项调查表明，三分之二的人认为，夜景光线太强对健康不利，84% 的人认为影响睡眠。据测试，演出场所安装的黑光灯所产生的紫外线，其强度远高于阳光中的紫外线，如长期受其照射，有可能诱发鼻出血、脱牙、白内障，甚至导致白血病和癌症。光污染还会伤害昆虫和鸟类，因为强光破坏了它们在夜间正常的活动繁衍过程。尤其不可掉以轻心的是，现代都市玻璃幕墙建筑越来越多，城市变得光鲜了，但潜在的危险也增加了。“楼天一色”的玻璃幕墙上的折射光容易干扰道路上汽车驾驶员的视线，对交通安全构成了直接威胁。玻璃幕墙也像一个巨大的聚光镜，因聚光引发的火灾在世界上时有发生。

目前，西方发达国家是全球光污染的重灾区，且污染的程度还在加深。当然，由于相关国家对光污染的关注度不同，以及能源供应状况的差异，各国的光控措施也大相径庭。比如，德国对路灯照明亮度做了限制规定；美国成立了专门的国际黑暗夜空协会，协调各方力量控制光源。但与此相反的是，比利时因电力供过于求，城市照明过度用电不说，所有的路灯长明不熄。笔者曾与一位朋友夜间开车行驶在布鲁塞尔至波恩的高速公路上，车行比利时一侧时，一路强光照射，如同白昼一样。在悉尼逛夜市我才知道，晚上，悉尼的所有大楼里灯火通明，据说因市政当局规定，各高层建筑和写字楼，在每晚下班后不得将楼里的灯熄灭，反而要全部打开。目的在于烘托城市的繁华景观。

让城市亮起来，让夜色丰富起来，这是世界上每个城市追求的目标。但是，亮不等于越亮越好。目前，许多国家还在沿用一些已被淘汰了的光源，甚至用强光霓虹灯来装饰街道，这显然与强化环保意识不合拍。灯是人类历史上最伟大的发明之一。它给我们带来了光明、绚丽与惊喜。然而，在我们过度追求光亮与光彩的时候，在我们徜徉于灯火辉煌的街头时，大家是否意识到，在这迷人的灯影下，其实隐藏着一只有损人体健康的杀手呢？

○ 穿过城市“森林”

城市化是人类社会发展的必然产物。城市化打造的钢筋混凝土“森林”如雨后春笋般涌现。在亮丽繁华的外表下，城市却充斥着冷漠与恐惧，它犹如一个“大舞台”，又好似一个“危险堆”，在给人们提供诸多机遇的同时，也衍生出各种“城市病”。由此产生的“围城”效应是：城外的人想要挤进来，城里的人渴望走出去。

在城市化高度发达的西方国家中，人们走出城市“森林”已成为一种“条件反射”。就巴黎这样的大都市而言，且不说每年到七至八月份度假高峰期，全城出动走四方的现象，即便周末也很少有人在城里待着，而是差不多倾巢而出，到郊区去，到野外去，到森林去……能走多远走多远。他们有的跑步，有的骑山地车，有的打滚球，有的垂钓，有的在林间草地上，慵懒地晒太阳，或围在一起聊天、野餐。还有的周五晚上就结伴而行，备上帐篷、油灯、食物去露营，直到周日的最后一刻才返回。每当这个时候，各路段回城的汽车像蜗牛爬行，延绵数十公里，场面蔚为壮观。

通过平时接触才知道，不少巴黎人城里的住房其实并不大，60—70 平方米的就算殷实家庭了，甚至一些富人也未必有多大的豪宅。但是城里只是个工作的地方，他们真正的生活圈是在远离城市的乡间别墅。当然，也有部分人住流动房车，或者以一艘漂泊的游轮为家，更为时尚的一族则是择林而栖，做“树上人家”。

发端于美洲的“树屋热”，现在似乎也成了欧洲爱好者们追逐的目标。远足山野、公园、森林，在离地面几米甚至几十米的空中，借助树杈树干巧妙搭建“树屋”。根据各人的不同需要，“树屋”可以简陋到只能容下一张床，屋中无水、无电、无卫生间，一切追求“自虐”式的原始状态。豪华的“树屋”则精致舒适，浴室、厨房、客厅、电灯、电话等，一应俱全。随着“树屋”设计公司的诞生和“世界‘树屋’大会”的每年召开，“树屋”的建造更加艺术、多元和实用。注重休闲的法国人早就将“树屋”建到了孚日山、阿尔萨斯山区和阿尔卑斯山的森林里，不仅供自己享用，而且用来出租。一到旅游旺季，游客爆满，常常一屋难求。

“树屋”构建了一个完美的生态生活，它能予人一住为快的满足感。法国汝拉山区的“树屋”发烧友塞德里克说：“生活在‘树屋’里，如同住在一条小船上，风吹树动，屋子在空中荡漾，蓝天树荫下听鸟叫虫鸣，那种与大自然亲密接触的感觉，真是奇妙极了。”

体验即是生活，生活即是体验。形成鲜明对照的是，当下城市迅猛发展带来的问题成堆。拥挤、噪音、污染、失业、犯罪和流行病等，对全球广大城市居民，特别是发展中国家居民，构成了严重威胁。据有关方面统计，目前，世界上有 11 亿城市人呼吸不到新鲜空气，每年因喝不上清洁饮用水造成的死亡人数达 1000 万之多。如何逐步清除城市中的“危险堆”，让城市回归绿色、回归自然，将是人类面临的共同责任与挑战。

穿过城市“森林”，走进真正的森林。这也许只是一种被动选择。让森林走进城市，让森林拥抱城市。这显然才是一种主动行为。变被动为主动，人人爱绿、护绿、建绿，我们的城市才会变得更加宜居和美丽。

○ 保护好另一张面孔

有一位外国诗人曾经说过这样一句话，人们要想体面地生活并得到应有的尊重，必须保护好两张面孔：一是母亲的面孔，二是城市的面孔。事实上，由于现代社会的过度消费、过度浪费、过度排放和过度污染，已使不少城市形象变得越来越糟，倘若再不给予重视和悉心保护，那可就真的会“容颜”难保了。

一个城市的形象可以反映出一个地区，乃至一个国家的发展水平和文明程度。发达不一定意味着有多少现代化建筑，但肯定包含了整体环境的干净、整洁、绿化与协调。在欧洲国家旅行，人们不难发现，城市里的一些街道、路面、商店和住宅未必怎么样，它们不讲排场、不摆阔气、非常实用，但其间的鲜花、碧草、绿树却写满了清新的字句。尤其是，整洁会给人带来美的享受。

在西方，由于没有人随手扔东西，所以城市里很少看到白色垃圾；废弃电池、塑料、纸张、玻璃制品等被分放已成为居民的自觉行为；餐馆和商店的门窗地面经常被用水清洗；房屋定期被修缮和洗刷；街头的电话亭、座椅，甚至垃圾桶被用清洁剂清洗消毒等。总而言之，常规污染绝大部分已被从源头堵住。欧盟一项深化环保的法令规定，凡报废的电器产品不得随便弃之，无论任何个人或企业，违者将受到500至3000欧元的罚款。

生产越多，消费越多，扔得也就越多，这已成为当今社会的一种普遍现象。据统计，欧洲人每年扔掉700万至1000万吨电视、电脑、手机和电池等电器电子陈旧设备。具体到法国人，全国每年废弃的电器电子产品约达150万吨，而且还以3%至5%的速度上升。由于这些废弃物中含有大量的重金属，对水源和地表造成的污染越来越严重。尽管从理论上讲，欧盟强制性要求回收这些有害物质，但在实际操作上现在还不能完全做到。原因在于，目前回收物的90%来自企业，只有10%来自居民家庭，人们还没有真正形成将废品送往储存站的习惯。

为防止电器电子废弃物污染，欧洲国家采取的办法是：通过组织公众参加“拣电池”和“拾瓶盖”等活动，加强环保法规宣传，提高公民环保意识，同时增建废品收购网点。从宏观上控制电器电子产品生产总量，甚至规定产品的使用年限，让生产商承担治污的费用，以减少污染和资源浪费。鼓励企业设计和生产易于拆卸、分类、回收的商品。支持厂商求助于技术进步对废物加以处理，去其有害物质，从中分离出金、银、铜、钯、铝、镉、锌、锡等金属和塑料，然后进行再循环使用。

“务虚名，得实祸。”随着社会的进步和生活水平的不断提高，人们对物质的追求似乎已到了与物质文明相悖的地步。拥有欲加攀比风膨胀的不合理消费，人为地导致污染圆周扩大，从而使得环保负担日益加重，并逐渐演变成为一个世界性的动态问题。物质利益的驱动所引发的震惊全球的疯牛病、口蹄疫和禽流感等一些流行病，正迫使人们对违背生态自然规律的行为进行反思。面对城市面孔遭受的不同程度的侵害，有识之士认为，在地球村未来的发展进程中，人类应提倡简易、务实、多元的生活方式，厉行节约、减少浪费，这或许是一种更为明智的选择。

○ 欧盟皱纹在变多

当全球正为人口爆炸性地增长而忧心忡忡的时候，欧盟国家却对其出生率减少和人口老化感到发愁。如何采取对策以阻止欧盟“皱纹”变多，已成为新世纪欧盟国家需要认真面对的问题。

根据联合国有关统计表明，随着欧洲人口增长率不断下降，欧洲人口的更新换代出现严重失衡。世界人口学家认为，在未来 50 年内，欧盟国家人口可能会减少 1.5 亿人，到时人口老龄化问题将进一步加剧，约有 47% 的人都到了退休年龄。法国是欧盟国家中人口发展水平比较好的国家，同样也难以摆脱“人口老化的侵袭”。按照最新的估计，20 年之后，法国超过 60 岁的人将占其总人口的 27%，而现在为 20%，1950 年为 16%。到

位于法国斯特拉斯堡的欧洲议会大厦。
作者摄

2050年，法国老年人口将达到2240万，即占总人口的35%。《世界人口趋势报告》指出了一个令人不安的事实是，欧盟国家从南到北人口衰退在加速，特别是西班牙，50年后，该国将成为世界上人口最老的国家，平均年龄将达到55岁。

欧盟国家人口老化是由两个原因所导致：一是，在过去一个世纪里，人的平均寿命大幅增加，比如法国男子上升为75.2岁，妇女已达82.7岁，老年人变得越来越多。而且专家们预言，伴随着科技和医疗事业的进步，今天出生的孩子一半的人完全有机会成为百岁老人，活到22世纪。二是，长期以来，欧盟国家出生率持续下降。2000年，欧盟国家每个妇女平均生育1.54个孩子，而希腊、意大利和西班牙的妇女的生育情况则远远低于这个平均数，3国分别为1.3个、1.25个和1.22个。人口仅有900多万的瑞典，若要保持人口自然平衡，每年应生育12.3万个婴儿，而实际仅生育3.4万个。欧洲大国德国人口为8200万，因现在每个妇女只生育1.34个孩子，人口成负增长，预计50年后德国人口将降为6500万至7000万。

出生率下降是由多方面因素决定的。学业与事业上的追求使得妇女怀孕的时间大大推迟，要第一个孩子的时间由20世纪80年代的23.5岁上升到现在的29岁。此外，出生率往往也受经济形势的影响。比如19世纪，挪威受到经济危机袭击时，妇女的平均结婚年龄达到31岁。就业困难、学校短缺、幼儿园少，以及对有孩子家庭的生活补助不足，也是导致妇女迟要和少要孩子的原因。一位已30岁的西班牙女青年纳塔尼娅说："我最初没有工作，29岁时还生活在父母身边，当时想要孩子就是一件奢侈的事了。"当然，欧盟国家妇女少要孩子的最主要原因还是观念的变化，大多数人追求的是现代生活质量，而不是被孩子拖累。

人口老龄化趋势显然正在和将要对欧盟国家造成不可低估的社会危机和经济影响。目前，欧盟各国已经开始出现劳动力短缺的现象，尤其是专业和技术人员奇缺，从而使得经济发展缺少活力和吸引力，显现“贫血症”迹象。据欧盟公布的一份统计资料显示，欧盟国家眼下起码缺少 160 万个劳动力。在未来 50 年内，倘要维持劳动年龄人口与退休者间的合理比例，那么欧盟国家就必须引进上亿的外国移民。

可是，在接纳外国移民问题上，欧盟国家一直很矛盾，争论也很激烈。一些国家在高喊反对外国移民的同时，私下又在为外国移民发放工作许可证，原因在于缺少劳动力使经济玩儿不转。为了一劳永逸地解决人口老化和劳动力匮乏的问题，欧盟国家已多次举行会议，探讨共同的移民政策，以实行按计划、有序地移民。然而，要使这个久议不决的问题取得实质进展，欧盟国家首先应该多提倡异族融合，摈弃长期存在的排外主义思潮和对移民的一些歧视性做法。

○ 地球能承载多少人?

美国人口已超过了3个亿，法国人口突破了6000万，印度人口已越过10亿大关……这一个接一个令国际社会感到并不轻松的消息,意味着世界人口离下一个10亿门槛的时日已经不远了。

21世纪，全球人口问题变得越来越严峻。不仅发展中国家人口在大范围地继续增长，一些发达国家人口也出现了增长的迹象，这使得世界人口膨胀的势头不可能得到有效遏制。1999年10月12日，这一天被联合国定为“世界60亿人口日”，旨在提醒各国政府和人民关注人口问题。10多年过去了，世界人口增长非但没有减少，反而一个劲儿地在增加。据有关权威机构预测，2025年，世界人口将增加到80亿，2050年，将达到93亿。而根据测算，地球最多只能养活100亿至150亿居民。假如世界人口继续如此爆炸性地增长，人类所居住的这个星球将会不堪重负。

世界人口的快速增长是伴随着全球社会经济的发展而发生的。公元前100万年，世界人口仅为1至2万人。在此后相当漫长的年代里，世界人口几乎没有什么大的变化。一直到新石器时代，世界人口才出现0.03%的增长。尽管这一增长水平很低，但是世界人口却从此由停滞时代进入缓增时代，后来又从速增时代发展到剧增时代。旧石器时代，世界人口翻一番少则需要3万年，公元初期减少到1000年。1650年，世界人口数量大约为5亿，到1830年增加到10亿，其间只用了180年。此后，从1830年至1999年，每增加10亿人口的时间一步步缩短到100年、30年、15年和12年。真是不算不知道，一算把人吓一跳!

人口如此快速增加，给资源、环境和社会造成越来越大的压力。地球有限的资源不仅要满足新增人口的物质消耗，而且还要满足整个人类物质生活水平提高的需要。为了养活世界上越来越多的人，人类不得不加大对自然资源的无度开发利用，从而使全球不可再生资源的存量日益减少，可再生资源的再生能力减弱，各方对自然资源的争夺加剧。据估计，目前，全球有60%的生态系统受到了严重威胁，11亿人得不到安全饮用水，26亿人缺乏基本的卫生条件。专家们认为，如果我们现在再不正视这些问题，“如果我们不朝着持续发展的方向，将自然为我们服务的代价计入发展成本的话，我们将会为后代留下一个无法生活的世界”。

世界人口无限制地发展已向世人敲响了警钟，缓解人口问题是各国不可回避的一件大事。人口问题的根源是发展问题。只有解决好发展问题，才能在人口增长最快的发展中国家，实现人口增长形态的转变，即从高出生率和相对高的死亡率向低出生率和低死亡率转变。对此，发达国家不可独善其身，应为缩小南北差距、消除世界贫困人口尽更多的义务。与此同时，全球人口问题需要强化全球共识，需要抛弃攻击计划生育的迂腐偏见，更需要制定全球性的人口发展战略与行动计划。唯有如此，各国通过携手合作，建立符合本国国情的人口发展国策，有计划地减少人口数量，提高人口质量，或许才能最终将世界人口控制在地球可承受的范围之内。

○ 皮之不存 毛将焉附

地球，人类生命的摇篮。在无垠的宇宙中，地球只是一个半径为6300多公里的小小星球。但与其他星球不同的是，它那广袤的陆地、浩瀚的海洋、奔腾的江河、巍峨的群山、茂密的森林、辽阔的草原……为孕育和维持一个奇妙的生命系统提供了必不可少的条件。当宇航员们乘坐航天器遥望地球时，都为我们大家能共同拥有这么一个美好的家园而赞叹！据说从太空往下看，地球好似一颗光彩夺目的水晶球，除了她的绚丽多姿外，还因它有生命的存在而变得更加美丽。

地球给予人类的实在是太多太多，而人类不仅吝啬到不思回报，而且仍在无休止地进行贪婪的索取，使得本来非常美丽的地球今天已经变得满目疮痍、伤痕累累，进而导致灾害频发：地震、海啸、飓风、干旱、气候变暖、环境污染、土地荒漠化……在法国巴黎举行的"地球公民"环境大会上，与会者一致指出，人类正在以可怕的速度破坏生态环境，地球因此变得暴躁不安、喜怒无常，危险与风险每天都在发生、发展。

在所谓征服自然和改造自然的过程中，人类已经为自己的不当行为付出了惨重的代价。温室气体的过度排放致使全球气候变暖。地球已存在了约50亿年，人类的出现才几百万年，据说自有人类存在的最冷的冰川期以来，地球上的气温已上升了5℃左右。联合国IPCC报告预测，如果全球温室气体减排计划得不到有效的实施，21世纪全球的平均气温将上升1.8℃至4℃。如此下去，人类总有一天会掉进自掘的"热陷阱"里而不能自拔。

水是生命之源。地球有"水球"之称，水所覆盖的面积为3.8亿平方公里，约占地球面积的70%。然而，其中不能直接使用的97.5%是海水，淡水储量仅占2.5%，而人类实际能开发利用的淡水只占淡水总量的0.3%。与全球日益增长的人口相比，这么可怜的淡水资源也被人类无情地污染了。目前，全世界每年约有4200多亿立方米污水排入江河湖海，使5.5万亿立方米淡水受到污染，这相当于全球淡水径流总量的14%。水体污染造成人类和万物生灵的"动脉"硬化，水危机当然也就不请自来。

荒漠化正在向人类一步步逼来，这已不是一句骇人听闻的话。滥砍滥伐、毁林造田、过度开垦、过度放牧使荒漠化情势加剧。现在，地球上每分钟就有10多公顷土地被沙漠吞噬，也就是说沙漠正以每年700万公顷的速度横扫一切：良田、村庄、城市等全都不在话下。日趋严重的荒漠化正威胁着10多亿人的生存，成为全球性的重大环境问题之一。

英国一项科学研究表明，由于人类对自然环境的破坏无处不在，地球上物种消失的速度在加快，主要生态系统几乎都存在物种数量下降的问题。科学家们估计，每天都有若干个物种消失，由于生物链的作用，地球上每消失一个物种，往往会引起与之相关的更多物种的消亡。人类如不尽快采取措施加以遏制，地球上近四分之一的物种在未来50年内将可能遭受灭绝之灾。生物多样性是由生物及其生存环境共同构成的一个大生物圈系统，倘若它的平衡被严重打破，人类恐怕就难逃与恐龙一样的厄运了。

地球不堪重负！地球生病了！地球在呻吟！世人该警醒了！地球与人类的关系既不是相互博弈的关系，也不是相互依存的关系。地球可以没有人类，人类却不可以没有地球。"皮之不存，毛将焉附。"为了全人类的未来，我们每个地球人就必须亲近原始，降低物欲，呵护好地球，抚平它的创伤，真正参与到拯救地球的行动中来。

○ 世界尽头的角逐

当今世界，全球化并没有使全球消停，争夺从陆地到海洋，从网络到太空，从热点地区到冰点角落，可以说无处不在。最近，一些国家围绕北极展开的激烈角逐，使得人迹罕见的人类最后一块净土也变得不宁静了。

北极一般是指北极地区，即北纬66度33分以北的广大地区，包括北冰洋和其中的岛屿，中心点是北极点。北极圈内的陆地面积约800万平方公里，水域面积约1300万平方公里，周围濒临加拿大、美国、俄罗斯、挪威、丹麦、冰岛、瑞典和芬兰八国。

自古以来，冰雪覆盖的北极一直是国际领土，从不属于任何国家，因为没有哪个国家的大陆架能够延伸到北极点。尽管一些周边国家都在为获得"新领土"绞尽脑汁寻找依据，但是到目前为止，除了1920年签订的规定斯瓦尔巴群岛为非军事区的"斯瓦尔巴条约"，以及1990年由北极圈周边八国签订的"八国条约"（该条约并未涉及领土问题）外，还没有一纸被各界所公认的国际法或条约能对北极的归属问题做出权威的判定。

然而，一段时间以来，北极圈附近的一些国家纷纷打起北极的主意来，都企图将其划入自己的领海。为了证实所谓对北极拥有主权，丹麦在设法证实北极是格陵兰岛海底山脉的自然延伸，并多次派军舰造访北极的汉斯岛，宣布归其所有；加拿大与丹麦争夺北极所有权的嘴仗早就开打了，加宣布拥有北极主权的同时，计划发射"雷达卫星2号"，用以监测距海岸线1000公里以内的北冰洋地区；俄罗斯当然也加入到了北极的争夺战之中，早在几年前俄方就声称，包括北极在内的半个北冰洋，都是西伯利亚的地理延伸。为了证明这一说法，俄科学家通过"科考"，编制了北冰洋海底地形图，并宣布在北极点附近的北冰洋海底建深海装置和插俄罗斯国旗；美国、挪威、瑞典和芬兰等国亦不甘落后，都想从中分得一杯羹。

北极由“冷”变“热”的重要原因还在于，周边国家受到气候变暖冰雪融化和丰富自然资源的双重诱惑。有科学家预言，北冰洋上的冰面将会在50到100年间消融。一旦北冰洋通航，将使亚、欧、美洲之间的航线缩短6000至8000公里，其商业价值不言而喻。北极蕴藏的各种资源更是让人垂涎。据保守估计，北极地区石油储量约有2500亿桶，相当于目前世界石油储量的25%，天然气可达80万亿立方米，相当于世界天然气储量的45%，被誉为“地球尽头的中东”。此外，北极还富有金、银、铜、镍、钚、铀和钻石等。北冰洋又是世界上最浅的海洋，半数以上陆架区水域深度不超过50米。所有这些，都足以使北极成为许多国家争夺和开发的热点。

在第三个国际极地年时，各方曾促成了《南极条约》的签订，使其成为人类的共同财产。千里冰封、万里雪飘的北极，作为大自然赐予人类的又一块“伊甸园”，也理应让人类共同拥有。可是，一些事实上从未对北极真正有效行使过主权的国家，近来不断策划要在北极实行“圈地运动”，显然会对国际极地年的伦理基础造成破坏，并可能导致难以挽回的“生态灾难”和“极地危机”，这是全世界人民都不愿意看到的事情。

○ 石油乃国之血脉

石油是世界经济的“血液”，是与粮食处于同等重要地位的战略商品，关乎每个国家的国计民生。因此，国际石油市场的任何风吹草动都会引起各国的关注。

一战结束时，每桶石油只卖到 2 美元。二战后，每桶石油降至 1.8 美元，并将这一不可思议的价位一直保持到 1970 年。1973 年，第四次中东战争爆发，阿拉伯国家产油国同仇敌忾、一致对外，第一次把石油作为政治和经济武器，宣布削减石油产量，实行石油禁运，使主要石油消费国经济遭受沉重打击，同时结束了长达近 30 年的低油价时代。

1973—1979 年，世界石油价格从 5 美元一桶上升到 40 美元一桶。油价暴涨对西方世界造成了前所未有的冲击。不少工厂倒闭，许多工人失业，经济被拖入严重的衰退之中。此后伊朗发动伊斯兰革命使每桶油价突破 40 美元，导致世界油价出现第二次“强烈地震”。在经济遭到重创之后，西方工业国为应对石油危机带来的影响，做出了能源政策调整，决定建立石油战略储备。

特殊背景下产生的石油储备理论，适应了西方政治、经济、安全的需要，立即受到了有关国家的重视，并纷纷通过法律的形式，将其作为一项硬性规定加以实施，同时从政策方面给予大力支持。战略石油储备的功能主要在于：应对石油和其他能源供应突然出现中断的风险；应对地区冲突、战争及各种政治风险，等等。一国的石油战略储备量通常是根据其安全需要和能力而定。比如，国际能源机构按照“国际能源计划”，要求它的成员国建立可供 90 天需求的石油储备。事实上，26 个工业发达国家的石油储备量，通常已达到其 100 多天的需求量。

美国是世界上第一石油消费大国，全球年产石油33亿吨，美国一家就能消耗掉9亿吨。自1977年第一批战略储备原油入库以来，目前美国战略石油储备已达到创纪录的6亿桶。如遇不测，美国战略石油储备，再加上国内自产石油，以及商业石油储备，可维持约200天的基本石油供应。

迄今为止，在世界上大多数国家的能源结构中，石油仍然占有很高的比重，这是各国政府今后需要面对的现实。由于石油非取之不尽、用之不竭的资源，总有一天被消耗殆尽。因此，实行进口原油多元化和来源多样化，加快发展替代能源便成了一些能源消费大国安全战略的重要组成部分。像能源匮乏的日本，很长时间以来就力推液化石油气的使用，并将其列入石油储备体系。德国也在逐步降低对石油的依赖，开发诸如太阳能、风能、水电和生物能等可再生能源。

不容乐观的是，国际能源机构之外的一些国家因各自不同的原因，至今还没有建立起真正意义上的国家石油战略储备。这对于处理重大的政治、经济危机，维持一个国家的生存、稳定和发展是极为不利的。有关方面研究认为，东亚已成为世界主要石油消费地区之一，东亚国家在能源安全保障上已形成“命运共同体”。从这个意义上讲，也许到了制订整个东亚石油战略储备计划的时候了。

石油储备战略是维护一个国家能源安全，乃至经济及社会安全的大事。制定适合于各国的能源发展战略，尽快建立起能源安全预测、预警和储备应急机制，已变得刻不容缓。

○ 发展问题是重点

目前，联合国改革问题受到世界各国的广泛关注。急于入常的“四国联盟”，同持反对立场的“团结谋共识”阵营，就联合国安理会改革展开激烈的较量，使关于联合国改革的争论更加白热化。

自1945年联合国成立以来，国际形势发生了巨大的变化。为更好地承担起维护世界和平、促进人类共同发展的使命，联合国的改革势在必行。当前，联合国面临的挑战多种多样，改革也是全方位、多领域。但需要特别指出的是，多年来联合国一直存在着“重安全、轻发展”的倾向。因此，发展问题理所当然应当成为联合国改革的重点。

发展是人类社会消除贫困、走向共同繁荣的根本途径，是每一个国家的政府都应关注并加以解决的迫切问题，这早已成为国际社会的共识。联合国曾在有关改革报告中指出，“不平等问题在世界许多地区日益严重”，“实现千年发展目标的迫切性怎么强调都不为过”。现在，最不发达国家有49个，约占联合国成员国总数的四分之一。全球有10亿人生活在极端贫困线以下，有13亿适龄儿童失学。由于经济实力、科技水平和人才资源长期处于劣势，再加上现存不公正、不合理国际政治和经济秩序的制约，许多发展中国家在发展的道路上困难重重、举步维艰。

在经济全球化进程不断加快的今天，世界各国相互依存的关系也更加密切，如果过多的国家陷入发展困境，发达国家也难以独善其身。许多有远见的政治家和国际问题专家都指出，贫困是造成世界不安宁和动荡的根源，是阻止人类进步的最大障碍。现实已经证明，近年来南北之间日益拉大的贫富差距，已成为诱发冲突、造成世界不安定的一个重要因素。可以说，不解决发展问题，世界和平就没有稳固的基础，世界各国的发展前景都将受到威胁。同样，没有和平与发展的保障，联合国的改革蓝图也难以稳步向前推进。

解决好发展问题，联合国必须通过改革不断提高应对贫困、疾病和自然灾害的能力，推动实现联合国首脑会议确定的千年宣言发展目标，在2015年底前将全球贫困人口减少一半。同时，联合国应采取各种措施加强国际援助、推动南北合作，敦促发达国家履行承诺，落实官方发展援助指标。现在，发达国家的发展援助资金平均只占其国内生产总值的0.23%，远没有达到应有的援助要求。

解决发展问题，联合国必须通过改革保障发展中国家在国际事务中的平等参与权和决策权，建立健全开放、公正的多边贸易体系，推动建立公正合理的国际经济新秩序；通过强化联合国经社理事会及其他与发展有关机构的职能，在促进发展方面发挥更有效的作用。

联合国是最具普遍性、代表性和权威性的国际组织。促进人类社会的共同发展，既是《联合国宪章》确立的重要使命，也是受全世界人民关注的重大课题。联合国改革，应该也必须突出这一重点。那种为了一国之私、片面强调扩大安理会的改革方案，显然是错失重点，本末倒置。

○ 履行承诺是关键

在华盛顿举行的世界银行和国际货币基金组织联合发展委员会第75届会议曾发表了一项公报，呼吁国际社会增加对低收入国家的资金援助，以实现联合国千年发展目标。会议释放出来的这一信息，从一个侧面反映了全球减贫工作再次受到关注，面临的挑战不容忽视。

会议发出这一呼吁的背景是，根据经济合作与发展组织的统计，2006年22个发达国家的对外发展援助金额下降了5%以上，八国集团的援助额与上一年相比减少了近9%。据说这是10年来发达国家官方发展援助首次出现下降，而且这种下降的趋势还在继续。

联合国消除全球贫困的号角早就吹响，但由于实施过程中的复杂性和艰巨性，减贫的目标被一降再降。1995年各国首脑在哥本哈根峰会上承诺要“铲除贫困”，2000年各国元首又在联合国“千年峰会”上提出了“千年发展目标”，即到2015年之前将全球贫困人口减少一半。从“铲除”到“减半”，看起来好像是降低了门槛，而实际上是从理想走向了现实，表明真正做到并非易事。

多年来，发达国家对欠发达国家的官方发展援助一直有所增加。但是，援助额并没有与发达国家的经济增长同步，大多数国家所承诺的官方发展援助占其国民生产总值0.7%的目标非但没有实现，反而有逐年减少的趋势。联合国统计表明，即便当前主要援助国的承诺全部兑现，官方发展援助仅能达到发达国家GDP的0.36%，远远低于0.7%的国际承诺。尤其是，有关国家往往把援助与受援国的劳工标准、分配方案、人权状况和所谓的民主化进程挂钩，使得本来就有限的援款不但不能用到刀刃上，甚至造成社会的不稳定，影响了经济的发展。

就总的情况而言，联合国消除全球贫困的计划取得了不小的进展，全球赤贫人口占世界总人口的比例，已由最初的40%降至现在的20%以下。然而，因世界局部地区，如非洲、南亚和拉美等贫困状况有所恶化，目前全球仍有约10亿人生活在每天不足1美元的赤贫之中。按照世行预算规划项目所使用的一种经济低增长和不平等上升的推演方案揭示，在经济全球化使不少国家边缘化，“数字鸿沟”将南北差距进一步拉大的情况下，发达国家若不加大援助，提高最不发达国家的“造血功能”，世界贫困人口可能会出现大的“回潮”。

贫困是万恶之源。治贫是一个世界性的老话题，也是人类遇到的一个大难题。要消除贫困，实现人类的和谐发展，国际社会就必须一起努力建立一个公正、合理，有利于世界各国共同发展的国际政治经济新秩序，使所有的国家都能从世界经济发展进程中受益。在具体措施上，发达国家更有义务和责任向欠发达国家进一步开放市场，取消贸易壁垒，增加资金和技术援助，减免其沉重的债务负担。这样做的结果不仅帮助了别人，同时最终也会有利于发达国家自己。

联合国“千年发展目标”是一个历史性的目标，其成功实现与否事关重大。由于离这一目标所确定的时间已经越来越近，形势也开始变得严峻起来。为达此目标，全世界已拥有足够的知识、资源和技术，现在问题的关键是，世界各国特别是西方发达国家需要拿出履行承诺的诚意和扎扎实实的行动来。

○ 战争中的媒体操纵

伴随着狂轰滥炸、炮火纷飞的伊拉克战争，一场没有硝烟的新闻大战也全面展开。各国媒体有权利和责任将战争的进程客观公正地展现给广大公众，让世人对战争的合法性做出自己的判断。可是，自伊拉克战争开打以来，美英联军在“解放”伊拉克人民的幌子下，向伊拉克纵深推进的同时，依靠信息传播优势，军方往往通过封锁消息来控制新闻媒体，或通过媒体制造假新闻，对出师无名的战争进行辩护，以谎言来妖魔化敌方，美化自己，以达到不战而屈人之兵的目的。

最初从美国主流媒体发布出来的消息说，“斩首行动”已经把萨达姆炸死，伊拉克 51 师已向美军投降，巡航导弹如何精确打击目标而没有伤及无辜平民等，美国战地新闻发布成了假新闻的“发射井”。当时，英国一家报纸给美国媒体列出的战争谎言就有 20 条之多。虽然这些假新闻很快不攻自破，但是它们当时在影响战局发展方面所起的作用是不可忽视的。

为把假新闻做得更像真的，美国专门设立了“战略影响办公室”(后改为全球宣传办公室)，其主要职能就在于左右国际舆论，让其向有利于自己的方向发展。对那些跟着起舞的媒体有时也会给点“实料”的甜头，而对那些敢于说真话的记者和新闻机构则加以限制和打压。这样，全世界善良的人们很难听到和看到战地的真实新闻，更不用说，美军官兵被俘，战机被击落，炮火给伊平民造成的人道主义灾难的负面报道和镜头了。

这场战争让人们从一个侧面看清了美国所标榜的“新闻自由”，以及“客观”、“公正”、“真实”的原则，一些媒体已沦为五角大楼的传声筒。

美国媒体拥有世界上独一无二的政治、经济和技术资源，是把持着世界话语权的超强力量，它们每天出品供全球消费的绝大部分新闻。如果美国媒体不能自省自律，恪守新闻道德，而是根据美国的好恶和需要“制造认同”、误导公众，那是不能够取信于国际社会，并会为此付出惨重代价的。

○ 用生命记录真实

近年来，新闻工作者殉职人数有增无减再次成为人们关注的重要话题。记者为了获得最新新闻走近危险，不惜以生命为代价记录下当时世界所发生的重大事件，即便被枪弹击倒，只要还有一口气，他们仍在摇摇晃晃拍摄、记录下每一个事件瞬间。与此同时，记者置个人安危于不顾的敬业形象，也深深地定格在世人的心里。

根据国际记者协会公布的一份调查报告，过去的 10 年，全世界记者及新闻机构工作人员殉职人数超过了 1000 人。调查显示，记者殉职人数每年都有 100 多人：2014 年全世界记者死亡人数为 118 人，2012 年和 2009 年分别为 119 人和 110 人，而 2006 年记者死亡多达 167 人。目前，记者遇害的最大危险地是长期遭受战乱和暴力冲突之苦的伊拉克和叙利亚，近 10 年中在那里不幸倒下的记者有好几百人之多。

1935—1945 年，经历了那么大规模、那么惨烈的第二次世界大战，记者死亡人数仅为 68 人。1961—1975 年，长达 14 年的越南战争，记者死亡人数也才 66 人。那么，在当今信息化时代，记者作为信息化建设的参与者却为何遭遇如此深重的不幸呢？这主要在于，为满足人们对新闻越来越高的口味，无数记者总是遵循美国著名战地摄影记者罗伯特·卡帕的一句至理名言，“如果你的照片不够好，那是因为你离得不够近”，坚持到第一现场，坚持客观与公正，设法拨开迷雾报道真实新闻。另外，舆论场也如同另一个“战场”，对公众的影响力空前巨大，在特定的复杂情况下，事实往往被掩盖，新闻常常被封锁，所以要设法把真相告诉公众的新闻记者被误杀、蓄意射杀或暗杀也就不足为怪了。

美联社总裁兼首席执行官汤姆·柯利在评价记者的处境时指出："在新闻领域，我们正面对这样一个艰难的命题：公正、准确的报道比任何时候都重要，与此同时，追逐新闻的代价也变得越来越高"。无论在国际冲突的报道现场，还是在政治舞台上或商海旋涡中，记者报道得越深入，生命的风险就会越大。不少记者因揭黑揭丑揭假而带来杀身之祸，这是世界上一些恶势力让记者沉默的最恶毒、也是成本最低的手段。

特别是，倒在伊拉克战争血泊中的记者们更是令人震撼。路透社记者马赞·丹纳肩扛摄像机，在巴格达郊区被对面走近的美军士兵无故射杀；英国电视台录音师瓦立德·哈利德在伊拉克一座清真寺附近，被埋伏在屋顶上的美军狙击手瞄准打死；西班牙记者考索是在饭店阳台上拍摄时遭到联军机枪扫射而倒下；美国记者福利被极端组织ISIS绑架斩首的视频更是震惊世界……他们手无寸铁，他们无私无畏，他们让人哭泣，他们没有任何过错，他们仅仅是在履行自己的职责，用手中的笔、照相机、摄像机、录音机，记录炮火、残酷、血腥、是与非，以及不灭的希望与和平。

记者这个职业除了有它光彩的一面外，也被列为仅次于矿工和警察的最危险的行业。记者的天职是以最快的速度，最准确地报道世界上新近发生的事件。当人们每天打开报纸、电视、网络，享受各种新鲜而又丰盛的"新闻大餐"时，但愿大家也不要忘记在全世界范围、全方位现场、全天候时段，竭诚为广大读者和受众奔波的记者们，尤其是那些用生命书写新闻的记者们。

○ 《泰晤士报》够损的

英伦岛的疯牛病还没有完，口蹄疫又开始登场。大牲小畜被杀、被宰、被焚的场面，看上去着实让人痛心。碰到这样的“天灾人祸”，除了不能进口它的畜产品外，全世界的人当然包括善良的中国人民，都对英国抱有深深的同情。焦头烂额到这份儿上了，按常理，一向充满偏见，说过不少昧心话的英国媒体，应该反躬自省，多积点儿德、多行点儿善了。没有想到的是，英国《泰晤士报》之流在这个时候还不甘寂寞，仍然在向别人头上泼污水。

在整个欧洲乃至全世界都在围堵英国的疯牛病和口蹄疫之时，《泰晤士报》的报痞们挖空心思，于近日竟然杜撰出了这样一条骇人听闻的新闻：据ＸＸＸ透露，口蹄疫的源头可能来自位于英国北部的一家中国餐馆。消息称，它不愿点名的这家中餐馆，长期以来将食物残渣交给两位农场主，在未经任何处理的情况下，作为饲料喂牲口，结果导致了口蹄疫流行。《泰晤士报》还称，此前发现第一例口蹄疫以后，英国海关在某一港口查获了一个上面贴有“厨房用具”标签的集装箱，打开一看里面有来自远东的变质肉。而这一集装箱的目的地就是那家中国餐馆。

老牌的《泰晤士报》在连哪家中国餐馆名字都不知情的情况下，却以一种含糊其词、似是而非的惯用伎俩，给世界制造了一个先入为主的假象。摇动了几下笔杆，莫名其妙地将其灾难的原因轻而易举地扯到了中餐馆，甚至远隔千山万水的中国头上。一时间，这一子虚乌有的“新闻”不胫而走，很快传遍全欧洲。《泰晤士报》这样做的目的无非是：1．在自家遭灾受到四面封杀和孤立的情况下，想拉别人下水。2．破坏当地中餐馆的信誉，制造有损于中餐馆的恶劣影响。3. 历来戴着有色眼镜看中国的那些人，对中国的政治稳定、经济发展总是看不惯，意在想给中国经济发展横插一杠子。

对此，全英华人外卖工会发表严正声明指出，《泰晤士报》的报道荒唐、不实、不负责任，不能自圆其说。首先中国餐馆大多从在英国注册且有信誉的批发公司进货，每周都是由当地肉商将鲜肉送货上门，英国肉价低廉，何必舍近求远？其次，千里迢迢从远东用集装箱进口冻肉，要经过长时间运输，保存得了吗？还有，农场主收取残渣剩物喂牲口，其中包括旅店、饭厅、学校食堂等，何以见得病毒独独来自那家中餐馆呢？至于集装箱问题，更是无中生有，报道纯属捏造。全英华人工会对《泰晤士报》的不实报道提出了严正抗议。

中国外交部发言人也就此明确指出，目前在中国没有发生口蹄疫。英国发生的口蹄疫与中国毫无关系。有关的猜测是没有根据的。

《泰晤士报》记者先生们手中的那支笔是既能传递信息，亦能传播谣言杀人的。不过先生们这种别有用心、一石三鸟的做法也确实是损了点儿。奉劝《泰晤士报》的先生们，中国人是讲因果报应的，多行不义必自毙。苦海无边，回头是岸。现在你们有必要摆正岛国的别扭心态，重温一下新闻客观、公正、真实的“ABC”了。

人们正在英国伦敦街头上演行为艺术。
作者摄

第三章 〇 绽放在旅途

○ 走进我梦中的木屋

初冬的第一场雪纷纷扬扬，将大地粉刷得一片洁白。我和家人兴奋地登上了一辆大巴，从巴黎出发赶了四个多小时路程，与朋友们在孚日山脉的滑雪胜地拉·布雷斯·奥内克会合。伫立在离滑雪场不远的一个僻静处，远眺重山复岭，近看飞雪染林，仰望“积雪浮云端”，正陶醉于如此与雪亲密拥抱的时刻，我的一只脚已踏进了一个童话般的被厚雪覆盖的木屋里了。

这是一栋“老祖母的房子”，传统的山区木屋。它斜卧在一个山坳的坡地上，左边是一条对外连接的山间小道，右边是裹着雪衣的无边松林铺展向雪岭冰峰。木栅栏围着老屋，小木桥曲通大门，桥下面雪水潺潺，勾勒出一幅小桥流水人家的图画。

房子为上下两层，楼板都由大木头方子铺成，没有上漆的木板房顶，巧用空间的上下木床，一溜儿的木质家具，还有那些木柱子框着未抹平的白灰墙，一种简朴、自然、原始的气息扑面而来。旧得发黑的楼梯，一些已罕见的农具与陈设，原先主人全家在农场干活儿的老照片，使人从中不难想象它那久远的过去。上有烟囱下有壁炉，室内堆放着象征财运的木柴，门厅饰有吉祥的布衣稻草人，墙角摆着挂满礼物的圣诞树，顿时打开了我放飞快乐的心情。宽敞的客厅里，布置了一张足可坐下几十人的长木桌，上面铺着红白格子布，两盆鲜花分放中间，我们坐在那红红的火炉边，觉得屋子里装满了温暖与温情。

雪不停地在下，落成了诗一般的冬夜。我顺着木梯爬上能触到房顶的上铺，靠墙而卧，躺在散发着木材香味的床上，静静地，听风吹屋顶沙沙响，闻雪自松林坠落声。“夜深知雪重”的心境，带我渐渐进入梦乡。离开江苏老家好多年了，但无论走到哪里，我还一直在做同一个梦：经常梦见老家的房子漏雨，我每次都想把它修盖好，可总是回回怦然惊醒，泪湿枕巾梦不成。梦传递的密码往往反映了心理现实。很小的时候，因家中三间大房的屋顶被暴风雨掀翻，我曾与母亲和姐姐蜷缩在一起顶着一个大圆竹匾避雨。童年留下的伤痕记忆至今难以抹去。雪山木屋满足了我对梦幻中多次追寻的那个屋的诠释。在大自然的怀抱里，我的身心受到了洗礼，美美地一觉睡到天明。

鹅毛大雪漫天飞舞，雪场被搅得天昏地暗，视线难及百米。由山林切割出来的条条雪道，伸展向一望无垠的天边。多架缆车在不停地转动，将一批批滑雪爱好者送到顶端。接着，在雪场灯光的照射下，疑似银河上流动的点点繁星，凌空划出一道道辙，顺流直下，一泻到眼前，溅起层层雪浪，壮美得让我屏息。而在较平缓的雪地上，到处是踩着雪板，握着雪杖，一试身手的初学者；一些年仅五六岁的儿童，已滑得信心十足、收放自如；不少小不点儿，坐在雪橇上，大人拉着他们戏雪，穿行于人群之间，逗着闹着笑着。“我们滑雪多快乐”的欢畅淋漓弥漫在整个山谷。

雪总是能制造出轻松与浪漫。为了修复日常留下的情感“伤口”，越来越多的人远离城市，来到深山与雪约会，让冬眠的心灵和肌肤得到宣泄，绽放出活力。据法国研究机构统计，法国每年冬天去山中度假的人为 8%，年滑雪总人次达 900 万，当然其中不乏外国人，在木屋的留宿时间平均超过四天。追逐“冬天里的春天”已成为许多人的向往。那种独特而又悠闲的生活体验，可以让人细细品味由白雪、苍松、木屋构成的雪域之美！

从早到晚，在雪场上“摸爬滚打”下来已使我筋疲力尽，滑雪服里的毛衣足可以拧出水来，但心里却仍保持特有的新鲜感。“风雪夜归人”洗去了一身的沉重，大伙儿一起聚到木屋大厅的长桌前，点亮蜡烛，敞开心扉，一边叙说着滑雪的体会、见闻，以及各自的故事，一边刀叉盘杯叮当响，吃着海鲜、烤肉，喝着红酒，还有那热气腾腾的蔬菜汤，此时的惬意似赛过神仙。

在木屋逗留的日子里，除了滑雪，我们还择日去了附近的普隆比耶尔的莱班古镇，到罗马人和拿破仑曾去过的温泉宫，享受水按摩、泡温泉和桑拿的舒坦，领略圣诞节将至的小城之夜风情。伴着月光雪影，一帧帧难忘的画面在我脑海中翻动回放……

滑雪场上美丽的姑娘。

作者摄

略显苍白的太阳渐渐隐去，我们告别了孚日雪山中的木屋，一处静谧、温馨、艺术、迷人的木屋。人在旅途马不停蹄地奔波，走到这块圣洁的地方歇歇脚，梳理过去、过滤心灵，使我突然悟出一点哲理：该放下的放下，放下才是获得。轻装上阵，向快乐出发。

○ 滑雪是一种境界

同圣诞节一样，春节是人们出发滑雪的心动时刻。雪催人向往，滑雪使人振奋。笔者虽然不会滑雪，可是当我的脚踩在阿尔卑斯山山顶厚厚的积雪里，被无一丝杂色的洁白世界所包围的时候，恰似有一种羽化登仙之感。特别是，在我身穿滑雪服、脚蹬滑雪板、手握滑雪杖，在阿尔卑斯山上的策尔马特雪场装模作样地滑了一把后，那种心情，那份陶醉，至今难忘。

记得上山的那天，我和几位朋友从日内瓦动身，开车沿盘山道向雪山进发。尽管是隆冬，但阿尔卑斯山南坡气候暖湿、阳光明媚，山脚下似乎看不到凋零的景象，绿色的草地上三五成群的牛羊在悠闲地啃着草，一些精致的木屋掩映在绿色之中。山路延绵不断，拐弯一个接着一个，汽车上行至一个高度，天上下起了小雨，视线中出现一片平地，田畴间栽种的各种果树成排成行。再往上走入雪线，到处雪花飘飘，树上结满树挂，松树变成了一座座银塔，晶莹剔透。一路向上爬行，“一山有四季”的感觉让我有了充分的体验。

先坐环保齿轮小火车抵策尔马特小镇，穿过拾级而上的班霍夫街道，再转乘缆车，我们最终到达了策尔马特滑雪场。策尔马特据说是瑞士最好、也是世界上最好的滑雪场之一。险峻的马特霍恩峰和其他 28 座山峰将雪场环抱其中，优越的海拔高度和地理位置，使得策尔马特成为一个天造地设的天然滑雪乐园。一开始，我们在相对较平坦的雪地上练习，但平衡还是找不好，摔跤倒没有什么，最尴尬的是一旦滑雪板收不住，就可能与其他人撞个满怀。

在滑得有些感觉时，突然我被素昧平生的一位德国滑雪高手一把拽下陡坡，他带我滑了一段距离后放开了手，这突如其来的失控，使我成为好似一匹脱缰的野马，摔个大马趴是肯定无疑的，可是那位老兄这时却反倒不管了，我正生出些埋怨时，他又滑过来带着我踩着滑雪板往高处爬，再一次向下俯冲，然后接着摔跤……在他的热情指导和鼓励下，经过这么几个来回，我竟然能自个儿踩着滑雪板爬坡，并试着向下滑了。这时，他微笑着向我竖起大拇指，并做了一个鬼脸，祝我玩得愉快之后，很快就消失在林海雪原之中。

滑雪最初是雪域居民用于生产和生存的一种手段。随着时代的变迁，滑雪的实用价值降低，而逐渐成为人们喜爱的一项时尚运动。在滑雪一族看来，没有雪的冬天就会像没有鲜花的春天一样乏味。因为滑雪会让人上瘾。只要你走进滑雪场，你就会拥有快乐的一天。滑雪有利于健康。它能增强人的平衡能力、协调能力、身体柔韧性等。滑雪惊险、刺激，踏着滑雪板上坡需要的是毅力和坚强，达到一定高度滑下来需要的是技巧和勇气。速度带来的极度刺激会使你生出想飞的冲动。

滑雪更是一种境界。在碧空之下，白雪之上，人们才能真正感受到远离城市、远离尘世的那种恬静，在闲散和透明中净化心灵、开放心胸，将烦恼、疲惫以及所有一切的一切都抛到九霄云外，彻底放松情绪、释放快乐，尽情地品味滑雪留下的一道道神奇与圣洁的足迹，让“雪”色浪漫在美丽“冻”人中孕育飞扬。

在阿尔卑斯山上著名的策尔马特滑雪场，作者装模作样地滑了一把。

○ 一张闪光的名片

年轻、英俊、潇洒、阳光、活力四射的李云迪的钢琴独奏音乐会，根据上年度海报发布的日期，准时在巴黎顶级音乐厅普莱耶尔举行。拥有近2000个座位的大厅座无虚席。法国观众用耳、眼、身、心跟随音乐跳动，倾听着中国钢琴王子演绎出的天籁之音。

2000年，当时只有18岁的李云迪在波兰华沙举行的第十四届肖邦国际钢琴大赛上，凭借一曲《E小调钢琴协奏曲》一举夺魁，成为肖邦钢琴大赛史上最年轻的金奖得主。从此，李云迪对肖邦的作品情有独钟，音乐会上半场演奏的全是肖邦的大调夜曲、小调夜曲和大波兰舞曲。肖邦的作品非常抒情，富有诗意，充满了浪漫主义色彩，让李云迪的演技得到飘逸炫美的发挥，其十指在琴键上的舞动翻飞，从中瀑涌和流淌出的美妙神奇之音，让全场的观众如醉如狂。在下半场，李云迪特地为法国听众演奏了中国的经典旋律《皮黄》、《彩云追月》、《向阳花》和《在那遥远的地方》。当华人从那协奏、炫动、多重、华丽的乐章中，找出那么熟悉，但却无比升华的曲调时，不得不对李云迪这位钢琴王子心生敬意。李云迪弹奏出如此优美动听、创新光亮、激情奔放的中国音乐，也带给了法国人不一样的惊奇和感觉。雷鸣般的掌声，多次呼唤李云迪返场演绎今日之中国和中国之音乐。

演出结束，李云迪在后台告诉笔者，作为一个中国人，他的音乐艺术根植于中国土壤。2011年国庆期间，他推出了个人第一张中国音乐唱片《红色钢琴》。在此唱片中，不仅收录了凝聚中华魂的《黄河》钢琴协奏曲，而且还录制了歌颂祖国大好河山的《我的祖国》和《彩云追月》等作品。这次在巴黎、都灵、慕尼黑和莱比锡等城市的欧洲巡演中，他特地为广大欧洲听众演奏《红色钢琴》中的一些中国曲目，目的是想通过钢琴将中国音乐文化传递到世界，让中国音乐文化融入世界，让世界触摸到中国音乐的经典与独创。

李云迪，一位出生在重庆生长在深圳，与中国发展同行的钢琴奇才，今日站在世界舞台上，已具有了大师般的风范。他的高超演技，他的彬彬有礼，他的亲和力与微笑，都被浓缩成了一张耀眼的中国名片，让世界赞叹、认可、尊重和欢迎。坐在我身后的一对法国老人很开心地对笔者说，半年前看到演出预告介绍后，他们就预购了这场演出的门票，今天是冲着这位中国年轻人来的，他演奏得很棒，我们不虚此行，非常值得。前座的一位外科医生说，他也会弹钢琴，当然是业余的了，而Monsieur 李是世界级的，演奏精彩无比，让人无可挑剔。这多亏了中国的改革开放和法中文化交流，才有机会在家门口欣赏到中国人给我们带来的这份享受与快乐。

演出结束后，在音乐前大厅，每张 20 欧元的《红色钢琴》音D在热卖。签字现场，等待李云迪签字与合影的人排成了长队。李云迪一如既往地以热情和亲切相待，几乎来者不拒地满足了观众的要求。而观众追星的热烈互动场面，也让这位钢琴王子得到了演出成功后的极大喜悦与满足。

○ 志在高山流水

应一位朋友从美国打到巴黎的越洋电话之邀，去听一场钢琴独奏音乐会被列为我当日的不二选项，由此偶识王滨，一位音乐丽人、一流的钢琴家。上着黑色紧身衣，下一袭长裙拖地，高挑身材透显出婀娜曲线。如墨长发抖动着妩媚，自信面庞上洋溢着生动，玉指纤纤、倩影摇摇。在聚光灯下，王滨岁月无痕、光彩依旧，呈现给法国观众的是一个唯美的东方女性经典形象。

音乐会开始，王滨在三角钢琴前落座，静思片刻后，她那魔力无穷的双手一触键盘，随即便幻化出优美动听的音符，在坐满观众的大厅里环绕荡漾……肖邦富有诗意的《夜曲》和《叙事曲》；李斯特罗曼蒂克的《彼特拉克的第 104 首十四行诗》，以及悲痛哀吟的《葬礼》；吉纳斯特拉万种风情的《舞蹈组曲》，一曲曲悠扬、深沉、激越、华丽的乐章从王滨的指尖流出，台下静得能听到舞台深处的点滴响声，人们沉浸在犹如天籁之音的旋律中，感叹“此曲只应天上有，人间能得几回闻”。

巴赫的《恰空》被视为“广阔而平静的海洋”、“标满表情记号”的“音乐圣经”。由于追求规模、结构、层次，注重变奏、和声、共鸣，演奏难度大人所共知。王滨以高超的技巧，独到的理解，准确地把握速度、力度和情感，虔诚地用心与上帝对话，创造性地演绎了这一巅峰之作。转调、低鸣、急落、高亢，王滨的十指在黑白琴键上轻歌曼舞、翻飞跳跃，时而委婉连绵，时而波澜壮阔，琴声如诉如歌，恰似无言胜有言，让人感心动耳，荡气回肠。正如美国朱丽亚音乐学院钢琴系教授乔治 · 山道尔曾对王滨评价的那样，“很多人演奏这首乐曲时，只弹出巴赫的音符和表情记号，而她却弹出了作曲家的灵魂”。

下半场，王滨用西方“乐器之王”，在西方人面前，演奏中国民族乐曲。在她炫扬澎湃的指汇中，《春江花月夜》以其灵动、博大、梦幻的秋水天长穿透力，散发出巨大的磁场效应，听众为之耳目一新、震撼连连。一气呵成的《百鸟朝凤》，吹起了迥然于欧洲乐曲的，一股具有鲜明特色的“中国风”。显然，中国乐曲把人们的胃口吊起来了，王滨的演奏赢得了满堂喝彩。听众长时间有节奏的热烈掌声让王滨无法退场，她不得不一次次谢幕一次次回场，并加演了《翻身的日子》、《浏阳河》和舒曼的《梦幻曲》。从后台被围拥的场面可以看出，王滨身边有一群喜欢她的法国“粉丝”。

目前，王滨执教于巴黎圣曼得音乐学院，演出、教学和担任国际钢琴比赛评委构成其生活的主线。除因机遇迟到无缘参加特定年龄段的国际比赛外，王滨曾获得国际钢琴四手联弹比赛一等奖、法国青年钢琴邀请赛二等奖、法国文化部和教育部分别颁发的金奖，以及布赫拉海纳和福海纳音乐学院授予的最高奖等。时至今日，王滨对钢琴音乐艺术的追求已修成正果，在“西天”取得真经。巴黎音乐学院钢琴系教授、世界著名钢琴大师布吕诺·里居托对王滨赞赏有加，称她是“一位艺术才华非凡的钢琴家”。王滨的出色表现受到了西方钢琴界的肯定，她在法国的音乐活动繁忙，应邀去奥地利、瑞士、西班牙和葡萄牙等国的巡演不断。

登临与世界艺术家比肩的高度，王滨曾经历了一次次人生蜕变。她出生于西安，9岁才开始习琴，后考入西安音乐学院附中，由于她成绩出众直升西安音乐学院，但她又毅然决然地走出西安，选择北上中央音乐学院读大一，南下上海音乐学院三年求学，最后以第一名的成绩毕业于上海音乐学院。本来留在国内不愁工作和前途，然而她却毫不犹豫地走出国门，在同时收到世界上最著名的美国朱丽亚音乐学院和巴黎高等师范音乐学院的录取通知时，因前者不能提供奖学金，家里付不起这笔费用，她改而选择到法国留学深造。在留学期间，王滨再次

在巴黎万森教堂音乐会现场，四手连弹的国际金奖获得者法籍钢琴家王滨和法国钢琴家Matthieu与女儿合影。
作者摄

做出主动选择。她对校方授课不是来者不拒，或者说不是导师在选择她，而是她在选择导师，像巴黎音乐学院钢琴教授布吕诺·里居托和诺昂·卡巴梭，法籍德国钢琴教授让·埃夫兰·巴乌泽，荷兰音乐学院教授、李斯特再传弟子的学生、肖邦国际钢琴比赛评委阿迪尔·泰尔维尼等一些世界级的钢琴大师，后来都被她成功拜为导师。王滨博采众长，收获了双博士学位，掌握了与众不同的独门秘笈，实现了钢琴演奏技术和艺术的突破与超越。

王滨现在仍潜行于自己的音乐世界里，音乐差不多被视为她生活的全部。她的口头禅是，没有最好，只有更好。生活可以将就，艺术必须探究。银行存款不一定丰富，但手要很丰富，脑子要很丰富。工作，工作，再工作，才能真正做到尊重音乐、尊重观众。

"峨峨兮志在高山，洋洋兮志在流水"，身在异乡心系祖国，王滨对家乡始终怀着深深的眷恋之情。她以钢琴为载体，传播中国音乐文化，让世界了解中国，让世人听到中国的时代旋律。同样，王滨也希冀"高山流水"在故园能遇到更多的知音，倾听她用真情和不一样的技法演奏的世界之音。

○ 娜花花都绽放

李娜在法国网球公开赛女子单打决赛中，直落两局战胜意大利的斯基亚沃内夺得冠军，摘得苏珊·格朗格杯，成为中国和亚洲获得大满贯冠军的第一人。这一出乎预料的胜利在法国引起了巨大轰动，李娜好似一股中国旋风，顿使法国公众对今日之中国刮目相看，李娜当然也被推到了好评如潮的中心。

自耶稣升天节，法国人开始放假，周五也与周末连在一起休三天，城市街区里一片寂静。但是，媒体跟进报道李娜的热浪不减。法国《费加罗报》将李娜获胜后向观众挥手致意的照片登上了首页。李娜赢球时挥握拳头的瞬间刊登在《回声报》的“今日照片”专栏。《世界报》以“李娜，中国网球的开拓者”为题，并配上两张赛场照，在体育版的头条刊出。法国各网站也争相刊登李娜登顶的照片和分析报道。“李娜”自然而然地已成了网站的关键词，一点击就是一片红。由于不被看好的李娜石破天惊地一鸣惊人，让许多人看得目瞪口呆，此届法网女子单打的风头因而远盖过了男子单打。

法新社评论指出，李娜是赢得大满贯单打冠军的首位中国人和第一位亚洲人。李娜“创造了历史”。她的胜利为中国的网球历史翻开了新的一页。这一胜利也许预示着亚洲在体育运动领域的进一步扩张。法国《体育365》说，李娜的胜利“令人折服”，紧随其后的是“中国的苏醒”。她的成功将使“中国开始喜欢网球”，并意味着未来的中国冠军将不断涌现。

《法国24小时》说，李娜没有悬念地赢得了她所梦想的比赛。当五星红旗在巴黎罗兰·加洛斯球场升起，中华人民共和国义勇军进行曲同时奏响的时候，李娜似难以掩饰心中的自豪和骄傲。法国《新观察家》称李娜是“中国制造”的网球“亲善大使”，中国在世界上树立了新形象。《巴黎人报》认为，李娜已成为中国“新的民族英雄”，受到了中国媒体和中国人民英雄般的祝贺。

法国媒体对李娜的人格魅力也是赞赏有加。《费加罗报》说，这位出生在中国武汉已经29岁的姑娘，用自己的实力“征服了世界”。在红色遮阳帽和灿烂笑容的映衬下，李娜活力四射、不可战胜。法国媒体指出，“从梦想到现实”，能讲一口流利英语的李娜变得更加乐观、自信、幽默，李娜诠释了即将到来的中国网球时代。

法国网球评论家认为，这次有李娜参加的法网女子单打决赛是一场非常扣人心弦的比赛。中国李娜与意大利斯基亚沃内的对决紧张、激烈、智慧。李娜代表了未来网球的打法，她不完全靠力量取胜，而是成熟的技术。她能很好地控制全场比赛，且积累了足够的经验。在可以预见的将来，李娜之花将更加“全面绽放”。

○ 巩俐光亮到教科文

在联合国教科文组织总部的7层大厅里，缀满珍珠的蓝一色紧身超短上装和一袭下坠拖地的长裤，再配以同一面料的高跟鞋，巩俐在人群里是那样的挺拔、性感和充满魅力。略施胭粉的面庞，在一抹淡淡口红的衬托下更显清秀，尤其是落落大方的高雅气质，使她的明星风度光彩照人。

巩俐是来这里参加联合国教科文组织为她举行的“和平艺术家”命名仪式的。联合国教科文组织前总干事松蒲晃一郎，在有许多知名人士和中外记者出席的命名会议上，高度评价巩俐的演出才能。他指出，巩俐是“我们这个时代的最优秀的演员之一”，她作为拥有几千年灿烂文明的最伟大国家的代表，接受联合国教科文组织的“和平艺术家”证书，并将为该组织的理想而努力，她有理由感到荣幸和自豪。会前会后，巩俐身边总是追随着好多人，闪光灯在不停地亮，快门在嗒嗒地响，过去很少见到老外们对中国艺术家如此交流融洽、厚爱有加。

巩俐说，“我在法国的巴黎接受联合国教科文组织授予我‘和平艺术家’的这个荣誉称号非常高兴。但愿我能够真正为中国和世界和平做一些实际的事情，衷心希望朋友们能支持我，帮助我。”

在命名仪式之后，巩俐还要去戛纳参加国际电影节。当谈及中国电影时，她认为，“中国电影正处于发展阶段，应该有更多的新想法和新思路，因为我觉得中国电影虽然在世界上很受瞩目，但问题不少，21世纪的电影不是一个简单的命题，中国电影需要寻求新的出路。当然，要使中国电影达到一个新的高度，不完全在于电影人，还有作家和体制方面的问题，我们应该为之共同努力”。

与巩俐一起合影时，她微笑着将头歪向我一边，如此给面子让我受宠若惊，我没话找话地冒出一句："你个儿真高。"她莞尔一笑，善解人意地打圆场说："因为我穿着高跟鞋呢！"正是由于巩俐的平易近人和特有的亲和力，所以她的身边总是围着一圈又一圈的外国摄影师、导演、联合国官员，大家都乐意和她握手、交谈、合影留念。

○ 故国情 寸草心

低调、真诚、包容是旅法知名华侨孙文雄为人的一贯处事风格。人缘好加上流利的法语不仅使孙文雄在法国侨界吃得开，而且助他顺利进入到上至总统下到平民的法国社会圈子里。孙文雄与法国政界、商界和文化界等高层都能说得上话的奥秘则是他的沟通、胸怀与微笑。

孙文雄身高不足 1.7 米，年龄只有 40 开外，但身不在高有智则名，年不在大有志则灵。目前，孙文雄是法国人民运动联盟（前执政党）的亚裔事务专员，巴黎工商会执行常委以及调解委委员，其法力可以给人足够的想象空间，让他在法国尽情挥洒的舞台不能说不大，要做的事情不能说不多。

作为法国人民运动联盟的亚裔事务专员，孙文雄与法国总统府的关系密切，在促进中法关系的理解和发展方面做了不少的沟通与协调工作。即使在中法关系出现暂时挫折时，孙文雄也对中法关系的未来充满信心。他认为，法中两国合作优势明显，且有良好的基础。从中国方面来说，经济规模大、市场商机多。从法国方面来看，经济发达、科技雄厚。双方合作互补性强，以科技和资金换市场和增长，可以达到互利共赢。孙文雄说，他所接触的法国政界和经济界都看好中国，认为在未来 10 年中，法中合作将对法国经济的提升作用举足轻重。他说，在其参加的一次论坛上，“中国”被提及 30 多次，这是法国重视法中关系的最好证明。

2010 年年底，时任中国国家主席胡锦涛对法国进行国事访问。孙文雄对能参与法国总统府的筹划接待事宜感到很荣幸。他说，胡主席在时隔六年后对法国进行的这次重要访问，标志着中法两国友好关系已恢复到了一个新水平，同时表明两国全

知名华侨孙文雄先生与法国运动联盟第一副主席、法国前环保部长纳塔利·科希丘什科·莫里泽女士合影。

面战略伙伴关系有了新的发展。他说，为能参加时任法国总统萨科齐为胡锦涛主席举行的国宴深感自豪，通过近距离的接触和敬仰，胡主席的个人魅力和风采给他留下了难忘的记忆。

在法国的政界和商界，孙文雄与不少重量级人物彼此之间建立了信任和友谊。除了法国总统外，孙文雄与法国人民运动联盟总书记科佩、法国前总统希拉克、巴黎工商会主席安东尼·盖伊等都有较好的私人交情。长期积累的这些黄金人脉为其参与法中政经文化交流，以及帮助旅法华人华侨融入法国社会提供了方便。2010 年 6 月 20 日，巴黎华侨华人举行“反暴力要安全”的大游行，孙文雄走在游行队伍的最前面；上海世博会期间，他陪同时任法国总统萨科齐、法国前总统希拉克等出席开幕式；在“文化中国 四海同春”大型中法文化交流活动中，孙文雄总是忙碌在台前幕后……

特别让华侨华人脸上放光和给力的是，多亏孙文雄与法国总统府的沟通、协调和安排，近年来许多旅法华侨华人不仅成为法国国庆节在香街举行阅兵观礼席的座上宾，而且连续几年，每年有近千名华侨华人被邀请到爱丽舍宫过大年。时任法国总统萨科齐发表特别讲话，向广大旅法华侨华人致以节日的祝福。同时祝愿法中关系取得更大的发展。孙文雄认为，这是历史性的，这在欧洲其他国家也是不多见的。当然，旅法华人地位的提升是与中国国力的强大和国际影响不断扩大分不开的。从法中两国互有需要，彼此都很重视对方的大局来看，孙文雄相信，法中关系将向更加成熟、稳定、健康的方向发展。

无论在法国还是在中国，孙文雄都有自己忙不过来的事业。他说，长期致力于促进法中政治、经济和文化交流，以及华侨华人融入法国社会的事情，只是出于一种朴素的个人情结和担当，其他并无所求。他介绍说，虽然旅法近 30 年，但因深受到曾从事教育事业的父母爱国情怀的影响，自己对祖籍国总是保留着一颗特别之心。“谁言寸草心，报得三春晖。”遇事总要在“生母”和“养母”之间做出平衡，并努力为推动法中两国关系的发展发挥桥梁作用。孙文雄感慨地说，中国 30 年的改革开放创造了惊人的历史，让世界刮目相看。中国领导人的洞察力、中国体制的高效率、中国上下的执行力，无论在汶川大地震发生时，还是从利比亚撤侨行动中，或者是应对国际金融危机和欧债危机的淡定作为，都得到了充分体现，从而赢得了世界的尊重和好评。崛起的中国是我们华侨华人的坚强后盾，我们为祖国的日益繁荣强盛感到无比的骄傲和自豪。

○ 欧交所之钟为他敲响

2010年2月2日上午8点30分，巴黎欧交所欧洲市场总监马克·勒菲弗与欧华集团总裁黄学胜一起敲响欧交所的交易钟。这意味着巴黎欧交所的这一记钟声将被载入历史。因为它宣告了法国乃至欧洲第一家华商公司——黄学胜掌门的欧华集团正式在巴黎Alternext创业板挂牌上市。这是实力不断强大的旅欧华商摆脱家族经营模式，向现代企业迈进的重要标志。华人华侨为之欢欣振奋，欧洲人为之另眼相看。交易所里人头攒动、祝贺声声、来宾满满。

欧华集团平时不显山不露水，但却创造了企业发展的奇迹。欧华集团成立于1993年，之前的原始积累从开皮包店、杂货店和服装店等做起，之后从事中国商品进出口贸易，接着转轨经营商业地产。1978年，欧华集团总裁黄学胜刚到法国时才13岁，学了两年法语就开始了他摸爬滚打的创业之路，并以其以小博大的商业敏感与奇才一路斩获不断：1998年收购法国12家连锁店，2001年在法国92省购买了一家工厂当仓库出租，2003年在欧贝维利耶市收购一家大型工厂分隔装修后当店铺分租。在法国引起轰动的大手笔则是，2009年底收购法国北部勒阿弗尔港的15万平方米仓储区，投资2500万欧元，打造多功能“欧华商贸中心”项目。目前，欧华下辖8家子公司，集商铺、仓库、酒店、办公用房于一体，经营商业地产总面积达到52万平方米，总资产超过6500万欧元。

据黄学胜介绍，欧华集团在纽约欧交所巴黎创业板上市，完全是出于一种偶然。本来从公司的发展战略出发，准备向银行借贷一笔款项，银行了解到公司的成长过程后，对商业资产扩张如此之快表示质疑，要求公司做一份详细的资产报告，否

欧华集团总裁黄学胜（右）与中国驻法国大使翟隽在一起。

则不予支持。通过全球著名的德勤（Deloitte）会计事务所进行资产全面清理后，发现公司的财务报告完全符合上市的要求，这才意外地选择踏进欧交所上市的大门。而上市的主要目的在于提高公司的知名度和信用度，重建财务结构，催生外部新的重要增长点。当然，作为华商中先吃螃蟹的人，也是想通过欧华的探路之举，为后来者提供可资借鉴的经验。因为随着华商实力的不断壮大，若想融入欧洲乃至世界的主流企业，上市这一步迟早是要走的。

在世界金融危机还未消退的情况下，欧华集团闪亮登场在法国引起了不小的反响。法国的《回声报》、《新工业报》、《巴黎人报》和《欧洲时报》等都作了报道。法国不少商贾显贵也对这支华商创业板股票表现出了浓厚的兴趣。如 SPCM 公司董事 P · 泰欧博、VEROPAM 公司总经理 S · 邦苏桑和 BABOU 连锁集团总经理等都认购了欧华的原始股。在国内的一些朋友和投资人也都看好欧华，已在巴黎投资 26 亿港币兴建欧洲最豪华的酒店——香格里拉大酒店的香港嘉里集团、上海大自然花园集团、温州最大的奢侈品牌连锁店公司日清集团、北京集美集团等都已成为欧华集团的股东。旅法的华人华侨更是“近水楼台先得月”，踊跃抢购欧华的原始股。黄学胜说最初公司只打算出售 8% 的原始股，在不能满足各方友情需要的情况下，最终不得不让出了 20% 的原始股。欧华集团挂牌上市的当天，就有不少人在股市抢得了这支接近原始股的股票。

对公司未来的发展，旅居法国 30 多年至今仍不想加入法国籍的黄学胜充满信心地说，欧华公司从无到有，从小到大的发展几乎与祖国的改革开放同步，靠的是东西方双元文化的经营理念而取胜。今后，我们将继续发挥这一优势，借祖国经济持续高速发展的东风，全面打造欧华集团，为客户提供全新的服务。在集中精力做好几项大的战略投资的同时，公司尤其要把勒阿弗尔港口项目做大做强，该港口是欧洲商品的集散地，货船可经塞纳河溯流而上将商品直接运抵巴黎。另外，勒阿弗尔是中国大连的姐妹城市，双方已经打下很好的经贸合作基础。因此，勒阿弗尔项目的成功实施，不是双赢，而将是三赢。

○ 宝剑锋从磨砺出

心绪懒懒的，脚步散散的，不修边幅，土腥味尚存的著名画家张剑峰，肩上挎一款路易威登包，别人肯定会认为他是从垃圾堆拣来的破烂儿。低着脑袋说话，斜着眼睛看人，从脸上偷偷挤出来的微笑，总是流淌着一丝丝苦水。刚及不惑之年，已是满头白发，额头上爬上了道道皱纹，长得似乎有点儿着急。但是，这些都难掩张剑峰心中有目标，手中有画笔，气定神闲的大匠之气。

走出大山，北漂至京，“抗战八年”，张剑峰早已“风乍起，吹皱一池春水了”。他在最短的时间内，谋得了自己的画室，建起了自己的画院。然后，其随兴所至，不拘时辰，不吃不睡，疯狂绘画。接着，个人画展从国内走向国外，一个接一个，一场挨一场，方方面面的接触与交流不断扩大。特别是，在马耳他、突尼斯、西班牙和法国的巡展，领略到不同的艺术魅力，了解到中国画颇受世界关注。张剑峰从“天外观井”，开阔了视野，并有感而发道：“艺术的最高境界是超级顿悟，创造无限。学海无涯，艺无止境。”“美是世界的通行语言。”通过举办这些画展，他把笔下的“美丽中国”带到了世界。巡展期间，他将其画作《太平吉利》、《中流砥柱》分别赠送给法国总统奥朗德和马耳他总统阿贝拉。在突尼斯时，他还教授当地年轻人画中国画，突尼斯在北京举办的文化周上此画和他另外的四幅画被重点展出。张剑峰在无形中发挥了民间大使的作用，增进了各国人民之间的沟通与友谊。

张剑峰的画受齐白石老人的影响甚大，同时吸取了吴昌硕大家的画技之长，尤其是娄师白恩师手把手的指导与点化更使他收获真传，其神来之笔大气连动、寓意高远，自然界的花鸟、

张剑峰与其恩师娄师白在一起。

虫鱼、山水、人物等，生命不息跃然画上。比如，《自称》用极其朴实、浅易、直观的线条，寥寥几笔就勾勒出一种风趣、屌丝、幽默的生活形态，在自嘲中点击到了人们心灵深处的思考。在巴黎展览时，该画未及下挂，就被要人点名收藏；《日出东方》以人们所喜欢的颜色红黄黑，虚笔勾勒，淡墨染之。既重拙粗犷，又细腻轻灵。构图层次丰富，里面堆满温暖，画面感很强，似将人们拉回到晨曦中牧牛的童年记忆；《东西南北皆可戏》为荷写照，为鱼传神。墨色酣畅淋漓，浓中有淡，湿中有干，抖落的滴滴水印，凸显了复古质感，因而不失金石之气；《紫藤》将花香移到画中来，烟霞锦云、葛藤缠绕，竞相向上攀爬。这无疑表达了画家积极向上的情愫。画的右上配以齐白石的诗句："一笔垂藤百尺长，浓荫合处日无光。与君挂在高堂上，好闻漫天紫雪香。"诗画融为一体，美不可言也。中央美院邵大箴教授对其作品的评价是，重视构图，取舍得当，在处理虚实、疏密、穿插、斜正、开合、呼应等关系中求变化，在变化中求统一，作品独出手眼、卓尔不群，极富创造性。

画坛怪才张剑峰非科班出身，也与学院派不搭嘎，倒是同齐老先生有异途同归之处。齐白石原是个木匠，从未学过绘画，可是不出手则已，一出手就扬名立万了。他诗、书、画、印样样精通，成为20世纪最具影响力的中国画画家。张剑峰出道前是个放牛娃，贫寒的家境不允许他按部就班地学习绘画知识。他回忆说，最初的绘画启蒙来自当时家中的几本连环画，要成为一名画家那是想也不敢想的事。“呼唤那山，山不来，他便向它走去”。张剑峰9岁开始自学绘画，除了自己琢磨练习之外，经常以临摹齐白石等巨匠的经典作品来探寻艺术的真谛。在反复“意临”中研究中国画的创作原理，揣摩绘画的章法、技巧和格调，并渐渐地形成了自己的绘画风格。大地赋予了他质朴之情、率真之心，无师自通、自我造化使其成为大器。他以平民的视角表达现实世界，画如其人，充满了泥土芬芳和生活气息，因而很接地气，深受大众的喜爱。

“唯怀大志者，方可为人杰。”张剑峰出生于四川通江大巴山深处的一个农民家庭里，自幼饱尝了边远山区儿童所经历的艰难困苦。但是，他不怨天尤人，不满足于现状，靠自己的努力改变命运。在劳动间隙，他以木棍石子儿作笔，将大地山坡当纸，刻苦自学、勤奋练习，13岁时开始发表作品，年少时已名满乡里。与此同时，他恶补各科文化知识，考上了令当地孩子们羡慕的师范学校，毕业后在山区小学任教仅半年，他即报名参军入伍，把握住了几乎无望的转身希望。在部队这个大熔炉里，他受到了极大的锻炼和培养，绘画和文化水平都得到了前所未有的提高。此后，他相继出版了《晴朗的天空》、《祖国最亲》和歌颂一代伟人邓小平的抒情长诗《春天的中国》等多部诗集和画集。在那激情的岁月里，张剑峰展开了“祖国万里行”活动，徒步走遍了祖国的山山水水，激发了他用手中的笔赞美祖国、歌颂人民的情怀。作者在《我是一棵橄榄》的诗中满怀深情地写道：“我是一棵橄榄，日月给了我丰硕的秋天。在祖国的脉搏里，跳动着我不变的誓言。”由于成就卓著，他曾荣获部队三等功，几次受到党和国家领导人的接见，成为叱咤一时的风云人物。

翻过山头看远景，又是春光一片。曾经的“云彩爆发”从未让张剑峰迷失自我，而陶醉于峥嵘的征程中。“上帝让人前进……”，不学山不能坚定，不学水不能曲达。为了远离平庸，张剑峰毅然放下滚热的事业和生活，彻底静下心来，去南京大学深造，到北京画院、国家画院、中国艺术研究院和清华大学等高等学府进修。经过时间的沉淀，今天的张剑峰确已出手不凡，作品溢透出的鬼斧神工、奇异多彩、清润大气的梦幻般景境，无不让人击节称绝，慨叹怎一个“妙”字了得！

○ 追着梦想奔跑

“心有多大，舞台就有多大。”“有梦想才有未来。”巴黎差不多无人不知无人不晓的叶星球先生算是一个有梦想的人。在不经意和不被看好之间，他从不在乎，也从未放慢过向前的脚步，一路追着梦想奔跑。坚持到今天的叶星球虽说不上学富五车、才高八斗，但他肯定已不是一位混同于一般人的人了。

在物欲横流的巴黎，叶星球不为金钱所动，在商不太言商而言文，生存的目的大于为利，开了一家旅游品商店差不多几十年一个样，没有什么大的变化。然而，不变中的变化是，商店似不是完全意义上的店铺，而已成为一个文化载体。

在这个小中见大的“天地里”，叶星球结交了许多南来北往的文人、雅士和大家，像旅居法国的一些世界级大师朱德群、赵无极、程抱一、熊秉明、李治华，国内的一些“巨无霸”像吴冠中、罗尔纯、钱绍武、杨成寅、冯远等。通过一起说文作画，谈事论道，叶星球不仅偶得众家的许多诗、信、字、画真迹，更重要的是在这个圈儿里长了见识，受到了点化，学会了淡泊明志，耐得住寂寞，最终“躲进小楼成一统，管它春夏与秋冬”，真正静下心来，做自己想做的事。

从店铺一侧，顺着几乎转不过身来的旋梯，走进叶星球的真实“世界”。在一个约五六平方米的小阁楼里，只有一桌一椅，当然还有些珍藏，可谓简陋得不能再简陋。然而，这就是看店之余叶星球所坚守的舞文弄墨的地方。每天的锲而不舍和工夫的叠加，一帧帧画作，一本本诗集，一部部著作，默默地从这里孕育面世。同样，叶星球获得硕士学位的艺术论文也是在这一狭小的空间里完成的。从1990年第一本《一叶诗集》发表，便一发不可收，接着相继出版了《巴黎萍踪》、《诗情画缘》、《叶

叶星球先生(左二)与中国美术馆馆长吴为山(左三)和法国驻华大使顾山(左四)等友人在一起。

星球墨戏》、《叶星球美术文集》、《法国华人三百年》和《法国一战华工纪实》等。特别让人扼腕敬佩的是，经过多年不懈的寻踪采访当事人，收集、查证和抢救照片和文字，叶星球以详实史料著述的《法国华人三百年》为广大旅法华人华侨保留了一份厚重的遗产，其历史价值随着时间的推移将无可估量。

未读完初中的叶星球而今已获得硕士学位实属不易。他出生于一个工艺美术世家，其外祖父王少石是浙江著名的黄杨木雕创始人之一，后侨居新加坡从事佛像雕刻创作半个世纪，声誉远播海外。由于受家族的影响与熏陶，叶星球从小酷爱艺术，14岁那年因故辍学后，很快开始拜师学习木雕、石雕、画帘和仿古画。10年磨一“剑”，还未及一试锋芒，就于1980年乘着机遇的翅膀空降到巴黎。但是，这里的一切繁华不属于他，像大多数初来乍到的人一样，不辞辛苦地打工挣钱，整日为生计而奔波……即便如此，叶星球心中的艺术之梦从未泯灭。他不停地自学，不停地写作，不停地作画，不停地拜师学艺。在叶星球的简历里，师从著名史论家阮荣春，师从著名书法家徐利明，师从著名国画家张友宪，师从著名书画鉴定专家鲁力，参加了《奥运之光》中国画长卷的创作等一系列活动，也许可以部分诠释叶星球追梦的心路历程。

叶星球，一个不想重复自己、不想重复别人、不想克隆艺术、永不放弃的追梦人，至今虽然仍很低调，但是无论在精神还是物质方面他并不缺乏。在未来追梦的路上，他能飞多高多远似将不很重要，重要的是他已经并将继续享受着这一升华的过程。

○ 登高方可望远

郭正民是从山东兖州市走出来的一名画家。四十多岁的他，走过了许多坎坷之后，再凭着坚强的毅力和信念走向了北京、走向了全国、走向了世界。2000 年，他在艺术之都巴黎首次参加画展后，接下来差不多每年都来法国举办画展。此次，郭正民在法国罗斯尼市举办的个人画展，如同往年一样吸引了许多来自当地和法国其他地区的政要、名流、艺人和观众。

说来也怪，一个不懂法语的中国画家，现场却有多位能讲一口流利普通话的金发碧眼女郎的翻译；一个苦于没有展览场地的他，法方却愿免费为他开放展厅；一个初来乍到人地两疏的人，法国人却将其每天的日程安排得满满的；一个无法与对方直接交流的画家，却有那么多来自巴黎，甚至诺曼底的赏画和购画者。画展开幕当天，作品就售出了 10 来幅。郭正民以画交友、以画为名片，在巴黎，在法国，打开了一片艺术天地是令人羡慕的。

法国罗斯尼市市长克劳德·士箧拉尔对郭正民画作的评价是："一方面在传统和现代之间，一方面在东西方之间，作品给人留下了许多遐想空间。同时，郭正民不仅限于历史上古典的绘画，而且对想象的世界也感兴趣，自然、雕刻、建筑以及遗留下来的文化文明都使他产生创作激情。"他的变形技巧的特征是使人物体形伸长，"有一些画表现出理想的世界，人缥缈于空中，很优雅、圣洁。有一些画表现出粗犷的世界，人生活在大地上，很粗大、敦厚、苍茫。"他的绘画色彩协调、闪闪发光，笔触"细致、微妙、纤细、富丽堂皇"，充分展现了郭正民独特的审美视角。

一位叫菲利普的法国艺术家说，郭正民的画与众不同，画风有鲜明的特点和个性，他的画无论摆在哪里，一眼就能被认

郭正民与法国艺术家在其画前留影。

出来。这是一名艺术家的可贵之处，是一条恒定有为的艺术之路，也是逐步被世界认识的一个关键要素。他说，他很喜欢郭正民的画。以笔者观之，郭正民擅长的工笔重彩画的魅力还在于，总给人一种浑厚、朦胧、奥秘、古拙的感觉，神似而非完全形似，静态中深藏着气势磅礴的搏动。画中有画，题中有题，意中有诗，以勾线、对比、冲撞和贴补的手法，将其领悟、情感、表达、冲动构成无数放纵不羁的密码，拓展了审美的空间，勾起人们对美的追求与解读。

在这次郭正民的画展上出现了不少新作，他认为，这也是一种自我否定与超越。他拿着画集指点着一些作品对笔者说，这些东西现在看来还是相当不成熟的。他说，借每年来巴黎办画展的机会，若干次流连于卢浮宫、奥赛博物馆，观摩原作，吸收营养，充实自己。他觉得，巴黎是一个没有地平线的艺术都市，到处散发出艺术细胞，有一种魅力天成的大美。在这样的氛围里，他找到了艺术的知音，找到了新的创作灵感和源泉。

○ 塑造未来

长发披肩的路易·路别郎先生的热情、坦率和真诚冰释了初次相识的拘束，我们很快就热络起来。之后就如同老熟人一样，一见面就会毫不设防、海阔天空地神聊起来。从平时的多次接触到去他家作客，看他的工作录像，一起上山打猎，路别郎先生就这样理所当然地成了我在法国最好的朋友之一。

路别郎先生是法国的一位著名雕塑家，他的作品不仅经常在法国各城市进行巡回展出，而且在加拿大、俄罗斯、卢森堡和中国等多次举行过个人雕塑展。尽管他身处大师荟萃的世界“艺术之都”，但却能多次获得不同的奖项，尤其是摘取了法国雕塑艺术银质奖，其艺术造诣由此可见一斑。

与他留在我脑子里的传统、儒雅的印象相比，路别郎的雕塑作品却充满想象、冲动。理念中蕴含着前卫，印象中不乏抽象，其造型之怪异，线条之流畅，力度之夸张，看了后总让人沉思、回味，感到过瘾。他的作品来源于模特儿，但又不拘泥于模特儿，从而将雕塑艺术推到了一种可观而不可即的境界，在动感中追求静态，在虚无中创造形式。路别郎有自己的模特儿、自建的雕塑和冶炼工作间，无论是泥土拿捏，石膏制模，还是炼铜浇铸，除了一个助手外，一切都是亲自动手一气呵成。他的作品蕴藏了个人的复杂情感，具有深厚的思想性和独创性。因此，不管在法国乡村的校园，都市的街道，还是博物馆或收藏爱好者的家中都不难找到路别郎的作品。

然而，恐怕连路别郎先生自己也没有想到他今天会成为一名雕塑家。因为，他最初专修的是钢琴。后来由于渐渐对色彩特别感兴趣，才改学油画和雕塑。他对这段经历的看法是，知晓音乐不仅不会影响绘画和雕塑，相反使他获得了更多的创作灵感，其理由在于音乐和雕塑艺术的灵性是相通的。路别郎先生曾送我一幅画的复制品，据说这是其得意之作，并在上面正儿八经地加盖了他的中文印章。但是，可能会让路别郎感到失望的是，对我这个缺少艺术细胞的外行来说，也许很难感悟到他作品的真正内涵和寓意。

路别郎在潜心雕塑作品，塑造自我的同时，也乐于为法中文化交流着想。自进入华侨圈儿以后，他很快就融入其中，并担任了法国法华文化交流促进会的顾问，为法中文化交流出谋划策而乐此不疲。通过他以及分布于法国各地的路易王族的影响，路易·路别郎多次为法中城市互访、校际交流、艺术展览牵线搭桥，开通相互交往的渠道。但每当法中双方举杯共祝合作成果时，他总是不爱出头露面。用他自己的话说，在黑夜什么也看不见的时候，他喜欢摸索着去做些事情。一旦月亮出来了，他就会悄悄地离开。

每次谈及中国总让路别郎先生津津乐道。在其好朋友夏尔和伊莎贝尔的帮助和陪同下，他已三次访问过中国。他在上海、杭州进行了艺术交流和个人作品展，同时，专门游览了北京和昆明。他对中华文明如此博大精深，中国经济发展速度如此之快赞叹不已。他说，中国到处充满了生机与商机。中国人变得越来越自信，受教育程度明显提高，工作不分白天黑夜，给人留下的印象太深了。中国的名胜古迹和传统文化的魅力更使他赞不绝口，在感叹和感慨之余，他购买和保存了不少中国工艺品和字画。他甚至有感而发地说，目前中国建造了那么多现代化大宾馆、大商场、大办公楼，但作为一个文明古国千万不要忘了投巨资盖一两座像卢浮宫那样的世界级的博物馆，以便向世人集中展示上下五千年的中华文明。

○ 中国文化播种人

在塞纳河右岸，埃菲尔铁塔对面，铁塔街 38 号，住着一位具有一半英国血统的华裔法国公民，楼前的门牌上写着汉语拼音“GAO”，上楼推开门见到的却是一位风采依旧的“老外”，从她身上一下很难找到中国人的影子，唯一的痕迹是她不带口音的普通话比我说得还好。这就是生于中国、长于中国，曾经是中国人的法籍著名画家高醇芳女士。

进门让我别脱鞋，她就引我踩上了客厅的地毯，加上一切都伴随着热情与微笑，使我因找不到停车位而迟到的尴尬顿时消失。神经松弛后，我才意识到走进了一个独有的艺术空间。一架产于 1912 年肖邦喜欢使用的“PLEYEL”牌的三角大钢琴占据了客厅的“半壁江山”，19 世纪的沙发，拿破仑一世的古家具，乾隆、同治、光绪年间的瓷器，中国的文房四宝，画台和柜子上到处摆放着笔、墨、纸、颜料和画册，六层的书架塞满了各国书籍，各类中、英、法艺术品等挤占了其他空间，使得一台小电视不知道放在哪儿才好。墙壁上挂着李可染为她题写的“天道酬勤”和她与程十发合作绘制的“八十年代第一春”等画作。不同平面上“见缝插针”地摆放着宋庆龄、法国前总统希拉克、前总理德维尔潘、摩纳哥王妃格蕾斯·凯丽等与高醇芳的合影照片，整个客厅如同一个小小的展览室。

从这些非同一般的陈设可以看到高醇芳不平凡的人生经历。高醇芳的父亲高士愚曾留学英国，是一位子承父业的纺织工业家。母亲是英国人，曾是宋庆龄的生前密友。抗战时期，父母曾经都是“保卫中国同盟”的主要负责人，为中国的救亡运动做出了贡献。由于家庭富甲一方，高醇芳和两个姐姐、一个弟弟都受到了良好的教育，当时就读于上海第三女子中学和复旦中学的她，琴、棋、书、画样样精通。1974 年，她在香港举办首次个人画展，受到了广泛的好评。1975年，她只身来到巴黎。在这个艺术之都，她没有去学西洋油画，而是在宋庆龄的关怀下，并受到鲍亚晖、程十发、徐邦达、李可染、刘海粟、范曾、吴作人等大家的指点，继续研究、练习和创作中国画，并从此开始了她致力于弘扬中国文化的不归路。

高醇芳是中国文化的播种者和推动中国文化走向世界的实践者。经过不懈的努力和默默的追求，自1977年起，高醇芳在巴黎及法国各地博物馆、市政厅、文化中心、画廊共举行过30多次个展及师生画展。同时，在荷兰、中国、摩纳哥等国也分别举办过画展。法国报刊电视对高醇芳的作品多次进行了报道，一些权威人士和名家也给予了高度评价。法国吉美博物馆中国馆馆长让·保罗·德罗士先生观看了高醇芳的画展后，这样写道："有愿望认识中国的人，往往很快就感到自己迷失在浩瀚的而又充满矛盾的资料堆中。中国，千貌万象，难于概括反映。在这种情况下，高醇芳的作品正是为我们消除了障碍，成为敞开于昨天和今天的中国，一贯的中国之窗户。实际上，我们的向导为我们揭开的是另一种民族精华，更富有感情同时又更为基本。"法国最著名的电视文化节目主持人贝尔纳·皮沃称高醇芳的画给世界带来了"中国的优雅和中国的美"。

高醇芳虽然是个柔弱女子，但是她给西方世界留下的中国符号和中国印象却是极其深刻的。专门出版世界级绘画大师作品的法国阿藏出版社，将高醇芳的作品与世界顶级绘画大师，如达·芬奇、米开朗琪罗、莫奈、梵高和毕加索等的作品刊登在同一页加以介绍。该出版社从2003年以来连续出版高醇芳的中国画，形式包括明信片、贺卡、画片、日记本、印有英法德西四种语言的挂历等，目前其总印发量已达20万份。高醇芳为自己的中国画能通过这种形式走进世界的千家万户感到特别的幸福和自豪。

高醇芳的艺术人生也是她传播中国文化的人生。旅居巴黎

30 多年来，她一边从事艺术创作，一边致力于中国书画和中文的教学工作。借精通法语和英语之便，她在法国和其他国家已进行过数百场中国书画和中文讲座。翻看她的学生们的绘画作品发现，水平之高之纯正，让人难以想象。法国的一些政要、名人、明星，以及摩纳哥王妃格蕾丝·凯丽等都曾向她学过绘画、书法和中文。一提到王妃，她就眉飞色舞地说，“我曾手把着手教她写毛笔字。王妃学习非常认真。在一堂课上，我讲解说，因井水太硬，河水不干净，古人常集雨水研墨。后来我再去格蕾丝家时，她居然真的收集了用来磨墨的雨水。”高醇芳沉浸在美好的回忆中。

为了进一步推动法中文化交流，1984 年高醇芳创办了法中文化协会，通过各种讲座和电影放映，接待各种文艺表演团体，将中国的电影、文学、书画、音乐、舞蹈、杂技、建筑、烹调等介绍到西方国家。高醇芳和她的法国学生们为中国在巴黎放映的电影翻译了包括梅兰芳的《生死恨》在内的 20 来部片子，组织举办了若干届电影节，通常都是只有奉献，没有索取。由于高醇芳对法中文化交流做出了突出贡献，2000 年，巴黎市长曾授予她金质大奖章。2001 年，法国政府授予她学术教育骑士勋章。

高醇芳用自己的行动表明中国文化需要走向世界，也能够走向世界。她认为，五千年的中华文化博大精深、灿烂辉煌。文化的多样性使世界变得更加丰富多彩，而全球化又为世界不同文化更好地交流和融合提供了可能。文化可以增强人们的凝聚力，形成生产力。中国文化走向世界不仅能提升中国的整体形象，同时对建立和谐世界将会产生积极的影响。她一再提醒说，现在要走出一个误区，不要什么都学外国的，更不要认为外国的月亮比中国的圆，外国什么都是先进的，中国什么都是落后的。根本不应该自卑，妄自菲薄，因为中国文化是世界文化宝库中的瑰宝，曾经对世界的进步做出过重大贡献。

高醇芳认为，中国文化走向世界的途径应该是全方位的，但要想使中国和中国文化被世界更多地了解和吸纳，首先必须加大汉语在世界上的推广力度，多多将中国优秀文学作品翻译成外文。其次中国文化走向世界需要强大的资金支持，法国许多文化项目都是由国家直接拨款，企业慷慨解囊。除了国家应设立专项资金外，中国企业家要有文化意识，要立足长远与中国文化人联手打造通往世界之路。

高醇芳 1985 年画的两幅自画像是：一只小蚂蚁拖扛着一根大稻草，一根稻草有稻穗，一根没有。她对自画像的注释是，“来法十年，特别是近年来，为举办一些中国文化活动到处奔走，颇有蚂蚁奋力拖物之感……亦不知为拖草一根徒劳无益，或为搬穗一根因劳得果。幸有李老可染先生赐字一幅‘天道酬勤’。此乃白石翁语藉以自勉自慰。”高醇芳深有感慨地说，“20 年后如此状况仍无多少改观，这也许正是中国文化走出国门亟待解决的问题。当然我很高兴地看到，现在各种中国文化活动在世界上遍地开花，这是一个大好现象。只有参与和关注中国文化的人多了，才能‘众人拾柴火焰高’。”

○ 裁出永无止境的美丽

从小就显露出绘画天赋的Lydie，在巴黎时尚潮流的荡漾中，已经出落成一个魅力四射的大姑娘，一个自内而外散发着艺术气息的时装设计师了。深造于巴黎不同艺术学府的经历，诠释了Lydie对织物和服装文化的酷爱与追求。其作品流露出的模糊、幻觉、叛逆、病态和不对称，体现了她个性的立体张扬。Lydie试图用手中的“武器”——剪刀、尺子和烙铁，为“第二层皮肤”绘制一幅多彩的未来线路图。

Lydie是一位出生在法国的华裔新生代，除了不变的东方面孔之外，法国化已使她地道到连中国话都不会讲。可是，她说来到这个世界上第一眼看到的是巴黎，但冥冥之中又好像有一种从何而来的潜意识。完成所有的学业之后，Lydie首先想到的是恶补中文。她不仅空出档期去中国“留学”，而且经常去中国参加服装节、时装表演发布会，与父母一起去浙江老家，去全国各地寻根旅游，从而对民族根、文化魂渐渐产生认同感。特别是，中国日新月异的变化，中国巨大无比的市场，中国博大精深的文化，让Lydie感到震撼和冲动，与此同时一个“中国梦”也突然闯进了她的脑海。

一个面向中国的全新服装品牌“003”很快在巴黎注册诞生。根据Lydie的解释，“003”的喻义的是：ONE+ONE =3，也就是1+1=3（包括宝宝）的家庭版，因此孕妇装将成为这个品牌的主打产品。无论在法国还是在中国，市场从未对此给予足够的重视，身怀宝宝的孕妇们只能挺着大肚子，忍受买不到合适服装的难堪。为了回应这一被忽略的需求，Lydie的一个大胆设想是，将时尚元素引入孕妇装系列，让孕妇装时装化。霓裳丽影、光彩照人，准妈妈带着一份好心情，与宝宝一起同行、一起分享。经过多次去中国考察之后，今年早些时候，Lydie 专门去杭州举行了时装发布会，把她别有孕（韵）味儿的孕之风景介绍给中国公众，受到了消费者的喜爱和许多商家的青睐。

在 Lydie 的设计理念中，童装被赋予了一种虚拟与神秘的色彩。儿童是任性和调皮的，他们永远是主角，服装只是配角，她试图巧用“绿叶”使孩子们变得更加机灵可爱。在她看来，色彩在童装中有着不可替代的位置，童话般的视觉效果必须用色彩来调动。娴熟地运用好各种流行色，能够以最低的成本发挥最大的设计价值。当然，美观大方、天真活泼、简洁自然、色调柔和，不失亲切感和美感，是 Lydie 童装设计力求达到的最高境界。

当人们满足了必需之后，穿衣成了一种个性的表达，更是生活情调的一面镜子。Lydie 说，丈量布匹成为她工作的特权，佳作需要放任不羁的灵性挥洒和独创。通常以几何的方式下剪，许多线条虽与传统背道而驰，但是特定的数学模型可控制作品不走样。在 Lydie 的时装设计里，通过在服装上穿孔、凿眼、打洞放大了自然特征，创造一种空白，围起一片“栅栏”，给人体留下一些自由裸露的空间，这中间既杂夹了虚无主义的缥缈，也显露了未来主义的奇思妙想。Lydie 旨在以类似于一幅立体感强且逼真的画面，塑造雕塑般的服装王者之风。

创造品牌是一条充满风险和赌注之路，但 Lydie 没有给自己留退路，而是选择了面对挑战。她表示，要跟着变化走，跟着顾客走，用东西方文化元素丰富品牌内涵，并逐步在中国广大消费者心目中树立起物有所值、物超所值，深受大家喜欢的国际品牌形象。Lydie 和她的“003”已经踏上征程，开始了雄心勃勃的中国之旅。

○ 竹墨点染巴黎

到了巴黎就等于走进了一个艺术世界。千百年来，不同风格、流派和类型的艺术作品在这里交流、碰撞、沉淀。来自世界各国的艺术家们在这里会聚、取经、升华。目前，活跃于此的中国艺术家也有一个不小的群体，各个层面的法中文化交流更是日益频繁。中国艺术大师们在巴黎举办的画展、书法展差不多天天都有，但是李国桢的个人竹书展还是给巴黎抹上了亮丽的一笔。

竹书即以竹节书写也。从粗细不等的竹竿上断一截作笔，在宣纸上龙飞凤舞、纵横驰骋，书写出高深莫测、变化万千的中华文化来。这就是李国桢令人不可思议的一绝。在巴黎十三区、奥尔良市议会大厅，还有在波尔多举行的个人竹书展上，李国桢的竹书表演吸引了很多法国朋友和华人华侨，有的法国人甚至跪拜学艺，当地电视台跟踪拍摄采访，尤其是热烈的掌声与赞叹使李国桢激动不已。

儒雅谦恭是李国桢给人的第一印象。但是真正与他相识，或参观了其作品之后，你就会感到他骨子里的孤傲与张狂。李国桢三四岁时就开始练字，60 个春秋初衷不改，不仅练就了左右手软笔点石成金的挥洒，而且将硬笔竹书推到了“五十亿人一支笔”的无我境界。他把灵性与感情凝聚于笔端，运如椽之笔，抒傲霜情怀。20 世纪 70 年代末 80 年代初，李国桢逐步放弃了他酷爱的软笔书法，潜心钻研竹书，并一发而不可收。在他看来，从某种意义上讲，放弃是一种获得，放弃是一种进步。把累赘变成了轻松，变成了基础，从而摆脱了原来的自我，进入竹笔书法的新的艺术王国。

李国桢说，竹笔其实古已有之，且乃万笔之祖。古人“断竹为笔”，在陶罐上镌刻祭祀经文，在兽皮上记载渔猎生活，在石壁上绘制原始图腾，进而为中华民族书写下了光辉灿烂的文明。后来直到毛笔的出现，竹笔才渐渐地被人们所遗忘。李国桢凭借一种对书法艺术的好奇与追求，发掘和传承了这一历史之笔，受到了日本现代硬笔书道协会会长柴田木石，以及其他书法大师们的高度肯定和赞赏。

从泱泱中华书法大国，到堂堂巴黎艺术之都，李国桢的竹书之所以受到格外的青睐，一是在于世界上的竹书稀，二是在于李国桢的竹书奇。他借助于浓厚的软笔书法功底，匠心独运，以线条、点划、结构巧妙布局，虚中有实、实中有虚、刚柔相济，幻化出出神入化的作品来。用李国桢的话说，竹笔书法与毛笔的重要区别是，古拙、硬气、醒悟、传神，在对比中取胜，从而给人的视觉带来一股强烈刺激，一种在软笔书法中难以找到的特别韵味。

酒香不怕巷子深，深山既有探宝人。李国桢虽然生活在中国安徽省的滁州市，但他的竹书已远销到世界上五十多个国家和地区。他到过多个国家进行献艺、讲学和展览。中国国家领导人出访时，李国桢竹书曾被作为国家级礼品赠送。他的不少作品已被一些著名的场馆和博物馆选用或收藏。

此次李国桢竹墨点染巴黎引起的非常关注表明，最好的一定也是世界的。

○ 飘动在巴黎的一缕蓝色

在色彩斑斓的巴黎，在茫茫的人海里，当一位女子像风一样的飘然而至，众人定会“蓦然回首”，投来羡慕与赞美的目光。她穿一身中国传统的蓝底白花布衣，刘海齐眉，两条长长的辫子顺着耳际下垂到腰间，淡妆浓抹，一镯一环，一翠一钻，举手投足之间尽显中国古代闺秀的气度，又不失现代佳人的风韵。这就是旅法画家张玉馨。

张玉馨在美女如云的巴黎亦有很高的“回头率”，也同其打扮与众不同不无关系，谈不上怪异和另类，而是固守了一份传统，几十年不改初衷，蓝花布一直是张玉馨的最爱。她的解释是，小时候住在外婆家，外婆的被子用的就是这种布做的，爱屋及乌，从那时起就是喜欢。在她看来，蓝花布式样很特别，散发着自然的气息，能体现东方女性的特质。张玉馨的服饰大都是自己设计定做，当然也难挡巴黎时尚的诱惑，尽管着装看似天天新、日日变，但万变不离其宗，蓝色差不多已成了她的本色。

蓝色是一种标准色。蓝色更是一种海的颜色和天的颜色。天高云淡，蓝天无语，大海无言，高远神秘，让人心向往之。在人的情绪光谱组成的色轮中，蓝色具有希望、包容、深邃、梦幻和智慧等象征意义，同时也暗含了隐匿、安静和缄默等意味。俄裔法国著名抽象派画家康定斯基对蓝色情有独钟，他认为蓝色可以刺激起一种纯净和超越的欲望，引人步入梦幻般的境界，它所创造的最终情感是恬静的休栖，带有神圣的精神色彩。由此可见，作为对颜色特别敏感的画家，张玉馨偏爱蓝色诠释了她与生俱来的高远的创作视野和执著的精神追求。

与外表形似很自我的展示欲相比，出生于东北，生活于西子湖畔，深造于法国巴黎的张玉馨，却好像总把自己的内心包裹得紧紧的，让人不易读懂。她做人做事很低调，与人打交道不善言辞，甚至还有些腼腆。谈到这样的关键处，张玉馨莞尔一笑地自辩道："心都用在画画上了。"实际情况也是如此，10 岁时她开始学习书法和绘画，与艺术结缘之后，就深陷其中而不能自拔，在自己认定的艺术之路上跋涉前行。她曾研修于中央美术学院国画系，毕业于河南大学美术系，在杭州师范学院美术系获得硕士学位。此后，一路爬坡与耕耘下来，张玉馨的作品走进了中南海、人民大会堂，并曾被挂上天安门城楼。金色的收获成就了她摘得中国美术家协会会员和中国国家一级美术师等头衔。

只要乘势而上，本可在国内有更多的"斩获"。但就在此时，张玉馨却来了个急转身，毅然踏上艺术之都的圆梦之旅。在巴黎的天空下，张玉馨以虔诚的心情入"宝山"朝圣，整天徜徉于艺术的天地里，孜孜以求地吸吮艺术营养、寻觅艺术灵感。她感叹地说，巴黎处处能入画，巴黎就是一幅画，画中的色彩让人着迷。在这样的艺术氛围里，张玉馨一边完成了法国巴黎第八大学艺术系硕士研究生课程，一边画笔不辍。她多次在巴黎举办个人画展和全法巡展，并受到观众和业内人士的追捧，不少画作屡屡获奖，有的已被法国博物馆收藏。

参观了张玉馨的画展，读了她的《书画集》和《心之花》后，其笔下构建的纵横驰骋的时间和空间概念，给人一种全新的感觉。她的书法形如作画，看似顺手涂来，手随心动，却表现出一种异样的矜持。她的中国山水画系列，一改女人的纤纤柔情，以刚劲的笔法勾画出深谷奇峰、疏林怪石、溪流飞瀑，动中有静、气势磅礴、撼人心魂。睡莲与荷花水墨画是张玉馨最擅长的一种表现形式。她的水墨画集东西方技巧于一体，既有东方的神韵，又有西方的浪漫，其所追求的最高境界是自然、大气、共鸣。高洁的荷花是张玉馨的《心之花》。笔触里，神似雅韵流出。花叶间，隐匿万种风情。胸中有画，画中有人。实际上，张玉馨已经有意无意地把自己融进了她所钟爱的荷花里了。

云彩的聚集才会有斑斓的色彩。今天的张玉馨已经完成了画布上的一系列超越，变得更加淡定从容、超凡脱俗。不过，她表示，远方的路没有终点，她将坚守在那块属于她的“一亩三分地”上，继续做自己想做的事。在“时间的海洋”上，“只要一息尚存，我会好好地走下去，在惊涛骇浪中，哪怕留下淡淡的淡淡的痕迹……”

○ 贝当古夫人黯然隐去

新世纪以来，欧莱雅的事业如日中天。但是，法国女首富欧莱雅董事长贝当古夫人却活得不轻松。原因在于，老太太挥金如土不算，还将帝国的财产大把大把地送人。她的独生宝贝女儿，也是唯一的财产继承人，弗朗索瓦丝·贝当古—梅耶尔看不下去，就在亲生母亲周围制造了不少丑闻，并将她告上法庭，逼其退位。老太太在母女长期不和的纠结下，咽不下这口气，也不依不饶地死扛了几年后，法院最终以其患“混合型痴呆”和“中度老年痴呆”症，不适合管理其家族财富为由，判其败诉。贝当古夫人于 2012 年 2 月 13 日，在她 89 岁高龄时，宣布退出董事长之位，让其 23 岁的外孙让·维克多·梅尔斯接任。

2010 年，欧莱雅董事长贝当古夫人与女儿之间的诉讼案，在法国上下被炒得沸沸扬扬。当时已经 87 岁，一向行事低调，不愿抛头露面的贝当古夫人，身不由己地被推到了舆论的前台，成为各大媒体曝光的焦点。本来是一起私家的内斗，却很快演变成一件公开丑闻。这一极度敏感的话题中流露出来的“言外之意”、“弦外之音”，直指法国三色旗下的政治人物，包括法国前总统萨科齐和前劳工部长埃里克等政要。

在欧莱雅内部和法国政坛造成此次少有的“特大强震”，起因于贝当古夫人的独生女弗朗索瓦丝·贝当古—梅耶尔的一纸状告。弗朗索瓦丝也是欧莱雅集团的董事会成员，她自称要以法律的手段追回母亲非法转移给同其家族毫不相干的，62 岁的著名摄影师弗朗索瓦·马力·巴尼尔的 10 亿欧元财产，以及多幅价值连城的名画，其中包括现代派大师毕加索、立体派大师蒙德里安和野兽派创始人马蒂斯的亲笔画。此前，弗朗索瓦丝借左右于贝当古夫人身边的人之手，偷偷录下了其母与亲信的谈话录音，作为向警方提供“老糊涂”的证据，结果录音抖出了惊动全法的秘密。

秘密之一：据说，贝当古夫人在瑞士拥有两个未申报的账户，总额约为 8000 万欧元，并准备把部分账户转移到新加坡或乌拉圭等国，显然有偷税漏税之嫌。据说老太太在塞舌尔群岛还拥有一个名为阿罗斯的小岛也未申报。录音外泄后，贝当古夫人宣布，“将与法国税务机构合作，把其家族所有在国外的资产依法申报。”由此可以证明录音的某种可信度。

秘密之二：录音曝出法国前劳工部长埃里克及其妻子与贝当古夫人之间有“猫腻”，通过提供“非法服务”，可能染指上千万欧元的经济贿赂。一段录音中提到，当时曾担任预算部长的埃里克为建造安德烈·贝当古（贝当古夫人已故丈夫）的音乐厅提供了帮忙，从而“获得了造币厂的一个建筑”。录音同时透露了埃里克之妻弗洛朗丝也在为其工作。

秘密之三：总统府要干预贝当古夫人母女争夺财产的司法程序。贝当古夫人在与其财务总管帕特里斯·德梅斯特尔的谈话中，手下告诉她说，总统法律顾问某人曾对他说，“总统一直关心这桩案子，在初审时，不能有什么更多的作为，但我可以告诉您，如果您败诉的话，我们对上诉法庭和检察官非常熟悉”。鉴于萨科齐平时有同法国富豪来往密切的嗜好，爱丽舍宫插手司法难免给公众提供了更多的质疑与想象空间。当时还传出消息说，2007 年，萨科齐竞选总统时，接受了贝当古夫人的 15 万欧元政治献金。

面对各种传言，当时萨科齐总统办公室立即发表声明予以否认，指出报道是“纯属捏造”。埃里克也在电视上发表讲话，对他和妻子遭受的“侮辱性”攻击进行反击。他说：“我不能再容忍如此玷污他人的做法。”“这太过分了。不可以乱说一气”。

现在看来，由于当时快临近法国总统大选，一时真假难辨的这些消息，或许“并不是没有政治算盘的”。

当然，“诉讼案”的开打还必须回到它的原点，即欧莱雅豪门恩怨母女对簿公堂。庭审之日，贝当古夫人作为被告，并没有亲自到达南泰尔法院第 15 轻罪法庭应诉，而是让私人律师代劳。贝当古夫人不是以 87 岁高龄推托，而是不想面对话筒和摄像机“森林”。但是，欧莱雅作为化妆品行业的“巴比伦王国”，现有 64600 名职工，在全世界有 38 家工厂，在巴黎广场交易所的资本金排第六，达 500 多亿欧元。而贝当古夫人在欧莱雅集团拥有 27.5% 的股权和 31% 的表决权，年收获的股息达 2.8 亿，其财富总额近 200 亿欧元，从而成为法国的第一富婆。所以不管她怎么逃避，从那以后，她的一言一行，她的身体状况，她的“生活列车”如何运行，都将很难逃脱公众的视线。

对于女儿“非常愚蠢”的行为，贝当古夫人除了同样拿起法律武器，以非法窃听、作伪证对女儿进行反诉外，她还向法庭提交了一份由知名神经科专家开出的材料，证明她“思维敏捷、精神健康”。此外，她还主动安排法国一台电视访谈，以厘清脑子糊涂不能管理自己财产的指控。贝当古夫人承受了一般人难以承受的压力。但是，对如此惊天家丑却坦然面对，好像什么事也没有发生一样。贝当古夫人说：“我感觉很好。我准备和我的狗进行一次愉快的散步。”“弗朗索瓦丝给我放了一箭，目的是为了取代我成为欧莱雅的第一股东，同时迫我让出董事长的头衔。”

此前，弗朗索瓦丝也打破沉默，在《费加罗杂志》上向母亲发出了和好的呼吁：“我想对她说，我想与她相见。我想让她知道，我从没有停止过爱她。”贝当古夫人的律师对此做出的评价是，弗朗索瓦丝是在虐待她的母亲，并要慢慢地将她折磨死。现在要表明她对母亲的爱，唯一可以做的，那就是立即撤回起诉。

目前，两个女人都住在巴黎塞纳河畔的讷伊市，两人的豪宅之间投石可及。但是，她们却没有任何的往来，相互传递信息只能通过律师和媒体。在向摄影师巴尼尔赠送的问题上，贝当古夫人曾在报纸上喊话，试图让女儿回心转意。她说：“多亏了他（巴尼尔），以至于我没有被禁闭在习惯的环境中，使财富状况才达到了今天的目标。”她希望女儿能够接受其做法。可后来，因相互不能接受对方，一切努力都是白搭。在2008年圣诞节前夕，贝当古夫人表示“我不再想见到我的女儿”。从此，母女间和好的希望似乎彻底破灭了。

贝当古夫人拥有令人眩目的财富，但岁月不饶人。她的背有些驼，耳有些背，步履不是很灵活，好像快要走到了生命的尽头。然而，法国媒体认为，贝当古夫人无论如何不会离开舞台的中央。因为她见证了欧莱雅的快速发展，欧莱雅成了她离不开的孩子。贝当古夫人的命运其实也是很苦涩的。1922年10月21日，她出生在巴黎第7区，其母亲是一位音乐教师，因患了肝脓肿而过早地去世，当时她只有5岁。父亲欧仁·舒埃勒是欧莱雅集团的创始人，世界上第一个染发剂的发明家。15岁时，贝当古夫人就被父亲安排到欧莱雅工厂实习，最初从贴标签开始，随后在技术中心工作，后来逐步进入欧莱雅管理层。1950年，贝当古夫人在医院疗养时与安德烈·贝当古相识并结婚。1970年，贝当古夫人曾陪同丈夫访问过中国，受到了毛主席、周总理等中国领导人的接见。1957年，父亲逝世后，贝当古夫人不仅是唯一的财产继承人，而且也成为欧莱雅标志性形象。她先后任命了欧莱雅集团的三位总裁，他们一起规划的大战略和大思路，成就了欧莱雅惊人的扩张和今日的辉煌。

欧莱雅为法国人树立了成功创业的典范。欧莱雅为法国的进步做出了贡献。贝当古夫人为法国的慈善事业捐赠了10亿欧元计的巨款。可是，当贝当古夫人遇到这样的家丑时，过去的赞美与荣光全部消失，法国媒体转而以“寡妇”、“没落”、“舞弊”、“食利虫”等尖刻言词大加讽刺和挞伐，这让贝当古夫人感到心酸，她不无感慨地说：“我需要退休，我需要安静，我需要远离这一切。”

○ 席琳·迪翁超越梦想

在2013年央视春晚上，与宋祖英同台演唱中国民歌《茉莉花》，已被大多数中国人所熟悉的，世界顶级歌后席琳·迪翁出道前曾有三大梦想：成为一名世界著名歌星、找到生活中的爱和特别想要一个孩子。现在，三个梦想不仅早已变成了现实，而且全面超越。这让席琳“幸福得不知所以”。

席琳在世界流行歌坛具有无人能及的天后之称。自她12岁步入歌坛以来，一路斩获不断。她曾多次获得格莱美奖、朱诺奖、奥斯卡奖、世界音乐奖、美国音乐奖，等等。2004年，她赢得了世界音乐奖的钻石奖。2008年，席琳在法国巴黎接受了时任法国总统萨科齐亲自为她颁发的骑士勋章，以表彰她在世界歌坛做出的杰出贡献。

1996年，她在全球发行的专辑*Falling Into You*，让其站到了世界流行乐坛的第一新高度。该专辑销量在14个国家排行榜上登顶，成为有史以来最畅销的专辑之一。

同一年，在美国亚特兰大奥运会上，她以激情、感人、华丽、优雅的演唱，完美地诠释了主题曲*The Power of The Deam*。次年，她接着演唱了《泰坦尼克号》主题曲*My Heart Will Go On*，其表现出来的掌控力、震撼力和穿透力，可谓“冠盖九霄，笼罩八隅”。席琳卓越的音乐天赋，让世人为之倾倒。她在世界歌坛的霸主地位也因此得到了进一步的巩固。

目前，席琳的专辑在全球的销量已超过两亿张。销售最火的时候，曾一度创下每3秒钟就卖出她一张专辑的纪录。

2003年3月至2007年12月，席琳在美国的拉斯维加斯举行了《新的一天》演唱会，历时5年，共演出732场，场场爆满。

2008年至2009年，席琳在全世界举行了第一次主题为

Taking Chances 的大型巡演。演唱会从南非的约翰内斯堡开始，一国又一国，一城又一城，她连轴转地奔走于 97 座城市演出，将她美丽动人、使人崇拜得不行的歌声传遍全世界。

席琳的母语是法语，英语为了需要才补习。她最初通过发行第一张法文单曲发迹。此后，她又是第一个在法国获得金唱片认证的加拿大人。但是，使她一夜爆红成为巨星的都是些英文歌曲。对此，席琳不以为然。她一直保留着法语这个“根”。在发行英语专辑后，她总要发行一张法语专辑。她表示，她过去是，现在和将来也都是一个法语艺术家，而不是一个英语艺术家。

随着席琳的歌唱事业如日中天，金钱对于她来说已经只是个数字和符号。她最想要的和最希望得到的是有自己的孩子。但是，由于丈夫，也是她的经纪人，雷尼 · 安吉利大她 26 岁，一直要不上。后来，她做了人工授精的选择。2001 年，席琳生下了长子雷尼 · 查尔斯，圆了为人母的心愿。时隔近 10 年，精力旺盛的席琳，要做多子母亲的愿望依然强烈，经过施行 6 次人工授精后，再次成功受孕。2010 年，42 岁的席琳作为高龄产妇，为她 68 岁的老公雷尼又顺利产下一对双胞胎男孩。席琳幸福得不得了，儿子两岁的时候，还在给他们喂母乳呢！

对于席琳来说，一生中最幸福的时光莫过于怀上孩子。2000 年怀上第一个儿子时，她全力以赴在家静养，拒绝接受媒体采访。但是，还是没能顶住记者的死磨硬泡，最终将这个机会给了法国资深节目主持人米歇尔 · 德吕克。当时，这是唯一破例获准前往席琳新建于美国佛罗里达州的“朱庇特”岛上，用大理石铺地、有圆柱回廊、锻铁艺术构造、刻有石头雕像、到处金碧辉煌的“一千零一夜”宫殿里，进行了一次 48 小时的特别专访，并通过法国 TV5 向 27 个法语国家播出。在这个长达两个多小时专题报道中，当时席琳一边回顾她 20 年来的艺术人生，一边向记者吐露了她非凡的艺术成长过程。

那时，席琳拥有的身价与财富已多得无法计算。她的身材是那样的纤细修长，长相是那样的美丽动人，牙齿是那样的整齐洁白，她的演唱总让观众激动不已。但是，在 20 年前，席琳还是一个丑小鸭。她至今之所以还有用怀疑的眼光看待事物的习惯，主要因为她是从穷人的家中走出来的孩子，从未想到自己会成为一名歌坛巨星。

她回忆说，她母亲共生育了 14 个子女，由于家境贫寒，其母长期生活在一种可怕的循环之中：洗碗、杂务、熨衣、做饭，365 天每天如此。当她母亲生了 13 个孩子发现又怀孕后，就跑到魁北克堂区神甫那里要求堕胎以“阻止家庭膨胀”。神甫明确告知，她无权违背生儿育女的自然法则，后来才有了第十四个孩子席琳。席琳承认，如果不是神甫也许就不会有她的出生，她的生命是神甫给的。

尽管如此，席琳一直很爱她的母亲。她认为，母亲是家中真正的明星。自她出生后，母亲非常疼爱她这个小不点儿。她永远不会忘记，是母亲为她谱写的第一首歌《过去仅是一个梦》使她走上了人生舞台，又是母亲敲开了经纪人，即现在的丈夫雷尼·安吉利的大门，使她走上成名之路。所以，她对母亲，还有其他家人都是“滴水之恩，涌泉相报”。初出道时，席琳身上难寻今日明星风采。除了嗓子不错外，她的模样与打扮都显得土气，特别是一颗大虎牙将她的嘴唇都挤歪了，唱起歌来合不拢，在法国演出给人留下的印象是，拘谨、腼腆、胆怯。此后，为了实现她的明星梦，她一方面努力进修英语，另一方面拔去原有的牙齿种了一口漂亮的新牙，在观众中彻底改变了形象。加之，雷尼的精心培养与点拨，用她自己的话说，她站到了一个只能上不能下的梯子上，一步一步艰难地向歌坛峰顶攀登。

席琳 12 岁时被雷尼发现，并通过抵押房产形式鼎力相助，最终使她成为歌后。为了共同的事业，他们朝夕相处并逐渐产生了爱情。席琳说，我一开始就发现雷尼是我生命中的男人。雷尼是黎巴嫩和叙利亚的混血，我被他那特有的眼神和东方的文雅迷住了。爱他，但一时又不能说出口，让我很痛苦。我当时的心情既简单又复杂。我想公开爱他，和他结婚。他比我大26岁我没有觉得是个问题。因为，许多相差15或20岁的夫妇都生活得很幸福。当然，爱一个比自己大很多的男人，事情一旦公开，惹人注目是不少妇女已经经历过的一种考验，尤其是两个公众名人，事情就更加复杂得多。

席琳介绍说，她母亲曾坚决反对这桩婚事，并给雷尼写了一封措辞激烈的信，指责雷尼背信弃义，表示她要为她的“明星公主”找一个“白马王子”，而不是一个离过两次婚，又有几个孩子，比自己女儿大这么多的男人。后来，母亲知道她很喜欢雷尼又特别固执，只好让步。1994年12月17日，当席琳穿着婚礼服与雷尼一起走进蒙特利尔教堂，举行隆重的婚礼时，母亲别提多高兴了。几年后，他们又在拉斯维加斯重新举行了一个同样隆重的阿拉伯式婚礼，穿金戴银、极尽奢华地被打扮成阿拉伯新娘的席琳，激动得甚至在婚礼上向雷尼撒娇，所有应邀嘉宾长时间报以热烈的掌声和欢呼声。

席琳幸福中的不幸出现在1999年3月20日，正是她31岁的那天。雷尼脖颈右边发现一个好似擦伤的硬块，但几小时之内就长到了鸡蛋大。去医院进行活组织化验后诊断为癌。席琳说，顿时觉得世界似乎崩溃了。我含着泪不知所措。第二天，医生很快对雷尼进行了手术。接着，希望、气馁和极度的疲劳。席琳准备取消世界各地的所有演出来侍候雷尼，而雷尼则坚持让她继续演出，信守合同。他们值得庆幸的是，在与死神的搏斗中，在爱的力量作用下，这个坎儿被跨越了。

席琳与雷尼婚后一直想获得爱情的结晶，可总是没有结果。席琳曾表示，“我盼望能生一个孩子，这就像我们之间的一个奇迹，最终一定会实现”。雷尼患了癌症之后，他们的这一愿望比任何时候都更加强烈，最终选择了人工授精的方法，但成功率只有25%。席琳通过人工授精一次受孕成功，并安全生下了儿子“我的爱”小雷尼。

算是吉星高照。席琳因此一直沉浸在做母亲的幸福之中。席琳在怀孕期间，曾兴奋地撰写了一本回忆录《我的生活，我的梦想》，作为迎接孩子出世的精神礼物。

自从有了儿子后，席琳曾试图忘掉她几十年的明星生活，她想成为一个女人，仅仅是一个女人。她希望专注地扮演一个母亲的角色。现在看来，一切只能免谈。各种各样的因素都在推着她向前走，想让她停下来几乎是一个不可能完成的任务。

○ 死亡与复活之间

世界顶级时装设计大师，“20世纪的活神话”——伊夫·圣罗兰先生于2008年6月1日在巴黎逝世，享年71岁。这离他2002年宣布退出时装界仅仅过去了6个年头。这两个时间段，笔者都工作在巴黎，亲身感受到圣罗兰的两次“告别”，给法国各界带来的巨大震惊和悲恸。

在圣罗兰永远与所有人告别的葬礼上，时任法国总统萨科齐偕夫人布吕尼共同出席追悼会。政界和时尚界800多名政要和名流参加。大家对这位时尚界的奇才过早地离去感到痛心和惋惜。圣罗兰的生活伴侣加商业拍档皮埃尔·贝格动情地说：“香奈儿赋予女性自由，而圣罗兰则给女性力量。” 为纪念这位伟大的设计师，在葬礼期间，巴黎乃至全球所有的YSL门店每天停业两小时。

追溯到2002年的告别会上，当时圣罗兰身着黑色西服，系一条深色领带，从宽边眼镜后的视线中，显露出凝重的表情和激动的心情。这位时年65岁的天才设计师，几乎用颤抖的声音向到场的名流和嘉宾作了最后的告别演讲。他表示感谢所有穿过他所设计的服装的女士。他说：“我愿为女士们服务，让她们的形体和举止更加美丽。我对自己说，我为现代妇女创造出了她们的服装，我为推进自己生活的这一时代作出了努力。”

他同时感谢所有信任过他、帮助过他的人，特别是对在他事业发展过程中曾给予过支持和合作的迪奥、香奈儿和贝尔热表示了真诚的感激之情。

在讲话中，圣罗兰总结说，他长期所执着追求的信念是“时装不仅仅是用来美化女性，同时也是用来使女性变得坚强，使她们有信心去实现自身作为女性的价值”。他还直言不讳地指出了当今某些设计师利用时装去满足自我虚荣心和个人幻觉的一些倾向。

伊夫·圣罗兰坦率、谦恭的讲话博得了与会者的敬意和赞赏。最后，他说了一句“我不会忘记你们。”随即离开会议大厅。这时全场响起了雷鸣般的掌声。

圣罗兰的隐退当时在法国和世界引起了巨大的反响。法国各大报纸都在显要位置大篇幅地刊登了有关消息、评论和介绍性文章，对圣罗兰开创的伟业给予了高度的评价。

《费加罗报》认为，“这个生活中脆弱的人，却是艺术上永远超越自我的人”，因为在他的职业生涯里充满了对女性的爱。他的退出，时装潮流因此将翻过历史的一页。《回声报》说，这一隐退对于这个20世纪最伟大的时装设计师之一，他的不同寻常的事业，画上了一个圆满的句号。《解放报》则称，圣罗兰的功成告退，是把生存的责任留给自己，而把最好的东西留给我们大家。

法新社、美联社和路透社等评论指出，这位被一致公认的“世界上最伟大的服装设计师”，是女性衣裙的化身，他以其敏锐的目光，打破了男女服饰的严格界限。他的毕生努力使时装界发生了一场革命性的变化，特别是他把追求美的权利还给了女性。圣罗兰先生是“20世纪时装界的一个传奇形象”，他以叛逆与创造精神，挑战了整整一个时代。

以“YSL”三个字母为品牌标志的圣罗兰时装，引领世界时尚潮流从20世纪70年代延续到21世纪初，“YSL”的喇叭裤、无袖汗衫、黑色皮衣皮裤、男女套装、女士风衣、嬉皮装和透明装等，可以毫不夸张地说，圣罗兰时装风靡全球。那么，伊夫·圣罗兰为何甚至不愿意等到原定于在蓬皮杜中心举行的最后一场时装告别表演后再隐退？这让很多人不理解。其实，那时圣罗兰可能已经知道自己身患重病，需要更多的休息。当然，圣罗兰时装昔日的辉煌也可能走到了一个拐点。

自20世纪90年代以来，圣罗兰时装公司在经营方面也曾受到了重创。首先公司上市遭到别人的暗算后元气大伤。接着，1999年，圣罗兰公司由他人购买后被归属到一家意大利公司的名下。圣罗兰的设计、经营和内务均受到很大的干预，合作者之间经常产生摩擦，且已经发展到难以共处的程度。

另外，圣罗兰高级时装服务对象仅限于全球几千名富豪，其用料之奢华，加工之讲究，价格之昂贵，是常人难以企及的，从而导致经营方面的困难和财政方面的亏损。

再者，相当一段时间以来，他的合作者中的某些人说他的设计思想已经枯竭，样式只是在不断地重复，变得“陈腐”。有些媒体甚至苛刻地说，圣罗兰的艺术创作已经与当今的时尚格格不入，在这个艺术创造让位于经济利益的世界里，他已经找不到自己的坐标了。这些闲言碎语同样成了圣罗兰尽快撒手隐退的催化剂。

伊夫·圣罗兰的艺术生涯具有传奇性。他在事业上取得了无与伦比的成功。圣罗兰于1936年出生在阿尔及利亚。他18岁进入全盛时期的克里斯汀·迪奥公司（CD）担任美术设计，并于21岁时成为（CD）的首席设计师，可谓少年得志。

1962年，圣罗兰自立门户成立了圣罗兰公司。从这一年第一次举行他自己设计的时装表演一炮打响以来，整整40年，他的名望和地位一直处于世界时装的巅峰。1985年，圣罗兰在巴黎大歌剧院当之无愧地获得了奥斯卡终身成就奖。

40年来，圣罗兰一直用他金色的剪刀和纤细的丝线，剪裁和编织着他美如梦幻般的世界。用心灵去感应和追寻完美。为了捕捉灵感，有时他在五天内绘制上千幅草图，从中仅能选留出200张。戴安娜·弗里兰对圣罗兰的评价是“与圣罗兰沿着花园小径散步，最终总能发现‘一罐金子’”。时装界将他称为“太阳王”、“懂得如何在变革和延续之间寻求完美平衡的天才”。

然而，在成功的道路上，圣罗兰所经历的若干次复活是与若干次死亡连在一起的。他曾有过进戒毒所、搞同性恋、吸可卡因、酗酒的历史，并“与玩火者为伍，但最重要的是与自我再重逢”。他还患过震颤性谵妄症和抑郁症。在学校里，他总是沉默寡语，因此往往成为同学们的出气筒，他们一不高兴就打他，或是把他锁在卫生间里。在服兵役期间，圣罗兰更留下惨痛的记忆。他生了一场病，住院两个多月，体重下降到35公斤，几乎走到了死亡的边缘，但一次次都奇迹般地得救了，复活了。

可是，圣罗兰最想要告诉人们的是：“只有经历了无数磨难与奋斗之后，创造者才会有所创造。”

○ 格里希给我们留下什么?

在美丽富饶的武汉三镇，人们至今仍在谈论着一个老外，他就是曾经在这片热土上与那里的人民共同生活、工作、奋斗和朝夕相处过的一位德国人——威尔纳·格里希先生。

不过，格里希先生已于2003年4月17日享年83岁时离他们而去。几年后，格里希之所以再次成为人们谈论的焦点，是因为2005年4月17日，武汉市要在中国的武汉和德国的杜伊斯堡两市，为格里希分别竖立两尊铜像，以永远纪念这位曾在武汉市做出突出贡献的德国专家。

伴随中国的改革开放，格里希的名字不仅先在武汉叫响，接着红遍中国的大江南北，而且很快远播海外。德、英、日、美等国的媒体都曾对他进行了跟踪报道，后来有关他在中国的事迹还被编写进了德国的教科书，德国《世界报》甚至不无夸张地将他称为“一个在中国比马克思还知名的人”。

威尔纳·格里希先生出生于德国巴登——符腾堡州曼海姆，曾毕业于德国达姆斯塔航空技术工程师学校，后分别担任过德国某车辆制造管理总局和某飞机发动机制造厂负责人。一个平凡的德国人一下子成了世界名人，源于他与中国，与武汉柴油机厂结下的不解之缘。

有关他的话题还得从30年前说起。1984年8月，经与武汉市建立了友好城市的德国杜伊斯堡市的推荐，已经退休的格里希先生由德国的退休专家服务局（SES），经中国国家外国专家局协调引进，被派到武汉柴油机厂，进行考察并义务担任技术顾问。这是格里希先生第一次访问中国，正好赶上邓小平同志“利用国外智力和扩大对外开放”的重要讲话发表不久。当他对武汉柴油机厂考察之后，面对一大堆技术和管理上的问题，急得自言自语地说：如果让我当厂长，会怎么样怎么样……

根据当时出台的“引智”精神和格里希先生的个人意愿，1984 年 11 月，武汉市委、市政府经过认真讨论和反复斟酌后，做出了一个大胆而又惊人的决定：正式聘请格里希先生担任武汉柴油机厂厂长，任期两年。原武汉市外事办公室主任丁华激动地说，当时市委、市政府的指导思想是，如果失败了，只有一个武柴。成功了，却可以对全国国企改革起到很好的借鉴作用。因此，格里希被聘任为中国第一位“洋厂长”，这实际上是全国“引智”工作的一个重大突破。国外媒体评论说，引进格里希当厂长是中国对外开放和改革进程中的“一件令人吃惊的新闻”。

从 1984 年至 1986 年，在格里希先生担任武汉柴油机厂厂长期间，他紧紧依靠全厂职工，大胆改革，从严治厂，身先士卒，埋头苦干。曾与格里希在一起工作过的原武汉柴油机厂厂长谢长钦和后任厂长柴玉本回忆说，格里希每天上班背一个包，里面放着“三件宝”：游标卡尺、吸铁石、白手套。游标卡尺用于检测零件的精度；吸铁石用于吸查机器里有没有掉铁渣；白手套用于验证机器是否被脏物污染。带着这“三件宝”，他逐个车间巡查。他要求厂里的员工爱护产品要像爱护自己的孩子一样，对待机器零部件要像对待鸡蛋一样轻拿轻放。

曾任格里希的翻译，后来事业有成的李兵介绍说，他之所以会有“鸟枪”换“炮”式的变化，是与格里希对他潜移默化的影响分不开的，直到现在他仍按照格里希在厂里的要求做人做事。他举例说，格里希的工作严谨到教他学写 1 至 10 的阿拉伯数字。他要求在每个手写的数字右下角必须点上点，以避免把数字搞错。比如 1 和 7，按外国人的写法就有可能混淆，所以在 7 上就要加上一笔。6 和 9，如果不加点的话，在不同的位置就可能读出不同的得数。

格里希的第一任翻译，后曾任武钢集团国际经济贸易总公司副总经理的余维浩说，格里希对厂里的事尽职尽责。一位 60

多岁的老人每天早上8点以前就来到厂门口督查工人们上班是否准时；哪家有什么困难他会走家串户，登门访贫问苦；经过一段时间相处，他也完成了对党员认识的思想转变过程，他先是反对厂党支部在工作时间开会，后来主动要求列席党员会议，并且遇到事情就找党员。他说："党员就是不一样，党员顾全大局能勇担重任。"所以在布置任务时，他总是要问你是不是党员。

由于格里希治厂有方，很快武柴职工的精神面貌变了，柴油机的质量有了显著提高。产品向东南亚七个国家出口，年出口量达到5000台，创汇超过百万美元。与此同时，他亲自撰写的26万字的企业机构设置和劳动重组方案，把工厂的行政管理系统设计成一个精干、高效的网络，实行以岗位为核心的结构工资制。用当地人的话说，当时的"死水"经他这么一搅，一下就活了起来。

"一石激起千重浪"，格里希给武柴带来的变化引起了全社会的高度关注和反响。当时党和国家领导人多次会见格里希；时任国家经委副主任的朱镕基称他为"质量先生"；群众称他为"新时代的白求恩"；武汉市授予格里希"荣誉市民"称号和在华永久居留资格，使他成为来华外籍人士中获此殊荣的第一人；德国授予他"十字勋章"等等。来厂参观学习的人络绎不绝，他本人也经常被请出去作报告。格里希在当时引起如此轰动，其意义恐怕不仅仅局限于搞活了一个武柴，更重要的是他为把西方经营模式与中国企业成功嫁接开了个好头。由此所产生的"格里希效应"影响深远，这对全面推进我国的"引智"工作，起到了一种具有里程碑意义的作用。

格里希，一个德国退休老人，不图安逸，不远万里来到中国，来到武汉。他带来的是：新的思想观念、先进的技术和管理经验。给予的是：无偿援助，分文不取的忘我工作。留下的是：一种精神。一种只求奉献不求索取的精神，一种一丝不苟的敬业精神，一种永不满足的进取精神。他还留下了《格里希在武柴》几十万字的治厂方略，留下了让人难以磨灭的人格魅力，同时留下了对中国更多的牵挂和深深的热爱与眷恋……

格里希是中国改革开放的参与者和见证人。在武汉市为格里希铜像举行的揭幕仪式上，格里希的儿子伯恩德·格里希说，他的父亲一直为在中国的发展进程做出了自己的一份贡献而感到自豪。“那些年里，中国是他生活的全部，即便回到德国，他的心仍留在武汉。”今天虽然斯人已去，但是在他逝世两周年之际，格里希的铜像就如同他的高大形象一样，从此将永远矗立在武汉，“长存于世人的心际”。

○ 家改变了她的命运

旅法华人秦兰英在获得法国巴黎市的“良母奖”以后，受到了当地华人华侨和媒体的关注。怀揣一颗好奇心和一些感兴趣的问题，笔者总算从纷繁忙碌中抽身来到车水马龙的巴黎五区，敲开了这个看似平凡却不平淡人家的家门。

在从地上到书柜里堆得满屋子都是书的书房里，我有幸与秦兰英的先生徐广存见面相识。虽已满头银丝，但却精神矍铄的徐先生是一位知名的汉学家、中国问题专家。他在法国已经教书 40 年，法、中弟子满天下。一见面，徐先生就对我说，兰英是一个普普通通的中国妇女，没有什么惊人之处。我说，其实许多读者不仅仅对名人轶事感兴趣，也喜欢听普通人的故事。

秦兰英说，她的心路历程总是与家连在一起的。她出生在山东沂蒙山区，从小就跟着家人学干农活儿。她聪明能干，曾是一个样样都拿得起来的务农能手。但那时因家境贫寒，无钱上学读书，她也就从未有过走出大山的奢望。1967 年，徐广存先生从法国回到离别二十多年的家乡，全家在高兴之余发现他已 40 多岁竟还未成家，父母之命使这对只见过一次面，年龄相差近 20 岁的表兄妹结为终身伴侣。从此，家改变了她的命运，也改变了她的一切。

从农村到城市，从国内到国外，从目不识丁到用法语与法国人交流，这种打破常规的“三节跳”，给秦兰英铺开了一条灿烂的人生之路，但同时也给她带来了难以想象的挑战。秦兰英回忆说，当年来到巴黎这个花花世界后，第一次喝咖啡觉得外国人怎么喝这么苦的东西，真够呛。她说，从那以后，她再也没有喝过咖啡。另外，法国人冬天去阿尔卑斯山滑雪，夏天到南方海滨去晒太阳，怎么就热天往热的地方跑，冷天往冷的地方去呢？她觉得不可思议。当然，凭着农村人那股特有的天不怕地不怕的劲儿，那时，她没有任何的自卑感和恐惧感，哪儿都敢去。而在法国时间待久了，出门时反而害怕了，怕被抢包、怕遭袭击、怕遇意外，总之，她觉得人与人之间越来越缺乏一种信任感了。

对秦兰英来说，曾经最让她苦恼的就是如何适应当地环境，融入法国社会。在徐先生的鼓励和指导下，加上她本人强烈的求知欲和上进心，她开始了人生的另一次跨越，握锄头的手第一次拿起了笔。她于 21 岁时才开始学习一、二、三，A、B、C，中文、法语一齐上。最初，法国老师教她讲法语时，她不仅听不懂法语，中文也不会，于是每学一个单词，她是先查法汉词典，再查汉语词典，法、汉字同时背，同时写。日积月累，一年闭门苦读之后，原来从不认识的中、外文符号开始有了含意，法国人讲话也能渐渐听懂一些，学习的兴趣也越来越浓。

秦兰英非常仰慕徐先生的学识。她深情地说，我的丈夫是一位很好的老师，他知道叫我学什么，怎么学。为了增加我的知识面，他租来了许多反映中国古代与现代的历史、文学名著录像带让我看，然后再让我读有关方面的书，这种从感性到理性的学习方法，使我进步很快。现在，秦兰英不仅已经能看中文长篇小说，而且打算写自传。她说，尽管丈夫不是很支持，就像当初申报“良母奖”一样，但她还是坚持要写，并且有的已被发表。在与笔者的交谈中，尽管她的山东口音还很重，但法语发音却不错，话说得也流利。她告诉笔者说，孩子上小学时，家长会都是她去开。有一次，由于学校活动占用学生学习时间太多，她是众多家长中唯一一个站起来向学校提意见，家长们投来赞许的目光，校方无言以对。

平时经常有人问她是怎么来巴黎定居的，秦兰英总是毫不掩饰地回答说，到这里来是为了结婚成家。的确，秦兰英为她的家倾注了全部心血。她说，这一辈子没有其他太多的追求，家对于她来说很重要。她从不好高骛远，而是将勤劳、朴实和爱融进了这个家中。她生育了三男一女，为四个孩子起的名字是：伯刚、仲强、叔健、季美，伯、仲、叔、季一看就知道从大到小排行，而后一个字的刚、强、健、美的用心则是，在法国这个竞争激烈的社会里，需要有刚强健美的体质才能应付未来各种挑战。秦兰英自来到法国后一直没有工作，仅靠她先生一个人的工资维持一家人的生计。为了尽可能节省，四个孩子从小到大的衣服，都是自己亲手剪裁制作，且相当有水准。在法国理发店，理一个普通发的价格，少则也是中国的7至8倍，全家人理发的活儿她全包了，所以这笔费用也就省了。

在主好内的同时，秦兰英还学会了开车，这让至今还不会开车的徐先生感到汗颜。接着，她又走出家门走上社会，积极参加一些社区活动和公益事业。比如，举行义卖筹款，组织外出旅游，同乡会团聚，中国烹饪制作等，她都热心参加。特别值得一提的是，在里里外外忙个不停的情况下，她还学会了刺绣，并与巴黎一个有名的商家签订了协议，按照专门设计和定做为一些高级服装刺绣图案，手工费不菲。她刺绣的不少产品上了报纸杂志和电视广告，有的被作为样品拿到菲律宾和突尼斯等国去推广。徐先生的评价是，中国妇女都很勤劳、能干，但兰英最重要的一点是，她舍得干、肯干。

获奖以后，秦兰英仍在默默地经营他们的家。她说，她的大部分精力都投入到了孩子们身上。孩子们也知道母亲辛苦，所以都很爱她，学习也很努力。秦兰英拿着相册指着四个眉清目秀的孩子说，他们都曾就读于巴黎著名的亨利四世中学，其中大儿子已上大学，二儿子进入法国精英学校——“大学堂”预科班。他们个个不光法文课程成绩优异，且都会讲中文。她家生活虽然不富裕，但在孩子的学习上从不吝惜。由于他们都出生在法国，秦兰英每年都要为孩子们过中国的春节，多次带他们回山东老家探亲访友，目的是让他们知道根在中国。

年龄、文化上的很大差异并没有影响秦兰英创造一个幸福美满的家庭。徐广存先生的解释是，在和而不同的情况下找到了共同点。他认为，“法国人的结合是1+1=2，是两个独立个体的结合。中国人的结合是1+1=1，是两个灵魂合二为一，组成一个家庭，我中有你，你中有我。”中国夫妻之间强调的是“敬”，比较能够持久。而西方夫妻之间推崇的是“爱”，因此热度来得快退得也快。言必及孔孟的徐先生还指出，“安”上面的宝盖代表家，下面一个女字代表女人，这说明古人早就知道，家里有女人才能安定。他说，每当他回到家看到兰英在，吃上热腾腾的饭菜，就觉得特别的温馨和高兴。所以，一个幸福的家庭后面肯定有一个贤惠奉献的女人。

秦兰英成功地扮演了一个妻子、一个母亲的角色，获得巴黎市“良母奖”当之无愧。

○ 多哥古城访王子

走出洛美，沿海滨大道东行二十多公里，再向左拐，走不多远，烟横水漫的多哥湖湖水便荡漾到了我的脚边。湖面上，波光潋滟，野鸟低翔，独木舟来回徜徉，宛如一幅优美的风景画。隔湖远望，多哥古城的教堂尖顶在赤道阳光下，折射出耀眼的光芒。

从水道去古城，除了乘独木舟外，似乎别无其他选择。当我和朋友登上一叶小小独木舟时，真有一种原始、旷古、蛮荒的感觉。只见摆渡人用长长的棕榈叶杆使劲一撑，独木舟就轻盈地离开了岸边。船在行进，摆渡人与我侃侃而谈。他说，独木舟虽小，但浮力很大，不会有任何危险。他们的祖先曾靠它走出多哥古城，加强了与外部的交往。独木舟和水同当地人结下了不解之缘。果然，船在微波涌起的湖上悠行了约 15 分钟，便安抵彼岸曾为保罗二世教皇访问时专修的铁柱栈桥下。独木舟还未停稳，五六个小伙子一拥而上，没等弄清楚怎么回事，我就被连抱带抢地抬上了岸。给小费自不必说，享受这样的礼遇还是平生头一回。

多哥古城沿湖而建在一个蜿蜒隆起的红土丘陵上，约有三层楼高的教堂是城内的最高建筑，其余差不多为铁皮平房和干打垒茅草屋。全是土路面的狭窄街巷，曲曲弯弯，四处相连。漫步街上，妇女们在屋前满不在乎地裸露着上身干活，而正在玩耍的儿童一见生人到来反倒羞涩得躲藏到母亲身后。院内或路旁，根深叶茂的大树上，做满了密密麻麻的鸟巢，叽叽喳喳的鸟叫声不绝于耳。尤其引人注目的是，城中现仍在使用的一口老井，人们已记不清它建于哪个年代。此井据说有二十多米深，井口被磨出了一道道深深的绳沟。它不仅印记了生命之水的年

作者与多哥王子合影。

轮，更重要的是孕育了多哥的文明。

多哥古城与高楼林立、热闹繁华的首都洛美相比，与其说是一个城市，不如说是一个充满乡土气息的大村落。但是，由于它曾经是多哥人建造的第一个村庄，并于1884年，多哥国王普拉科·莫拉巴在这里与德国殖民者签署了第一个协议，因而该城被视为多哥历史的发源地，多哥也因此而得国名。

在当地人的热情引导下，我走进了小巷深处的一个院子，这里现在还住着莫拉巴国王的后裔。尽管是偶然造访，主人还是非常友好地接待了我。据介绍，他是国王的第三代继承人。但在他递给我的名片上却写着："莫拉巴王国的王子——埃里梯也尔"，"神医大夫"。显然，他现在只是名义王子，潜心当医生了。

埃里梯也尔王子约 50 岁开外，戴一副宽边眼镜，着一身浅灰色的制服，举止稳重、文雅。互作寒暄后，他便把我领进一间王室展览室，并一一介绍了室内的陈列品。展览室的一边是莫拉巴国王的衣冠冢。据王子说，国王逝世于 1904 年，时年 104 岁，死后两年才发现他的秘密墓地，然后举行正式葬礼。墙上挂着多哥第一面黑、黄、红三色旗，莫拉巴国王的肖像，以及当年国王与殖民者针锋相对谈判达成的一些协议文本等。地上摆着国王的权杖，用于自卫的弓箭、大刀、长矛和相互间传递信息的不同时期的大鼓等。展览记载了多哥人民为捍卫主权与尊严而不屈斗争的一个时代。

已近中午，我准备告辞了。这时，埃里梯也尔王子与笔者一起合影留念，同时请我在他的留言簿上签字、留言。我翻开两个厚厚的大本浏览了一下发现，至此参观的人来自世界各地，其中不乏英、法、德、美等国的游客，他们对古城留下了深刻的印象，并为古城的历史发出赞叹。事实上，多哥古城就像一本巨大的书，它记录了多哥的过去和现在，并将书写多哥发展的未来。

○ “哲人中的哲人”

1993年12月7日，旱季的太阳在亚穆苏克罗慢慢升起，辽阔的草原上显得格外沉寂。科特迪瓦“独立之父”、“非洲哲人”、“和平总统”博瓦尼，在他的家乡病逝，享年88岁。舆论认为，这一非洲伟人的辞世，标志着非洲“一个时代的结束”。

费利克斯·乌弗埃·博瓦尼于1905年10月18日出生在亚穆苏克罗一个酋长家庭。当年，亚穆苏克罗是个小镇，据说它的名字来源于博瓦尼的姨妈亚穆苏。她曾经担任过博瓦尼家族——巴乌莱族阿库埃部落的酋长。这个部落至今仍保留着母系氏族的传统。最初，这个部落的酋长是博瓦尼的舅父库阿西·恩戈。在博瓦尼5岁时，他的舅父不幸遇刺身亡。根据母权制的法律规定，男酋长的继承人不是其子，而是他的亲姐妹或同父异母姐妹的儿子，因此博瓦尼就成为法定的酋长继承人。但继承法还规定，继承人要等到年满30岁时才能继位，他的酋长职务只能先由其他人代理。

此时，博瓦尼在法国殖民长官布埃的建议下，被送到当地的殖民学校读小学，后来到当年法国的另一殖民地塞内加尔首府达喀尔就读于威廉·蓬蒂师范学校，三年后转入达喀尔医学专科学校学习。1925年，博瓦尼以优异的成绩毕业于该校，并获得助理医生头衔。回国以后，他先后在阿比让和一些乡镇行医，他的医术、医德受到社会的广泛赞誉和好评。1928年，他23岁时就在阿本古鲁医院成了第一个由非洲人接替法国人的主任医生。

由于博瓦尼不想放弃自己所热衷的事业，主动让弟弟行使酋长职权，到30岁的时候也未继位。但是，三年之后，因他唯一的弟弟去世，博瓦尼才不得不返回家乡，开始行使传统的部族首领职权。在任酋长期间。他不仅有管理才能，而且将学到的科学知识用到咖啡、可可种植中去，产量大幅度地提高。他率先在其部落中破除了强迫劳动，革新劳资关系。采用了合同制和计时工资制。此外，他还经常在民间行医看病，传播卫生知识，帮助他们改善劳动和生活条件。后来，博瓦尼在回忆他从上学、任酋长，到当上总统的这段经历时，曾不无幽默地说，如果当初不去上学念书，“我至今也许不过是个目不识丁的酋长”。

从青年时代起，乌弗埃·博瓦尼便投身非洲民族独立运动，是著名的早期领导人之一。他在行医期间就“不满足于行医治病”，而是“志在医治经济、社会的病根”。他逐步投身于政治活动和非洲民族独立运动中，并试图以“流血、土地、人民”的斗争三部曲，使科特迪瓦摆脱殖民统治的枷锁，走上独立自主的发展道路。1932 年，他曾在报纸上撰文揭露抨击法国殖民当局对非洲种植园农民的残酷剥削，同时组织种植农进行罢工，抗议殖民当局压低可可收购价格。当时在法国殖民当局政府任职的博瓦尼因此被一次次调动工作，并多次推迟晋级。1944 年，博瓦尼作为大种植园主创立了科特迪瓦第一个非洲农业工会，并被推为主席。从此，他成了种植农和殖民当局之间重要的联系人，这也是他从政的起点。

1945 至 1956 年，博瓦尼先后在法国制宪议会和国会担任议员。其间，他坚决反对法国恢复对非洲人的“强迫劳动制”，并提出了“废除强迫劳动制”议案，即历史上著名的“博瓦尼法案”，经过斗争于第二年获得通过，他因此名声大震。1959 年，博瓦尼在法国政府中担任国务部长和卫生部长。

1946 年 4 月，博瓦尼在他组织的农业工会基础上，创建了“科特迪瓦民主党”，并一直担任该党的领导人。当年年底，在不断高涨的非洲民族独立运动的推动下，他又与几内亚前总统塞古·杜尔等一起发起和组建了有 12 个法属非洲领地参加的“非洲民主联盟”，并任主席。原法属西非和法属赤道非洲各殖民地的民主党则成为联盟的支部。“非洲民主联盟”对法属非洲的民族独立运动，曾起过积极的启蒙作用。“联盟”的许多积极分子后来都成为西非一些国家反对殖民统治，争取民族独立运动的组织者和领导者。

在领导非洲独立运动初期，博瓦尼曾经与法国共产党结成联盟，采取同殖民政府对抗的立场，并因此被怀疑为“共产主义分子”而遭通缉。1951 年，他突然宣布与法国共产党决裂，转而与密特朗等人领导的社会民主联盟结盟。1958 年，他对“戴高乐宪法”投赞成票，并直接参与了宪法有关法兰西共同体部分的起草。翌年初，他又毅然退出法国政府，回到科特迪瓦从事争取独立的斗争，宣布“永远不接受在非洲或所谓重新建立的法兰西共同体内处于从属地位”。他还代表科特迪瓦、贝宁、布基纳法索、尼日尔四国协商委员会，向法国总统戴高乐递交了要求独立的请愿书。经过长期不屈不挠的斗争，1959 年 4 月，科特迪瓦成为法兰西共同体内的自治共和国，博瓦尼任总理。1960 年 8 月 7 日（后将独立日定为 12 月 7 日），科特迪瓦宣告独立，博瓦尼当选为第一任总统。

博瓦尼有一句名言：“挨饿的人就不是自由的人。”他还说：“没有经济独立，政治独立就毫无价值。”因此，在获得独立之后，科特迪瓦把发展经济放在各项工作的首位。

在博瓦尼的正确领导下，科特迪瓦没有像大多数非洲国家那样盲目发展工业，而是根据本国国情，因地制宜地制定了优先发展农业的方针，大力发展可可、咖啡等种植业。有人评论指出，他能将适宜的降雨量变成非洲法郎。博瓦尼自称是“农民总统”，自己的农场就有 30000 多亩，他切实抓农业，并率政府官员到各自的家乡发展种植业，在贫困的非洲国家中创造了依靠农业发展经济的奇迹。在独立后 20 多年的时间里，科特迪瓦经济增长率始终保持在 7% 以上。刚独立时，科特迪瓦人均国民生产总值只有 150 美元，到 20 世纪 70 年代末 80 年代初，可可、咖啡产量已分别位居世界第一和第三，棕榈油和棉花的产量位居非洲第一和第二，人均国民生产总值一跃达到 1200 美元。

博瓦尼发展农业取得的杰出成就，受到了国际社会的高度赞扬。联合国粮农组织 1986 年授予博瓦尼“第一农民”的荣誉称号，并呼吁非洲各国元首向他学习。

到逝世前为止，博瓦尼一直是科特迪瓦总统。当时他是非洲国家中年纪最大的总统，也是非洲大陆执政时间最长的总统。他平时不抽烟、不喝酒，人们对他晚年时期的精力和毅力感到惊叹不已。非洲国家的领导人都把他视为“长老”、“耆宿”、“哲人中的哲人”。加蓬已故总统邦戈说：“每次与他晤谈，都受益匪浅。”美国前总统里根也称博瓦尼是“世界上一位杰出的人物、老资格的政治家”。

“博瓦尼”本是他祖父的姓氏，其意思是“走在羊群前面的公羊”。这只智慧、才能和经验超群的“领头羊”，当时在科特迪瓦乃至非洲受到了普遍的尊敬。除了在亚穆苏克罗和阿比让的总统官邸或一些著名的建筑物的大门上镶嵌有铜铸的公羊头外，在人们心目中将他视为一个“图书馆”，无论是国内的高级官员，还是一些非洲国家的领导人，遇事都乐于向他请教。这是因为，博瓦尼在 30 多年的总统生涯中，表现出了非凡的领导艺术。

博瓦尼成功的治国方略是：“对话、和平、稳定、发展”。他主张以和平方式，通过对话和谈判解决国内外争端。他说：“对话才是强者的政策。”在 20 世纪 80 年代末 90 年代初，国际市场初级产品价格下跌，科特迪瓦为克服经济困难，采取了一系列调整措施，特别是减少助学金、部分公职人员调低工资等，触动到许多人的切身利益，曾引起学潮、罢工、罢教、散发传单等事件。为了让国人了解实情，缓解矛盾，当时已是 80 多岁高龄的博瓦尼，近距离地、面对面地分别与工人、学生和市民进行对话，回答大家提出的所有问题，能解决的当场拍板，暂时不能解决的加以说明。对一些刁钻的问题，他总是以敏捷的思维，幽默的语言，演说家的才能和魔术师的本领，说得对方口服心服，最终不得不报以赞同的掌声。多亏多层次的和平对话，各种社会矛盾得到了缓解，这为科特迪瓦经济的30年稳定发展提供了保证。

在政治角斗场上，一方面，博瓦尼提醒人们要保持警惕，“像鳄鱼一样，睁着一只眼睛睡觉”。另一方面，他又给人以“仁爱、宽容、忍让”的印象。1966年，博瓦尼下令释放了曾因参与谋杀总统而被捕的三名前内阁部长和其他人员，其中有当时可能成为接班人的巴普蒂斯特·莫凯。博瓦尼不计前嫌，对巴普蒂斯特以友相待，并参加了他女儿的婚礼，后又委以国务部长之重任。这些都使他在群众中赢得了宽容、大度的好评。西方记者对他的评价是，想方设法使别人忠实于自己，并按他的旨意行事的做法是“乌弗埃化”。另外，他对反对派的批评总是从善如流。当有人批评其政府内的绝大多数部长都是年迈之人，没有为未来接班人着想时，他很快就对内阁进行了改组，增加了一些40多岁到55岁的部长。

在国际关系中，博瓦尼也树立了“和平领袖”的形象。在与邻国发生争端时，他从不提倡使用武力，而是坚持通过谈判，互谅互让，和平解决。对非洲和世界一些热点地区，他竭尽全力在各方之间进行调解斡旋。对利比里亚、安哥拉、南非、巴勒斯坦解放组织和以色列等问题，他都进行过调解，为结束冲突，实现和平发挥了重要作用。

为了表彰他为世界和平、正义和对话所做出的卓越贡献，联合国教科文组织于1989年11月15日通过决议，设立“国际博瓦尼和平奖”。南非总统曼德拉和前总统德克勒克，巴勒斯坦解放组织主席阿拉法特和以色列前总理拉宾、前外交部部长佩雷斯等先后获此殊荣。科特迪瓦政府则将11月15日定为法定节日——“国家和平日”，每年的这一天都要举行庆祝活动。

科特迪瓦自1983年同我国建交后，两国关系发展一直平稳、友好，坚持一个中国的政策。这其中的一个重要原因就是，博瓦尼总统非常看重中国的国际地位，以及在国际事务中发挥的积极作用。他认为，非洲出了个联合国秘书长加利，是与联合国五个常任理事国之一的中国支持分不开的。中国虽然自称为发展中国家，但在他看来，中国实际上已是一个相当发达的国家。他说，即使说我们同在一个发展中国家的大楼里，但层次也不同，中国目前已经处在高楼的最上层。

1992 年 7 月，应博瓦尼的邀请，时任中国国家主席的杨尚昆访问科特迪瓦。两位 80 多岁的老人一见如故，他们手挽着手，互相扶持着对方出现在欢迎的人群面前，其情其景感人至深。告别时，他对杨尚昆说："我们不仅是朋友，而且是兄弟。你的心一部分留在了我的国家，我的心伴随着你回到北京。"同年，时任国务委员兼外长的钱其琛访问科特迪瓦时，博瓦尼总统给予了破格接待。他不仅让钱其琛住进了总统府，会见的时间也一再延长，而且用自己的专机送他到邻国访问。

博瓦尼总统曾表示，"在有生之年，一定到中国去看看。"遗憾的是，他的这个愿望未能实现。

博瓦尼是一位虔诚的天主教徒。阿比让规模宏伟的大教堂和被称为"世界最疯狂工程"的亚穆苏克罗大教堂，都显示了天主教在科特迪瓦的地位，博瓦尼在晚年了却的一个最大心愿是：在亚穆苏克罗西北部的一片荒地上建成了"和平圣母大教堂"。他说，这是他本人送给上帝的礼物。

"和平圣母大教堂"被视为罗马大教堂的翻版。教堂是在 1985 年博瓦尼总统为庆祝自己 80 岁生日而开始兴建的。在为教堂奠基时，博瓦尼总统曾自豪地说："这将是全非洲最大的教堂。"但他又风趣地说："不要建得比罗马教堂高呀！"此后，20 多家欧洲建筑公司的 1800 名工人经过夜以继日的紧张施工，教堂于 1989 年 9 月竣工。

教堂呈纵长十字形，主体部分是由一个直径为 95 米的大圆屋顶构成，前面与由60根巨大柱子支撑的两个对称半圆形列柱廊相连，中间是广场，外围是修剪整齐的五颜六色的立体草坪。教堂占地面积约1950亩，建筑面积约10500平方米，高度超过了罗马教堂，达到160米，长度为275米。教堂能容纳1.8万人，其中7000人有座位，而室外场地可同时接待30万人。

教堂建筑风格独特、气势恢宏，它巧妙地将古希腊和罗马的建筑艺术与现代科技融为一体。内部装饰豪华、别致，四壁镶嵌的以欧洲传统工艺生产的大彩绘玻璃达8000平方米，上面栩栩如生地绘制了形态各异的非洲古今人物和风物民情。大圆屋顶上安装了1810个1100瓦的高压灯泡，一到夜晚灯光四射，如同白昼。教堂圆顶下悬挂的巨大的十字架，是用金铂包制而成，当人们站立其前闭目诵经的时候，会产生一种神秘莫测的感觉。教堂被视为“和平的使者”，将“为和平祈祷，为和平耕耘，为和平做出贡献”。

在科特迪瓦经济显得相当困难的时候，博瓦尼在他的家乡修建了这座超豪华的建筑，曾招来国内外的许多非议和批评。博瓦尼则反驳说：“有人说我疯了，修建这座大教堂将使科特迪瓦经济崩溃。我的政敌也振振有词，认为在大草原上修建如此庞大的建筑，是不折不扣的疯狂行为”，但“我的行事准则是：干自己的事情，随人家怎么说去。如果这个教堂是花国家的钱，那么我能理解这种指责。但这是一件私人的事，是由我和我姐姐出钱修建的。”博瓦尼还指出，世界上的不少著名建筑，在历史上都曾受到过这样那样的非议，但是，后来它们却成了人们仰慕的世界名胜。

据估计建造这座教堂约花去1.5亿美元，但博瓦尼对此总是秘而不宣，当法国《世界报》的记者一再追问时，他淡然一笑，并诙谐地说：“大教堂是我献给上帝的一件礼物，我给上帝做事情，上帝是不需要开账单的。我能对你说的是，我绝没有向任何一家银行借过一分钱。我为国家借过钱，但从没有为我自已借过钱。一切都还清了，我一个子儿也不欠。”

作为一名虔诚的天主教徒，博瓦尼经常说：“我知道上帝就是爱，上帝不需要我们，是我们需要上帝。”对他的人生，博瓦尼总是显得非常的平静。在他的晚年，曾有记者问他：“您认为，您一生中最大的不幸是什么？”他回答说：“失去尊严。”记者又问：“您愿意怎样地死去？”他说：“在我的村子里，躺在自己的床上，非常清醒地离去。”非洲哲人博瓦尼正是像他所希望的那样，在亚穆苏克罗，博瓦尼的家乡，安静地躺在床上，坦然地走完了他不平凡的生命旅程。

第四章 ○ 放眼看内外

○ 拉法兰大声疾呼

2008年4月6日，在北京奥运圣火即将到达巴黎前夕，法国前总理、参议员让·皮埃尔·拉法兰，在预定火炬传递启动仪式现场——埃菲尔铁塔下，接受媒体采访时，呼吁切莫将政治与体育挂钩，不应绑架北京奥运。

拉法兰说，对北京奥运圣火即将到来表示欢迎。奥林匹克火炬是奥林匹克运动的象征。它表达了奥林匹克主义的价值、青年人的价值、希望的价值、体育的价值和参与的价值。他对即将在北京举行的奥运会寄予希望。他认为，通过搭建这样一个体育盛会平台，无论是富国的还是穷国的，“北方国家”的还是“南方国家”的，亚洲国家的还是西方国家的，世界各国运动员都可以走到一起，相互交流、相互了解、相互对话，最终达到相知相识、相互尊重。他相信，奥林匹克运动会将会使世界变得更加美好。当运动员拿到金牌，赛场上奏起不同国家的国歌时，将会感动全球无数观众。

正是基于此，拉法兰反对将政治与体育捆绑在一起。他说，体育不是政治。政治是政治家的事。因此，不应拿奥运会来做文章以达到某种政治目的。他说，世界是多元的，联合国教科文组织一直倡导世界文化的多样性，奥林匹克运动本身就是一种多元文化。根据不同国情，各国可以选择适合于自己的发展道路，任何国家无权对别国说三道四、指手画脚。在谈到西方媒体炒作中国西藏问题时，拉法兰认为，不应以“傲慢与偏见”的态度来看问题，而最重要的是了解事实，进行政治对话。他反对少数人叫嚷要抵制北京奥运的做法，因为抵制意味着关闭了对话的大门。

拉法兰接着说，如同希腊的欧洲文明一样，中国是一个具有五千年悠久历史的文明古国。无论是过去还是现在，中国都是一个值得尊重的国家。他说若干年前，中国选择了改革开放政策，比如中国申请加入了世贸组织，中国由此取得了巨大的进步。中国北京将举办奥运会，中国上海将举办世博会，这都足以说明了中国的发展变化。他希望法国人应该多了解中国，重新认识中国。

对于法中关系，拉法兰持乐观态度。他说，两国领导人均以一种世界性的战略眼光，确定了法中关系长期发展的大方向。现在法中之间，两国经贸往来快速增长，科技合作不断加深，文化交流更加密切。他相信，在欧中框架内，两国有更多事情可做。法中业已建立起来的新型战略合作伙伴关系将会得到进一步加强。

拉法兰是一位具有远见与智慧的政治家，中国人民的老朋友，他多次访问中国，特别是2003年，北京非典疫情仍处于高危期时，拉法兰当时作为法国总理毅然访问中国，至今仍让中国人民难忘。在各种场合的演讲中，拉法兰先生每次都激情满怀地强调，法中友好合作对双方都有利。难能可贵的是，西藏发生暴力事件后，在西方舆论一边倒的关键时刻，拉法兰是敢于站出来讲真话、唱反调的少数法国政治家之一。据他透露，届时，他将作为法国国家组织的特别代表去北京参加奥运会，考察北京奥运期间法语的使用情况。他预祝北京奥运会取得圆满成功！预祝法国运动员获得更多的金牌。

○ 顾拜旦看在眼里

塞纳河、埃菲尔铁塔、凯旋门、香榭丽舍大街、协和广场、卢浮宫、巴黎圣母院……这一长串令人向往的名胜古迹，构成了巴黎的超级风景。2008 年 4 月 7 日，当第二十九届北京奥运会火炬传递到这里的时候，巴黎已是杨柳青青、百花吐艳的季节。追随着春天的脚步，圣火给这座迷人的城市点燃激情，传送美好的祝愿。

巴黎是顾拜旦的故乡，也是举办过两届奥运会的地方。顾拜旦于 1891 年正式提出恢复和创办现代奥运会的想法，唤醒了沉睡千年的希腊古奥林匹克。1893 年，在顾拜旦的推动下，来自 12 个欧洲国家的代表们在巴黎召开了奥林匹克运动大会，通过了奥林匹克宪章，确定了现代奥运的宗旨。从此，现代奥林匹克运动会逐渐成为最大规模、最具影响的世界体育盛会。此外，他还特别确定了采集和传递奥林匹克圣火仪式，以便让“和平、友谊、进步”的理念传遍全世界。法国奥委会主席亨利·塞朗杜尔在迎接奥林匹克圣火的记者招待会上指出：“为什么奥林匹克火炬传递要经过巴黎，要经过法国？因为众所周知，是法国人顾拜旦复兴了奥林匹克运动，如果说希腊人是奥运之母，那么顾拜旦就是现代奥林匹克运动之父。”

火炬传递仪式在埃菲尔铁塔二层举行。北京奥运会火炬接力团队总指挥、北京奥组委执行副主席蒋效愚从护卫人员手中接过点燃的火炬，交给巴黎市政府代表，然后又被转交给火炬手。

约 12 时 35 分，第一火炬手，1997 年世界田径锦标赛男子 400 米栏冠军，法国运动员斯特凡·迪亚加纳手持“祥云”火炬，从埃菲尔铁塔上快步而下，迎着夹道欢迎的人群，将火炬传送给下一位选手。参加此次火炬传递的还有法国著名足球运动员佩德罗·保莱塔、法网女单冠军玛丽·皮尔斯、橄榄球运动员克里斯托夫·多米尼西、法籍华裔羽毛球运动员皮红艳，以及旅法侨界代表陈胜武和吴武华、中国留法学生代表柳青和驻法中资企业代表阎飞等 79 位法中知名人士。

在火炬传递现场，法国著名柔道运动员托拉恩·迈埃鲁瓦对笔者说，奥运会是全世界人民的体育盛会，他对被选为北京奥运会火炬手感到高兴。他说，届时他将前往北京参加奥运会开幕式，他对北京将举办一届精彩的奥运会深信不疑。

中国留法学生代表柳青在火炬传递结束后发表感言说，当点燃我手中的火炬时，我的心也被点燃了。我为能成为一名火炬手，感到无比的骄傲和自豪，我代表全体留法学生感谢祖国人民对我们的关怀。当然，在这个时刻，我也意识到自己所承载的责任和使命是多么的重大！他表示今后一定要好好学习，学成回国报效祖国。

第 39 棒火炬手法国华侨华人会主席陈胜武说，举办奥运会是中华民族的盛事，也是全世界所有华侨华人的期盼，这一天离我们越来越近了。今天，我能亲手传递北京奥运火炬，觉得祖国就在我心中。不管遇到什么干扰，我都不会害怕，都要保护好火炬，因为自豪和荣誉感早已超越了一切。

在卢浮宫前的火炬传递现场，TCL 多媒体副总裁兼欧洲总经理阎飞激动地对笔者说，25 年前离开祖国到这里读书，后来加入了法国籍，一直心存一种内疚感，总想为祖国做点儿事情。他说，这次能为北京奥运传递火炬，无论对于个人，还是对 TCL 来说，都是一次完美的轮回。

法国潮州会馆常务副会长吴武华表示，传递北京奥运火炬的经历将毕生难忘，幸福和荣誉属于全世界所有的华侨华人。他衷心祝愿祖（藉）国繁荣昌盛！预祝北京奥运会取得圆满成功！

从埃菲尔铁塔出发，火炬手沿着塞纳河左岸西行，过伊西桥进入右岸，顺河畔快道溯流而上折向东方。流淌不息的塞纳河，与奥林匹克火炬握手伴行，微波荡漾；两岸树木染上新绿、尖塔楼阁倒映水中。巴黎宛如一首赞美诗，又好似一幅流动的画。火炬手们在多名助跑人员的护卫下，途经塞纳河岸边的夏约宫，取道凯旋门，经香榭丽舍大街、协和广场、卢浮宫、巴黎市府，再返回左岸，经西岱岛上的巴黎圣母院，走近奥赛博物馆，行至国民议会大厦转弯向南，穿过拉斯帕伊和勒内——科蒂大街，走过巴黎最华美经典的地段，在当地时间 17 点 35 分左右到达巴黎火炬传递终点夏勒蒂体育场，全程约 28 公里。

巴黎是华侨华人聚集最多的欧洲城市之一。几天来，广大旅法华侨华人和留学生为迎接奥运圣火的到来而翘首以盼。29 个华人侨团联名在报纸上刊登整版大红广告，同时组织各种聚会表达心声，热烈欢迎北京奥运圣火传递到巴黎。他们共同的广告词是："北京奥运，世纪盛举。奥运圣火带着'同一个世界，同一个梦想'的全人类共同心愿，抵达巴黎，它象征着光明、和谐、团结、力量。我们旅法华侨华人满怀喜悦的心情迎接北京奥运圣火的到来，衷心祝愿 2008 北京奥运会成功举办。"

法国华人进出口商会会长夏尚忠告诉笔者，7 日一大早他就和其他会员们一起来到埃菲尔铁塔下，进行舞龙舞狮表演，为北京奥运在这里举行火炬传递仪式喝彩助威。法中文化交流协会会长林品红及全会成员放下手中的生意不做，从郊区赶到夏勒蒂体育场，为北京奥运圣火的传递"保驾护航"。

巴黎著名文化人叶星球先生在迎接奥运圣火现场即兴赋诗一首，以表达其激动和感慨的心情："北京奥运画屏中，圣火燃情映碧空，春至还雪须晴日，巴黎无处不东风。"

当然，对发生在顾拜旦家乡的一些干扰奥运火炬传递的恶劣行径，法国警方故意放水制造的辱华场面，以及沿途传出的充满偏见的政治噪音，这位创办奥运会的先驱，一定会看在眼里，痛在心上。面对一些人的挑衅行为，许多留学生只能以不停地舞动着手中的五星红旗来应对。他们还自制法文传单向巴黎观众和路人散发。标题是“请听我们说”。其中有一段话很让人动情:“八年来，在奥运会筹备过程中，中国人民付出了巨大的投入。他们不求任何回报，唯一的理由是，为了让全世界人民能够相聚在一起，庆祝这个体育盛会。”“同一个地球，同一个梦想。奥运会将会让世界变得更加美好”。

○ 载入史册的一天

2008年4月19日，这是值得载入历史的一天。在这一天，旅法华人和留法学生在巴黎共和国广场举行隆重集会，表达支持北京奥运，反对法国媒体不公，以捍卫中国的国际形象。声势浩大的游行抗议队伍多达上万人，成为20年来法国历史上规模最大的华人集会。

按照规定，游行在12时至16时举行。但11时以后共和国广场上就挤满了人。中法两国国旗和各种各样的标语牌在不停地舞动。《义勇军进行曲》、《我的中国心》和《爱我中华》的歌声和“反对媒体不公！”“祖国万岁！”“中法友谊万岁！”的口号声此起彼伏。

进入广场后，留学生们有的在给路人分发中法两国国旗、宣传手册；有的在忙着发送印有中国地图的T恤衫，其正面写着“同一个中国，同一个家庭。”背面用法文写着“让奥运会成为一座桥，而不是一堵墙”；有的在地上铺一卷长布，让大家签名支持北京举办奥运会；有的在现场募捐，准备为西藏建一座希望小学；还有的拉着一块“支持北京奥运，反对媒体不公”的巨幅法文标语沿广场移动。

钻进人群里，笔者看到有人举着“我爱你，祖国妈妈！”的牌子。一位叫唐·拉夫里奥的学生，是一位巴黎商学院的法国学生，他手举着一块标语牌，一面用中法文写着“做人不要太DALAI　说话不要太CNN”，另一面写着“停止媒体歪曲报道”。他对记者说，法国媒体是在混淆视听，或者说是在撒谎，意在损害中国的形象。但是，他曾在中国学习和生活过，他所看到的与媒体所说的不一样。他面对法国电视台的摄像镜头，也勇敢地表达了自己同样的看法。

让·巴特里斯是一位68岁的法国老人，他身着写有中文“同一个世界　同一个梦想”的圆领衫，手里拿着中国国旗，与夫人一起走在抗议队伍中。他说为了北京举办奥运会，他们要和中国人民站在一起，并希望通过中国媒体表达他们对中国人民的友好。他对法国媒体关于北京奥运会所做的不真实报道非常气愤。对于中国残疾人运动员在巴黎火炬传递中受到攻击，而法国警察却无所作为感到羞愧。他说，中国一直是法国的朋友。他担心由戴高乐将军亲手建立起来的法中伟大友谊，有被某些政治秀和媒体的不实报道所损害。他说，他非常热爱中国，现在他还在学习中文，他希望中法关系继续保持友好。

在集会的队伍里，你还可以看到一些旅法侨领。他们也都和学生们一样，穿着T恤衫，一起唱歌、呼口号。他们关了店门不做生意，且在一定的政治压力下，毅然在这一重要时刻来到游行集会的队伍里。用他们的话说，近来在巴黎发生的一些事件让人感到很气愤，在法国这个有着街头政治历史的国家，对于不公正的行为我们不能总是选择沉默，而是要站出来表达我们的不满，让法国社会听到我们华人的声音。另外，我们站在这些充满爱国热情的留学生的身后，也是对他们的一种最好的支持。

最精彩的一幕莫过于留法学生李洹发表的长篇法文演讲。他富有哲理和逻辑思辨的行文，地道的法语，播音员般圆润、激昂、优美的嗓音，流畅而又连珠炮般的语速，让在场的中国留学生和华人为之欢呼，让法国人听得震惊和入神。李洹同学凭着自己的法语口才曾登上法国电视二台，与该台驻北京记者就有关中国问题进行过针尖对麦芒的辩论，他的语言、学识和说服力赢得了对方的尊敬，守卫了中国人的尊严。

他在演讲中强调，“我们中国留学生支持奥运，支持奥运在中国举行，这个占人类五分之一人口的国家有资格承办奥运会。奥运属于您，属于我，属于我们，属于我们大家，属于全世界的人民。这不是一场政治游戏。”

此次活动的组织者之一蔡印同同学介绍说，在集会现场有好多法国朋友主动出来和大家一起发传单、呼口号、当发言人。另外，据他透露，一位法国著名运动员在前一天曾给他来信，对这次行动表示支持。该运动员说，这一天虽不能到现场，但是如果你们需要，我会毫不犹豫地站出来说话。因为作为一名运动员，我反对把体育运动政治化。

○ 历史性的演讲

在当时特定的背景下，中国留法学生李洹在巴黎共和国广场发表的激情澎湃的演讲，向世界发出正义之声，表达了中国人民的心声，在华人世界产生了巨大的共鸣。笔者连夜对其演讲稿阅读编辑后，发至人民网进行了独家报道，点击率空前海量升高，全国各网站立即做了转载，不少外媒也跟进报道，李洹一夜之间在全球爆红成名，被无数华人视为心目中的英雄，受到来自四面八方、国际国内凯旋般的欢迎。

时至今日读来，李洹的讲话仍不失为一篇非常精彩、具有强大说服力、充满爱国情怀、很能打动人心的演讲。下面是李洹用法文演讲的全文译文，其中略有删节。

女士们，先生们，亲爱的中法朋友们，你们好！

我想首先感谢巴黎人民和巴黎市警察局给了我们今天这次机会让我们聚集于此。这是罕见的一次，也是欧洲和法国历史上最大的华人集会。

我想代表从别的城市，乘坐大巴、火车和汽车，从几百公里以外自费赶来的朋友们，以及很多没有能与我们相聚于此的朋友们发言，以表达我们大家对中国、对法国、对法国人民，对中法友谊的所思所想所关注。

在这次对中国的妖魔化的扭曲报道事件中，我们，全世界的中国留学生，我们感觉很痛，我们的感情受到了伤害，但是我们不怪法国人民，因为造成这样结果的责任人不是你们，而是一些不负责任的法国媒体和职业煽动家。

像所有行业一样，记者和媒体有自己要遵守的职业道德。媒体要求公正、客观，对所报道内容的核实，以及评论的中肯。无论如何，也不能诽谤和诬蔑，没有证据地责难，扭曲事实地造谣。

法国媒体在对最近发生事件的报道中，一些记者超出了他们原本的报道角色，完全变成了自认为拥有绝对真理的批判家，甚至把事件可笑地简单化。一个弱小而善良的受害者和一个巨大而残忍的暴徒。他们的角色从一开始就这样人为地被分配好了。

然后，记者们找寻各种方式和手段来证明这两个角色。比如说，选择性的阐述历史，认为中国的革命对中国不可分割的一部分是“侵略”，而故意不说95%受煎熬的藏人的黑暗的政教合一；把尼泊尔的警察说成中国警察，用几十年前的照片来说今天的事情；传播根本没有验证的信息，比如根本没有可信度的所谓死亡人数，以及选用一些别有用心的人的口述。

那些外国游客的描述和他们拍到的视频，让我们看到暴徒对无故路人进行令人发指的暴力，没有一个媒体说这是对无辜者的施暴。更有甚者，一些不负责任的法国媒体制造并强迫人们接受一个根本没有任何可信和公正证据的“血腥镇压”的假设。

法国媒体很少邀请中国人在节目中阐述他们的观点，即使有也是把他放在被告的位置上，而另一方则是在数量上几倍于他的“法官”。

是，你们可以批评中国政府在一段时间里不允许记者入藏，但是不能捏造根本不存在的事情。

这种处理西藏暴乱信息的方式，是一种媒体暴力，一种意识形态的欺骗行为，一种话语权的霸权，一种扭曲事实的宣传，一种无耻的欺骗。

首先受害者是法国人民，他们是多么的具有怜悯心和博爱，他们相信媒体，可不幸的是，他们被操纵和欺骗了。

西方的信息模式本来还是人们的一种效仿模式，它现在不再是了。没有人有权力操纵大众舆论，不能在中国，也不能在世界上任何地方。这是在所谓言论自由模式中的另一种压制言论自由的方式。

还有一些作为法国精英的政客的思维惰性，让我们无比震惊。

所谓人权，对某些人来说是圣战的号角和一切有政治目的不负责任的煽动的盾牌，比如说对于罗伯特·梅纳尔（“无疆界记者”组织秘书长）来说。

为什么此人在关塔那摩监狱里的酷刑不断重复，在伊拉克人被美军士兵侮辱的时候消失了？这是不是一种选择性的失明呢？

联合国教科文组织终止了对“无疆界记者”的支持。在一份公告中，联合国教科文组织解释说，“无疆界记者”多次在无客观所言地报道某些国家的过程中丧失了记者的职业道德。

为什么呢？

从互联网上，同时也是罗伯特先生承认的信息中，我们了解到“无疆界记者”的财政支持是源于一些与美国中央情报局关系密切的组织。

我们，海外的中国留学生们，我们很心痛，我们的感情受到了伤害，但是我们并不怨恨法国人。

我们是两个截然不同的世界之间经验与信息交换的桥梁，我们也是这场文化、思想，尤其是政治冲突中首当其冲的受害者。

在国内的中国人非常相信我们这些留学生对国外的见解。他们对于国外的认识和印象不少也来源于这个留学生群体的感觉。

面对捏造或传递虚假消息的西方媒体的指责，我们这些留学生中的很多人开始反击，在互联网上辩论并呼唤报道的真实性。我们都注意到，被某些媒体 “喂饱了” 的有些法国人对于中国有着很深的偏见。

在抵制奥运，抵制中国，支持所谓自由西藏的叫喊声中，中国人民对西方世界的审视和不信任正在增长。

中国政府的努力还远没有达到尽善尽美的地步，说它是世界上最完善的和说它是世界上最差的同样可笑。但我们这一代，我们这些20岁到30岁的年轻人，从我们年幼时起，我们就一直生活在中国生活水平不断提高及自由度不断开放的环境中。

我们很惊讶，在这一切都向好的方面发展的时刻，在这个我们生活比以前更好的时候，国外才有越来越多的那么些“好心人”，想把我们从所谓的 “世界上最大的独裁”中“拯救”出来！ 我想问，你们以前在哪儿？

我们这些在西方求学的中国人，我们对未来充满了自信。的确，中国还有很多事情要做，而我们，我们中国人，更是对这些进步的实现有着前所未有的信心。

中国有另一种文化，另一种历史，另一个体积。社会学不是一种像数学一样精确的科学。在这方面，所谓的“普世典范”有太多的变数。

来中国吧！来看看一个真实的、完整的中国。一个很多西方媒体不会展现给你们的中国。来西藏吧！ 用你们的眼睛来见证那种所谓的“文化灭绝” ，这种灭绝是否真的存在？是否藏语正在 “消失” ？那些喇嘛们是不是可以自由地信仰他们的宗教？西藏人是不是比在达赖的神权统治下过得更好？ 与那些上了年纪的西藏人聊聊，谈谈他们永远无法忘记的“佛教天堂 ”。我们需要直接的交流，更多的知识交换，我们会继续对此做出贡献！

我们中国留学生支持奥运，支持奥运在中国举行，这个占人类五分之一人口的国家有资格承办奥运会。

奥运是属于谁的？奥运是属于您的，属于我的，属于我们的，属于我们大家的，属于全世界人民的。这不是一场政治游戏。

亲爱的政客们，反对中国的那些政治势力的走卒们，请停止你们对于奥运的玷污。

中国作为东道主国家，想为全世界人民送上一份最好的礼物。成千上万的中国人呕心沥血多年，就是为了这一天。他们正敞开怀抱欢迎世界各国的人们。

当奥运圣火在世界各地传递的时候，它所要传达的是同一条信息，那就是欢迎你们的到来，中国人民期待和你们一起庆祝这个充满人性关爱的盛会。

当有些媒体提到，这次圣火传递失败是给中国的一记耳光。当代表着爱与和平的圣火，受到一些专门抗议者的侮辱行径时，我认为这确实是一记耳光，但不是给中国的，而是给中国人民的，给法国人民的，给全世界所有热爱奥运的人民的。

很多法国人似乎对中国有一种恐惧，这种恐惧来自于对中国的无知。这也是为什么我们希望你们可以直接和我们沟通，来进一步了解中国。

中国和她的文化注定了我们爱好和平的本质。自秦朝统一六国后，中国从此结束了原来分裂的状态，成为一个完整独立的国家。我们便属于一个大家庭。

我认为，这是一个具有5000年历史文化的高度。这会令人担忧？但是文化是鲜活的具有生命力的。当你们在中国饭店使用筷子的时候，中国文化正向你们充分地展现它的魅力。

妖魔化中国只会让中国人更远离西方世界，只会拉大人民间的距离。

请让我们好好沟通！

我们想给你们另一个信息。我们中国留学生，非常诚恳地希望中法人民之间不要有敌对情绪，因为不管怎样这都是不理性的，也是没用的。了解两种不同文化的我们，希望成为法中两国人民的一座桥梁，一个信息沟通点。我们向你们诉说的是中国人民的真实想法和感受。我们同时也会传达法国人民对中国善意的关注。请相信我，这座桥，将会前所未有的坚固，特别是在这种极度令人遗憾的现状下。

亲爱的法国朋友们，我们热烈欢迎你们所有人的到来，甚至那些想“在北京制造混乱”（一个欧洲议会议员的言论）的人。我们将会帮助他们找到一个好的保险公司，为他们提供一种包括所有民事责任的保险。

让我们北京见吧，亲爱的朋友们！

谢谢，非常感谢！

○ 好为人师不自豪

怎样回过头来看法中关系发展进程中出现的一些新问题？中法关系的现状以及未来的前景如何？在巴黎歌剧院附近的法国人头马总公司豪华的办公大楼里，我有幸采访了法中委员会主席、法国人头马董事会主席杜明妮·埃里亚尔·迪布吕埃尔女士。她一直以冷静、坦然和微笑的态度回答了我的提问。

记者：法中委员会对促进中法友好合作与交往发挥了积极的作用，杜明妮主席能否回顾一下中法关系的过去，谈谈您对目前现状的看法？

杜明妮：法中委员会于29年前由法国企业联合会的前身所创建，旨在促进中法两国之间的经济对话，尤其是企业间的对话。当然，法中委员会也为促进法中关系的发展做出了自己应有的贡献。回顾过去，我认为法中两国关系一直非常好，否则两国企业之间也不可能建立如此高层次的交往。想当年，法国是第一个承认中国的西方大国。法国企业也是最早进入中国市场的西方企业之一。这些都说明法中两国关系非同一般。避开怀旧的心理不说，法国企业确实衷心希望和中国继续保持这种亲密关系。

然而，30年来的改革开放，使中国发生了翻天覆地的变化，随之法中关系也出现了一些微妙的变化。近年来，每天有关中国的报道充斥了法国各大媒体。的确，中国令人神往。可是，今天的中国门庭若市，世界各地的人都涌向中国，中国人也开始走向世界各地，法国人不禁感叹今非昔比，特殊地位不再。此外，中国的规模也让人害怕，尤其是当人们对中国缺乏认知的时候。北京奥运会聚焦了这种恐惧心理，也凸显了法国公众对有关中国的复杂印象。换句话说，中国发展之迅速让人感到措手不及，一刹那间各种中国符号已渗透进每个人的生活。在这种背景下，即便没有其他政治干扰，法中关系也会结束相对平静的时代，进入一个新的历史发展阶段。

记者：如果以平常的心态和公正的眼光，现在您如何回过头来看早些时候发生在巴黎的一些不当行为？这事实上是否已对中法关系造成伤害？

杜明妮：对西藏问题缺乏了解的过度反应，以及阻碍北京奥运火炬在巴黎传递，事情本身确实令人吃惊和让人遗憾。我们看到有些人当时反应非常激烈，也很情绪化，可事后他们一点都不觉得自豪。一开始他们相信了媒体的报道，后来他们才发现不少报道掐枝去叶、断章取义，甚至违背了事实，对于中国的实际情况知之甚少。还有，某些政治人物的表态，不应被诠释为是法国民众的态度，一些比较复杂的过激做法，与法国公众对中国的整体评价完全不相干，也就是说两者不能相提并论。

在巴黎出现的这些意想不到的问题，如果说还谈不上对法中关系造成伤害的话，至少是一次严重警告。因为在两国关系中缺乏相互尊重总是比较麻烦的。

记者：那么，您如何评价巴黎市长德拉诺埃和记者无疆界组织秘书长梅纳尔的所作所为呢？

杜明妮：德拉诺埃的行为是一种挑衅行为。至于梅纳尔的做法，我个人是不齿的。特别让我无法接受的是：某些法国人自认为是裁判，好为人师。

记者：请问，法国媒体在您心目中是个什么形象？它们在中法关系中扮演了什么角色？

杜明妮：媒体总是寻找耸人听闻的切入点，追求轰动效应，它们对一些事件推波助澜，至少对中法关系没有帮什么忙。这是使人忧虑的一件事。总的来说，没有几家媒体的报道是经过深思熟虑的，是牢靠的，可信的，要做到客观、公正、真实，对于法国主要媒体来说还得做相当多的功课。但是，媒体每天关注的是销售量和更大的读者群与观众群。不幸的是，法国媒体很少有时间去进行反思。所以这很糟糕，有时甚至出现歪曲事实的报道。如果读者或观众自己不去寻找补充信息，就会仅仅停留在肤浅的感性层面。这么一来，公共舆论就容易让一种印象，一种看法，一个画面，一个评论牵着鼻子走，还可能被各种政治势力这样或那样地利用。那么，具体到行动上也就更容易感情用事。这正是前些时候在法国出现的情况，并已对法中关系带来负面影响。

记者：您对未来的中法关系有何期待?

杜明妮：法国和中国是两个历史悠久的大国，具有较深厚的传统友谊，没有理由不继续友好下去。目前，最重要的是双方都应进一步冷静下来，尽可能从感性的层面回到理性的层面，加强沟通和对话，增加认识和理解，消除彼此间的一些误解，以行动重建相互间的信任，继续推进各方面的合作，努力创造我们共同的未来，创造法中两国都能从中获益的合作伙伴关系。

法中委员会一直致力于增进两国友好关系。我们定期给会员企业吹风和寄发有关中国的最新信息；经常安排法中两国企业进行座谈和对话；分别在法中两国举办高层圆桌会议和经济研讨会；不定期地邀请双方专家解析两国关系中的热点问题，等等。这样做的目的在于，进一步加深接触、交流和理解，避免认识上的肤浅与浮躁，推动法中关系继续向前发展。

○ 中国释出积极信息

法国人民运动联盟总书记让—弗朗索瓦·科佩波澜不惊的淡定，言近旨远的谈吐，透露出了一位政治家不凡的睿智。在法国省议会选举前夕，尽管纷繁复杂的事很多，但是科佩先生还是在该党总部，他的办公室里接受了记者的专访。

科佩已五次访问过中国，一谈到中国，他的话匣子就打开了。他说，他所见到的是一个充满活力、引人入胜、令人乐观的中国。中国的增长节奏是前所未有的。当然，中国也如同欧洲以及世界上其他国家一样，有好多问题有待解决，但这都是经济社会发展中出现的一些问题。

科佩指出，经过多年的快速发展，今日中国的经济和政治分量日益重要，并对世界的和平与稳定发挥着越来越重要的作用。他说，我尤其对和平发展这句话很感兴趣，它不仅诠释了中国目前巨大的变化，同时回应了亚洲国家面对像中国这样的大国发展所产生的担忧。中国的和平发展释放出让人放心的信息。中国这一发展哲学自然而然地与欧洲的发展理念合拍。欧盟和法国都希望以一种具体的方式，加强与中国在政治、战略、军事、经济和文化方面的合作。

科佩相信，中国在国际舞台上将占据应有的位置，决定了中国将参与诸如贸易、货币、增长、汇率、外交和环境等所有全球性重大问题的解决。中国体现出来的政治权威以及与西方国家共同分享的价值观必将服务于人类和平。

对植根于中国人精神和行动中与众不同的思维方式，科佩认为很有哲理，也非常欣赏。他举例说，比如“危机”在中国具有双层意思，即“危”和“机”，也就是危中有机。这一词语可以阐述当前中国的形势：一方面，无论对中国还是法国来说，充满现实、积极和令人惊异的发展机遇；另一方面，存在像价格、收入、消费、环保和稳定等一些问题，中国政府需要面对并认真逐步加以解决。

在谈到法中关系时，科佩说，法中两国关系是富有特殊感情的。1964 年，戴高乐将军就认识了中国，两国建立了外交关系。法中深厚的文化传统必将为两国关系的发展带来新的跃进。2010 年，在上海世博会上，法国展馆成为参观者最多的展馆就是明证。他希望两国关系不应仅停滞在留学生的交换层面上，而是要实现全方位的发展。正如“危机说”一样，法中应抓住机遇，消除分歧，赋予希望，推动积极、热烈和建设性的两国关系继续向前发展。

○ 万国宫内外的闹剧

坐落在日内瓦市中心的万国宫是联合国履行国际使命的标志性建筑。每年三、四月间，联合国人权会议就在它的地下一层17号大厅举行为期六周的会议，来自成员国和观察员国以及非政府组织的代表一起讨论和监督国际人权状况，以“保证人人充分享受一切应享的权利”。2000年4月18日一早，平日开场后十分冷清的17号圆形大厅内，人们鱼贯而入，能容纳3000多人的会议厅，不一会儿就座无虚席，随后连所有的走道都站满了人。联合国人权委员会第56届会议在这里就会员国提出的一系列议案进行审议、表决。由美国单独抛出的所谓“中国人权状况”反华议案（即L.30号决议草案）尚未付诸表决，就在审议程序中遭到否决，胎死腹中。这是自1990年美国策划反华议案以来遭到的第九次失败。

万国宫是世界上最繁忙的会议中心，每年在这里举行7000余次会议，联合国人权委员会会议只是其中之一。

万国宫建于1929年至1936年间，1968年又进行了扩建。这幢历经70多年沧桑，现在看似一般的九层建筑，其建筑方案是从377名世界建筑师的设计方案中筛选出来的。大厦的外部选用的是意大利的石灰石，内部使用的是法国、意大利和瑞典产的大理石。宫内陈设了许多艺术珍品，其中以西班牙著名画家何塞·玛丽亚·赛特绘制的征服战争、歌颂和平的组画最引人注目。

万国宫所在的阿丽亚娜公园原是当地勒维约家族的财产，末代主人居斯塔夫·勒维约于1890年遗赠日内瓦市，他留下的遗嘱有三条规定：以其母亲名字命名的阿丽亚娜公园必须向公众开放。他在园内的墓地必须不受骚扰。按照19世纪浪漫主义传统，园内需继续放养孔雀。迄今为止，这三条规定一直为人们所忠实地恪守。漫步在这个丘陵起伏的公园内，到处古木参天，修剪整齐的草坪沿坡地延伸向远方。登上位于公园中心区的万国宫最高层凭窗远眺，人们可以俯瞰风景秀丽的莱蒙湖，遥望白雪皑皑的勃朗峰。

正是在这样一个和平而又神圣的地方，美国自20世纪90年代以来，拉着一帮西方小兄弟几乎每年都要抛出一个反华提案，对所谓的“中国人权状况”说三道四、横加指责。在过去八次反华提案均遭失败后，非但不接受教训，反而变本加厉。这一次，在找不到联署国的情况下，美国自己不得不赤膊上阵跳出来单干，又一次提出反华议案与中国对抗。美国屡战屡败、屡败屡战的事实清楚地表明，除了其国内政治需要外，还有它不可告人的政治和战略图谋。

在联合国人权委员会第56届会议召开之初，美国前总统克林顿当时正在南亚访问。美国前国务卿奥尔布赖特作为随行的主要成员，竟然中断行程飞往日内瓦，在人权会议上发表针对中国的演讲，以谈论中国的人权为名，行干涉中国内政之实。奥尔布赖特赶来搞如此勾当，这在联合国人权会议的历史上是没有的。中国代表团给予了针锋相对的斗争。在奥尔布赖特讲话时，除当时中国代表团团长乔宗淮大使未到场以表示不予理睬外，在场的中国主要代表们也退出会场以示抗议。中国代表团反击强权的正义之举，引起全场与会者的极大关注。

此外，在会议期间，美国还派前助理国务卿拉夫特一直坐镇日内瓦，编导上演了一幕幕反华闹剧。

在万国宫的外面，特地从美国赶来的由美国豢养的一些“民运分子”、“西藏流亡分子”和“法轮功邪教组织成员”，与当地的某些反华势力相汇合，他们又是租用场馆开记者招待会以制造谎言混淆视听，又是花钱交场地费驻守在那里举行所谓的抗议示威。更有甚者，美国好莱坞演员李察·基尔竟明目张胆地从美国赶到现场，为一帮油嘴滑舌的西藏政治流氓张目。

在万国宫内，为配合美国和一些西方国家的不轨动作，这些反华的乌合之众在美国的特别安排下，纷纷以非政府组织名义混入会场，极尽造谣污蔑之能事，中国的一切似乎都在他们歇斯底里的大骂之列。但是，大谈中国政治犯如何如何的人却是些外国代理人。攻击西藏问题的却是长期生活在国外的西藏流亡分子，除了编造的谎言以外，可以说对西藏的情况一无所知。“法轮功”是美国这次用来攻击所谓“中国人权问题”的杀手锏。从场外“练功”，到场内叫嚷，大有“山雨欲来风满楼”，影响大会议程之势。然而，美国利用邪教组织干涉中国内政的做法，不但没有赢得支持，反而引起各国广大与会代表们的反感。这也许是美国反华势力及其追随者们万万没有想到的。

会上，美国代表在对别国大加指责的时候，却闭口不谈本国恶劣的人权记录。一位名叫麦克莲的美国女律师专门赶到日内瓦，揭露了美国人权状况真相。她在发言中指出，尽管美国法律明确规定了各种族平等，但实际上在美国社会中存在严重的对非洲裔和亚裔美国人，以及印第安人和拉美移民的歧视行为。有色人种经常遭到白人极端分子的骚扰和恐吓。更可怕的是，美国政府不仅对这些问题不闻不问，还以“言论自由”为借口袒护这些极端分子。在谈到妇女人权状况时，麦克莲说，美国的性别歧视现象也十分严重。有色人种妇女之所以处于不利地位，就是因为她们皮肤的颜色。她们的性别和她们所处的社会地位，使她们在教育、就业和社会保障等方面都无法享受到平等的社会权利。为此，麦克莲认为，美国总是标榜自己是“保护人权”的典范，但实际上，美国司法机构对有色人种判刑不公，白人警察凌辱和歧视有色人种，美国白人和有色人种之间的矛盾几乎已经成为一场灾难。

中午 11 时 40 分，当大会主席宣布开始审议 L.30 议题（即美国提出的反华议案）后，美国代表复诵了一遍人所共知的反华陈词滥调，无非是罗列一些无中生有或者经过严重歪曲的东西。如果说与过去有所不同的话，那就是为邪教“法轮功”鸣冤叫屈，借以攻击中国的人权状况。时任中国代表团团长的乔宗淮大使旋即发言，义正词严地指出，中国目前的人权状况正处在5000年历史的最好时期。这是任何不带偏见的人都会得出的正确结论。美国代表反复声称，中国人权状况严重恶化，这完全是信口雌黄；2009年5月8日，美国轰炸中国驻南联盟使馆，炸死3名中国新闻记者，炸伤我20多名使馆工作人员。这是对中国主权和中国人民人权的粗暴践踏；美国自己用炮火处理邪教，却出于其不可告人的政治目的，完全不顾中国“法轮功”受害者的人权，竭力支持中国邪教。乔大使接着说，美国的这项决议草案只会挑起人权委员会成员国之间的对抗，毒化气氛，严重干扰人权委员会的正常工作。如果让美国的图谋得逞，那无疑将是对神圣的国际人权保护事业和对本委员会的亵渎。乔大使依据议事规则第六十五条第二款，动议本委员会对L.30号提案不采取行动（即使该提案成为废纸一张），并要求对此进行唱名表决。

在中美两国代表分别发言后，会议就中国提出的搁置美国提案的动议，展开了一场针锋相对、壁垒分明的辩论。俄罗斯代表首先发言说，多年来俄罗斯不止一次地反对将联合国人权委员会会议政治化，一个明显的事例，就是年复一年地讨论所谓“中国人权状况”，这种讨论是于事无补的。俄罗斯认为，中国在保护人权方面已经取得了巨大的成就，不能忽视中国去年签署了联合国两个公约的事实。俄罗斯认为，中国的动议是正确的。接着，葡萄牙代表欧盟及某些东欧国家发言，反对中国动议。古巴代表随后发言，提出将提案搁置的动议。他提醒代表们注意，正是美国代表在六七十年代经常使用这一做法。美国利用这一规则，在二十多年间将一个联合国创始会员国中国阻止在联合国大门之外。巴基斯坦代表认为，反对中国的这项决议草案是有政治倾向性的，它每年都将人权大会变成政治争斗的场所。事实上，目前中国的人权状况是历史上最好的时期。把中国作为攻击的焦点，正是因为中国是最为成功的发展中国家。他相信，本委员会会通过中国的动议，这种在联合国人权会议上搞对抗的做法气数已尽，今年恐怕是最后一次了。斯里兰卡代表发言指出，中国是一个文明古国，它的人口约占世界的四分之一，如此众多的人民过着体面的生活，这是应该得到充分尊重的。孟加拉国代表说，中国是一个伟大的国家，它对人类文明做出了巨大的贡献，具有无限的发展潜力，与这样的一个国家对抗是没有出路的。

经过一个多小时的激烈较量，大会最终付诸表决。表决结果是：22 票赞成中国提出的动议；18 票反对；12 票弃权；1 票缺席。赞成中国动议的国家是：孟加拉国、不丹、博茨瓦纳、布隆迪、中国、刚果、古巴、印度、印尼、马达加斯加、摩洛哥、尼泊尔、尼日尔、尼日利亚、巴基斯坦、秘鲁、卡塔尔、俄罗斯、斯里兰卡、苏丹、委内瑞拉、赞比亚；反对中国动议的国家有：加拿大、哥伦比亚、捷克、萨尔瓦多、法国、德国、危地马拉、意大利、日本、拉脱维亚、卢森堡、挪威、波兰、葡萄牙、西班牙、斯威士兰、英国、美国；投弃权票的国家有：阿根廷、巴西、智利、厄瓜多尔、利比里亚、毛里求斯、墨西哥、菲律宾、韩国、卢旺达、塞内加尔、突尼斯；缺席：罗马尼亚。中国动议获得通过后，许多发展中国家的代表纷纷走到中国代表前，热烈握手，表示祝贺。美国策划的反华提案，又一次遭到可耻的失败。

亲临联合国人权委员会会议现场采访，有两句话总是回响在记者的耳边：一是“中国人当自强”。因为，中国的发展、强大是一切反华势力所不愿看到的，也是中国人民对一切反华势力的最好回击。二是“斗争正未有穷期”。沆瀣一气的国际及从国内流亡到国外的反华势力，虽然他们的政治目的难以得逞，但他们在国际上造势的手段越来越具有欺骗性和煽动性，无疑会对我国的国际形象产生消极影响，这是我们时时需要面对和需要认真加以对付的。

○ 中法文化在此对接

坐落在巴黎塞纳河左岸，与右岸紧挨香街的大皇宫和小皇宫隔亚历山大桥相望的巴黎中国文化中心，同埃菲尔铁塔下的文化长廊、奥赛博物馆、卢浮宫、吉美博物馆和夏约宫等同处于巴黎一条繁华的文化带上。自2002年成立以来，巴黎中国文化中心作为展示中国文化的窗口，借风水宝地之灵气，中法文化在这里成功对接，全年内容丰富、形式多样的文化活动搞得风生水起、有声有色，吸引了大批爱好中国文化的法国各界人士，甚至引起日本、韩国和越南驻巴黎文化机构的关注，并主动来人登门考察取经。

据巴黎中国文化中心主任殷福介绍，“中心”每年文化活动百余起，接待了众多的参与者和参观者，其中不乏政要、明星、名流，当然更多的是法国民众。“中心”的魅力从何而来？首先，5000年灿烂的中华文明使法国人从心底里佩服和赞叹。其次，30年的改革开放，使中国成为世界第二大经济体，让全球瞩目，特别是在金融危机、欧债危机的当下，更让法国人心生好奇，想了解中国的愿望与日俱增，中国文化走出来正好适应了法国人的这种文化需求。当他们走进“中心”，体会到中国文化的博大精深，以及与法国文化不一样的精彩，许多人一下子对中国文化着迷了，“中心”自然而然地成了他们接触与学习中国文化，感知现代中国的一个重要平台。

“中心”在传播中国文化方面承载着多方面的功能。通过举办丰富多彩的报告会、研讨会、讲座、演出、放映、音乐会和展览会等活动，在巴黎乃至在法国已渐渐形成了一个中国文化传播的圈子，其辐射范围正不断扩大。比如，“中心”创办的文化品牌之一“巴黎中国传统戏曲节”，每两年一届，已成

老外走进巴黎中国文化中心写春联。
作者摄

功举办了四届，京剧、昆曲及20多个剧种的地方戏在巴黎登台亮相，观众累计超过万人。戏曲节培养了一批忠实的法国戏迷，每逢演出他们都会提前购买套票，一场不落地前来观看演出。演出场地也从最初的租用剧场，发展到与巴黎市立剧院合办，票房分成、戏剧节的宣传广告和售票因此被纳入到巴黎市联合售票系统中，产生了较好的社会效益和经济效益。

每年举办的“法国中国电影节”成为“中心”文化活动的新亮点。经过精心策划，合作形式实现了“落地”。中国电影节不仅与欧洲最大的电影制片和发行公司百代合作，而且争取到了巴黎市府的大力支持。每次电影节开幕前，巴黎市府在市中心的 200 多个公益广告栏上滚动展示电影节海报，其中包括在人流量最大的香榭丽舍大街、凯旋门、埃菲尔铁塔和巴黎歌剧院等著名景区。在几百个影厅播放电影节片花，再加上合作方邀请法国媒体参与报道，使电影节的影响力获得了超乎想象的提升。

对那些渴望学习中国文化的法国人，“中心”为他们开办了汉语、书法、绘画、乐器、中医和茶艺等课程。“中心”注册学员近两年猛增，现在已达 700 多人，教室已处于饱和状态。学员大部分为法国大、中、小学生和在职人员。他们的学习目的很明确，一部分看好中国的未来，从学生时代抓起，希望将来能去中国发展或从事与中国有关的工作。另一部分是中国在法国公司的在职职工或法国公司准备派驻中国的员工，因此学好汉语对他们非常重要。还有对中国文化抱有浓厚兴趣的一部分人。“中心”现已获得了法国相关部门颁发的培训资质证书，这对“中心”走出去，大力开展各类文化培训大有好处。“中心”已对法国巴黎五星级饭店香格里拉职工进行了中文培训。双方的迫切需求延伸到文化传播内涵，使得中国文化潜移默化地融进了法国人的实际生活之中。

“‘中心’的图书馆、《塞纳河畔的中国》法文版季刊和信息网站，作为文化传播的重要载体，还有待于我们继续下功夫、想办法，尽可能把这方面的职能发挥好”。殷福说。从目前情况看，来图书馆借书看的人不多，季刊发行量还不大，网站的点击率还不够高。这些都需要“中心”做更多的文化服务和推广工作。“中心”准备与法国教授汉语的大、中、小学校，以及分布于法国各地的 15 所孔子学院建立联系，主动为他们提供中国图书信息服务。与此同时，“中心”正在探索与中外媒体建立一种全方位、多领域、长期稳定的合作关系，以推动中国文化传播向深度和广度发展。

在谈到接下来的计划时，殷福说，法国是发明照相机的故乡，当时法国人拿着自己造的相机，到中国拍下了许多难得的照片。经过法中双方商定，将在巴黎和北京同时举办《前尘影事》摄影展，届时展出的这些从未面世的老照片，必将勾起人们对中法两国人民间长期交往的回忆。尤其是，“中心”正在策划举行中法两国间的高端文化对话，就文化的多样性、核心思想和价值观等重要议题，进行面对面的思想碰撞与探讨。这无疑有利于中法两国人民更深层次的了解和理解。

文化传播是一个长流水不断线、“润物细无声”的过程，但是文化释放出来的作用不可替代。一些受到中国文化影响的法国企业高管在一本《更多了解中国》的法文杂志上发表的观点，与西方一些政客对中国的解读得出完全相反的结论。他们认为，“中国的民主化进程应由中国自己来决定。中国的经济将继续高速发展。中国现行社会制度适合中国的实际”。

○ 红色芭蕾登金色剧院

2009 年 1 月 5 日晚上，中国中央芭蕾舞团在巴黎歌剧院上演的《红色娘子军》，再次点燃了巴黎人还未熄灭的“新年快乐一周”的激情之火。豪华的金色圆顶大厅，中国演员精湛的表演，赢得了艺术之都观众的一阵阵热烈的掌声和喝彩声。

巴黎歌剧院全名为加尼叶歌剧院，建于路易十四时期的 1669 年，后经过改建和整修，成为法国上流社会欣赏歌剧的场所。巴黎歌剧院是当时最受欧洲国家追捧和模仿的建筑杰作。金色彩绘拱顶、精美的雕塑、大镜面走廊、巨型水晶吊灯、大理石台阶，内部装饰极尽奢华。外部庄严雄伟、气度非凡。透过歌剧院的广场和大街，与王宫和卢浮宫遥相呼应。剧场内的舞台可同时容纳 450 名演员，观众席设有 2200 个座位，其规模之大，这在当时是难以想象的。

巴黎歌剧院的演出一直保持着世界顶级水准，在这一殿堂里演出以法国艺术团体为主，但也邀请世界著名剧团参加演出。中国芭蕾首次应邀在此亮相，见证了中央芭蕾舞团 50 年辉煌的成长历程。

中国中央芭蕾舞团团长赵汝蘅说，中国经典芭蕾舞剧《红色娘子军》首演于 1964 年，至今已演出 2500 多场，40 多年来常演不衰，受到全国和全世界观众的欢迎，该剧不管在思想性还是艺术性方面都有很高的继承价值。但是，《红色娘子军》今天走进巴黎歌剧院艺术殿堂，这是我过去想都不敢想的事。在巴黎歌剧院演出一直是我们的梦想，现在终于实现了，大家很高兴，真有一种一步登天的感觉。

根据双方达成的协议，此次在巴黎歌剧院除了连续演出三场纯中国的芭蕾舞剧《红色娘子军》外，还要演出三场纯法国的芭蕾舞剧《希尔薇娅》，目的在于让著名而又古老的巴黎歌剧院融进博大精深的中国元素，促进中法之间的文化交流，让两国人民共享“文化盛宴”。

中国革命题材舞剧登上了西方大雅之堂，这本来就使巴黎人感到新奇。漫天的大雪阻挡不住人们看中国芭蕾的热情。据歌剧院项目经理米夏尔介绍，《红色娘子军》三场演出的门票早已在半年前售罄，现在每天购票的电话仍然打爆。帷幕拉开后，无论是激荡的军队进行曲旋律，活力动人的舞蹈，还是洪常青甘洒热血写春秋的英雄气概，都使表演少了一些缠绵，充满了豪迈与激情。肢体和音乐语言，让观众能够读懂，彼此感情拉近，他们心随舞动，情随曲起，台上台下产生共鸣，全场演出共响起 20 多次热烈的掌声。

一位从里昂赶来的老太太看完演出后激动地说，“看到琼花悲惨的经历让我忍不住流泪，中国芭蕾不仅在于表演形式，而且还注重打动人的内心。”坐在笔者身边的一位巴黎观众说，没有想到，中国人用来自西方的芭蕾舞艺术，把中国故事演绎得如此引人入胜。演出具有鲜明的中国特色和内涵。中国芭蕾舞团今天走进巴黎歌剧院是中国文化繁荣的必然，未来在国际大舞台上一定会大放异彩。

○ 在法国看央视春晚

央视春晚不仅仅是全中国的一台大戏，而且成为全世界的一顿文化大餐。由于卫星传输技术的发展，在法国电视或网上同步看春晚早就不是问题。问题是：春晚年年看，感觉各不同。尽管咸淡酸甜众口难调，但是30年来全球华人离不开这一口。除夕之夜，无论身在何方，都惦念着共享这一伴随时代变化的快乐盛宴。

在法国看央视春晚，更有一种念国念家念亲人的情怀。春晚能让我们大中华大团圆，共度欢乐时光，体味国与家的温暖。巴黎与北京时间相差7个小时，在农历大年三十下午不到1点，我们全家就坐到电视机前，等待央视春晚传递来的春之欢乐旋律。我们的电视连接在法国Free有线网上，由于信息流量不足画面质量不高，从中可以感知法国60万华人华侨，还有不少法国人，都在同一时间通过央视4频道、法语频道、英语频道、个人电脑等，收看世界上独一无二的大戏——央视春晚，从而造成有线“大塞车”和“大拥堵”。

2012年春晚的大幕一拉开，就给人眼前一亮，喜上心头。舞美、灯光、音乐、场景的设计，可以说巧夺天工、五彩缤纷、流光溢彩、美轮美奂。同时它又深不见底、大得无边、变化万千、动感逼真，其磅礴气势和技巧功能堪称世界一流。新主持人的加入以及主持风格的变化，也使春晚锦上添花。看舞台、看风景、听音乐本来就已是一台精彩的晚会。相比之下，40来个节目不能说不棒，像杨丽萍的《雀之恋》，刘欢的《大爱》，金美儿的《冬天里的一把火》，张明敏的《我的中国心》等，其表现力和穿透力让人震撼。但一些新人新节目或老面孔新演绎，给人留下的印象却不够深，主要在于内容创新不够，抑或与人们品味浓烈年味的心理预期有落差，所以看完后脑子里还是平的，一下拎不出感觉。

特别是今年语言类的表演，显得包袱不够，笑料不多，少有亮点迸发，没有真正发挥中国语言丰富多彩的表达功能。如果说，相对不错的《爱的代驾》注重一些语言技巧的话，那么，《荆轲刺秦王》和《今天的幸福》之类，与欢乐春节不完全搭嘎，似乎给普通老百姓有点莫名突兀和晦涩难懂之感。在如此大的舞台上，怪声怪气地叫爹喊娘尤其让人有感到想吐的别扭。

30 年的春晚给观众留下太多的一路欢乐和美好记忆。中华文明的多姿多彩、博大精深，有取之不尽、用之不竭的艺术创作源泉，关键还在于央视导演的审美、发掘和创造。比如，中国留法学联在巴黎举行的春节联欢会上演出的《非诚勿扰》就很出新出彩出火花。希望央视工作者们能用宽广的视野去采撷不一样的花朵，以编织来年更加绚丽多姿的《央视春晚》的巨大花环，呈献给中国乃至世界热情期待的广大观众。

○ 孚日飘动中国红

孚日，不仅占有孚日山脉名山大川之灵气，而且省行政区号幸运地与“88”联系在一起。但因其地处法国东部大山深处，无论是孚日还是中国，相互之间长期知之甚少。伴随着《孚日向中国敞开大门》的中国年活动的启动，20万份相关的宣传小册子被散发到居民手中，孚日对中国释放出的热情、真诚与友好，一下子使双方之间的关系热络起来。

从孚日省首府埃皮纳勒到旅游胜地热拉尔梅，从矿泉水城维泰尔到温泉城普隆比耶尔，我们看到五星红旗飘扬在欧盟盟旗和法国国旗中间；组织此次活动的工作人员胸前都挂着印有法中两国国旗的胸卡；所到之处都用中文写着“欢迎”的标语；下榻的酒店门前为中国客人铺上了红地毯；用餐的盘子上都印烙上了当天的日期和法中两国国旗，接待安排之周道、之细微，让人为之动容。

特别是，时任法国参议院议长、孚日省议会主席蓬斯莱，虽已80多岁高龄，却一直带领着他家乡的各级官员陪同我们参观，在省议会餐叙座谈，为中国图片展开幕式剪彩。每到一地，他都在热情洋溢的讲话中不断强调，中国已经完全苏醒，中国的发展变化超乎想象，中国的市场潜力无比。他为见过中国几代领导人毛泽东、周恩来、邓小平、江泽民和胡锦涛而感到自豪。他认为，45年前戴高乐将军在西方大国中率先承认新中国，这一政治远见的正确性，完全被法中关系的发展和今日中国的强大所证实。他希望通过举办中国年活动，促进孚日与中国的交流与合作。

在孚日省四个城市举行的中国摄影展，时间跨越了30年。《流动的中国》展示了改革开放初期，中国老百姓的生活与自行车密不可分的联系。《中国红》以红色为主调，透过鲜艳的五星红旗，以及带有红色元素的各种幸福、喜庆、好运、成功等镜头，揭示了中国人的日子越过越红火。《水韵江苏》展示的是一幅幅经济腾飞、水乡如画的美丽景象。法国孚日公众通过这些图片，从不同视角，看到了一个真实的中国，了解到中国 30 年的巨大进步。

孚日经济旅游发展部经理达密安·巴尔芒蒂耶对笔者说，他作为孚日省代表团成员曾于 2008 年访问过中国，并与中国山东省签署了旅游合作协议。他说，代表团参观了北京、上海，还有山东的青岛、济南、曲阜等，中国城市现代化程度可与美国的城市相比，特别是一些工业园区规模大、技术先进。真是百闻不如一见，见了令人吃惊。他说，孚日的三大支柱产业是工业、旅游和山区经济，孚日真诚欢迎中国人来孚日旅游和投资，我们将为他们提供最理想的服务。

时任中国驻法国代办曲星说，我们今天走进了离中心城市比较远的深度法国，但仍可强烈地感受到当地人民对中国友好的情谊，这说明中法友谊有着深厚的民间基础。中法关系在经历了一些波折后，更使人们感到它的可贵，需要倍加珍惜。中法双方都应继承毛泽东主席和戴高乐总统老一辈领导人给我们留下的宝贵遗产，进一步加强政治互信，促进经济、旅游和文化等各领域的全面合作与发展。

孚日的莽莽松林，孚日的天然温泉，孚日的神奇魅力，孚日的火腿与果酒，都足以让人兴奋与享受！然而，更让人兴奋的是，孚日人将“中国红”贴满绿色深山的那份难得的真情！这就如同他们当晚特地为我们燃放的烟火爆竹一样，五彩缤纷、绚丽多彩的礼花绽放在我们与孚日朋友们热情相拥的心中。

○ 《巴黎竞赛报》中国刊

号称发行百万份的欧洲第一杂志，法国《巴黎竞赛报》与《欧洲时报》，经过长时间的磋商合作，终于向欧洲广大读者首次推出法文版中国特刊——《中国时代》。让《巴黎竞赛报》没有想到的是，第一期印发了10万份很快就被销售一空，且广告收入也远远超出预定目标，二、三期的广告客户已经在排队。

时任《欧洲时报》社社长的杨咏桔说，《巴黎竞赛报》这样有影响的杂志出特刊来介绍中国，可以说是史无前例。东西方的社会背景、文化传统、意识形态和思维方式虽然存在差异，但是中国发生的巨大变化，中华文明这块“活的化石”西方人难以回避和否认。尽管中国还存在这样那样的问题，然而中国建设和前进的春潮在整个华夏大地上涌动，这是谁都不能视而不见的。这种惊人的变化与发展，在西方需要一个表达的载体，《巴黎竞赛报》应势而上也是水到渠成的事。当然，该杂志这样做也有其现实利益和长远布局考虑，现在是投石问路，做好铺垫，随后是大踏步进入中国市场。事实上，《巴黎竞赛报》所属的桦榭菲力柏契大众传媒集团早已登陆中国，与上海译文出版社合作出版了*ELLE*，与《名车志》合作出版了《搏》等，均获得了相当好的回报。

首期《巴黎竞赛报》中国特刊的封面刊登了深受法国人欢迎的，体现当代中国形象的著名影星巩俐的大幅照片。导读大标题是“中国在变化”。在中国地图和该刊的社论之后，用六个整页刊登了上海浦东的现代化城市建筑的图片，另以两页登载了两位在华任职多年的法国经济学家对中国市场、政治、经济走势的分析和评价。接着用八个整页图文并茂的形式刊登了场面浩大的长江三峡工程。此外，还刊登了《大红灯笼挂上中国芭蕾舞台》、《走进女儿国》、《走近亿万富翁》、《破解东巴天书》以及《气功古已有之》，等等。

该刊"在幻境与奇迹之间"的图片文字说明是这样写的，"在坚定地转向未来，确信明天会更加美好之后，中国把第三个千年飞跃的希望寄托在新一代身上。直到 19 世纪中叶还是世界经济强国的中国，正在重新占据其世界第一方队的位置……标志性在建工程遍地开花：异乎寻常的大坝、最长的高速公路、最高的摩天大楼，这一切将给明天的中国打开一幅与其雄心相一致的美丽的图景。"

《巴黎竞赛报》周刊社社长阿兰·热内斯塔和《巴黎竞赛报》中国特刊总编辑阿兰·普济在合写的，并在本刊中唯一被译成中文的社论中说，"中国，从来没有像今天这样近若比邻，但依然是一个遥远的国度。说近，是因为她已加入世贸组织，表达了成为一个完完全全的国际贸易伙伴的意愿。此外，她还

参与报道中国"两会"的记者们（左二为作者）。

刚刚被批准加入了联合国《经济、社会和文化权利国际公约》。说远，是因为自从有《马可波罗游记》，有维克多·谢阁兰的小说，有丁丁和兰莲花的故事，世界上最古老的文明国度始终保持着她的神秘”。

社论接着写道，《巴黎竞赛报》出版中国特刊的目的仅仅是，“摄取中国的不同瞬间，介绍其新旧交替中的各种矛盾、历史发展中的断裂、有待改革的方方面面，同时展示中国希望开放，希望发展经济，希望实现社会福利的迫切愿望”。

社论最后说，“显而易见，中国希望把失去的时间追回来……但是，一个拥有 13 亿人口的国家，其运作方式会不同于我们这些古老的西方国家，因为我们的历史证明，走向民主的道路是漫长的”。

从蓝眼睛的视角来看待中国，尽管有一些报道不一定全面，但不论怎么说，《巴黎竞赛报》已经开始面对中国发展变化的现实。从大多数西方媒体的歪曲报道中，能够看到《巴黎竞赛报》独树一帜，站出来向世界介绍一个真实的中国，这正是《巴黎竞赛报》的成功之处，这肯定也是一个值得欢迎的开端。

○ 中国城竖起纪念碑

走进巴黎十三区，满眼的中国人、中国商店、中国招牌，人们很可能会以为来到了某个中国城市。其实，这就是巴黎人所共知的“中国城”。

在法国定居的华人有多少，确切的数字很难统计，一般估计约有 50 万至 60 万人。最初的一部分华人来自柬埔寨、老挝和越南等国，还有一部分是在法国土生土长的新生代华人。从大陆移居法国的华人原来数量很少，直到中国实行改革开放以后才渐渐多起来。但是，不管来自哪个国家，只要具有中国血统，他们都将自己视为华人或唐人，尤其这些年中国快速崛起之后更是如此。他们都为中华灿烂的文明而骄傲，为今日中国之强大而感到自豪。

从 1702 年第一个华人黄加略（有文字记载）踏上法兰西的国土，并受到路易十四的重用（当翻译）起，到第一次世界大战法英在华招募 14 万华工来法参加抗战，接着就是伴随柬老越等国难民潮涌进法国寻求避难的华侨，可以说旅法华人华侨的生存和发展史是一部血泪史。他们曾受尽了磨难，不屈地抗争，勤奋地创业，最终使他们摆脱了困境，逐渐融入了法国社会，并赢得了当地人广泛的尊重。他们从最初的一无所有，到当地人有的他们也有了，甚至当地人没有的他们也都有了，这不能不让法国人刮目相看。特别是，1975 年从柬埔寨来法国定居的那批华侨，他们抓住了 20 世纪 80 年代西方经济大发展的机遇，靠商业敏感和经营策略，差不多个个事业有成，有些已成为腰缠几十亿，被列入法国五百强的巨富。

当然，中国大陆和台湾的一些后来者也不容小觑。他们中的不少人有知识、懂专业、高学历，头脑灵活善于把握时机。

有的已进入法国的主流社会，有的创立了自己的新兴企业。无论在法国最繁华的香街，还是在知识密集的园区，人们都可以发现一些敢为人先的华侨或华人设立的公司。离协和广场不远，同市政府挨得很近的庙街，是巴黎的黄金地段之一。非常抱团儿的浙江人，在这里一家挨一家开设了上百家商店，销售的商品从香水到各种工艺品，从服装服饰到箱包珠宝，从中国造到法国造，林林总总，应有尽有。如此寸土寸金的闹市区，“中国街”着实让法国人感到惊讶。

在“中国城”里，除了铺天盖地中餐馆外，不少商店也是专为华人开设的，所以油、盐、酱、醋、菜、水果，还有馒头、包子、饺子、春卷、粽子、年糕等等，大多是从中国进口的，原汁原味，华人华侨喜欢这一口。可是渐渐地，不少法国人也经不起中国饮食文化的诱惑，成了中国商店里的常客。别看中国餐馆那么多，每到周末，来自各街区的华人、法国人纷纷涌向“中国城”，造成车位紧张，各中餐馆爆满，许多人只能站在门外排长队。一到中国的春节，爱凑热闹的法国人，早早来到“中国城”，边尝年夜饭，边看演出。每逢春节化妆大游行，前来观看的法国人会将中国城围得水泄不通，楼顶上、阳台上、树杈上，全是人。总之，“中国城”所溢透出来的中华文化韵味让法国人着迷。

“中国城”越来越热闹。中国热、中文热也在不断升温。中国的新闻经常登上法国媒体的头条，对中国的报道铺天盖地，而且越来越客观正面。凡是到过中国的法国人都对中国名胜古迹和现代化的建设成就赞不绝口。法国一些大企业集团已进入中国市场并与中国经济同步发展。笔者收到的大批邮件、信件和请柬经常用中文书写。在巴黎大街上，你可随时碰到穿着印有中文字时装的法国人。在不经意的时候，经常接到法国人打来的电话，索要中文报纸作为学习中文阅读之用。中国、中文和中国文化在法国人心目中，一下子变得时髦起来。

1998年，旅法华人华侨在巴黎十三区的布迪古花园内，为“纪念在第一次世界大战中曾为法国捐躯的中国劳工和战士”，竖立了一块纪念碑。揭幕仪式上，不少法国政要出席，法国仪仗队和军乐队到场奏乐，场面庄严隆重。这一活动揭开了尘封已久的法中同战斗共患难的往事，同时标志着华人华侨已融入法国社会，整体地位水涨船高。时任巴黎十三区区长的杜彭在讲话时表示，这昭示着法中两大民族之间的友谊万古长青！两国将携手共创一个更加和平与美好的未来！

○ 跨进国门的震撼

原籍为中国广东潮阳，出生在柬埔寨，后移居法国的郭惠卿女士，生活在国外50多年后，于2000年7月6日从巴黎乘飞机抵达北京首都国际机场，有生以来第一次踏进国门。与盼望已久的祖国一碰面，她就被亲眼所看到的中国所震撼。她回忆说，北京一流的国际机场，川流不息的高速公路，拔地而起的各式建筑，一切都相当国际化。

作为《欧洲时报》组织华裔青少年中国“寻根之旅”的领队之一，郭惠卿实现了多年来想“回国看看”的梦寐以求的愿望。她说，虽出生和侨居在国外，但一直心向祖国，接受的是中国传统教育，学的是以中文为主的文化。然而，由于种种原因，像不少华侨一样，此前她还没有到过中国。经常听到访问归来的华侨和外国朋友谈起中国壮美的锦绣河山、丰富的名胜古迹、迷人的民族风情，特别是改革开放以后发生的变化，想象中的中国就很好。然而，中国的发展程度比她想象的还要好。

在宋庆龄基金会的热情接待和安排下，郭惠卿和另一名女士带着17名大多没有到过中国的华裔青少年，漫步天安门广场，登上天安门城楼，参观故宫，游昆明湖和北海，逛王府井大街，攀登长城等，个个兴奋异常，处处感到新奇。

郭惠卿说，当她登上天安门城楼，站在这个曾经宣告“中国人民从此站立起来了”的神圣的地方，俯瞰天安门广场的壮观景象，多年的愿望在这一刻实现了，激动的心湖久久不能平静；乘舟荡漾在昆明湖上，垂柳丝丝，清风徐来，波光潋滟，美不胜收。她的心情一下被带到了思念祖国的童年时代，随口哼起了《让我们荡起双桨》这首脍炙人口的儿歌；走进王府井商业街，孩子们都一头扎进了商店，她却在大街上来回走了好几遍，看着两旁现代化的大商厦，宽阔的街道很干净，人们的衣着多样入时，橱窗里商品琳琅满目。她感慨地说，“我夹在人群里真显得有点土了，这里与巴黎哪有什么两样呀！来前，不少孩子家长，担心中国没有吃的、没有喝的，甚至连矿泉水都给他们带了。这下可好，他们似乎发现‘新大陆’了，吃的用的，穿的玩的，买它个不亦乐乎！”

“不到长城非好汉”，长城是中华文明、智慧的象征。攀登长城是“寻根之旅”夏令营全体成员的梦想。居庸关的陡峭与险峻，更显示了长城“长又长”的雄伟浩大的磅礴气势。郭惠卿女士说，“我们在惊叹之余，都为自己是一名中国人而感到自豪。夏令营的孩子们个个兴致勃勃，跟随‘人龙’蜿蜒而上，一直登到最高处，饱览了长城周围的绮丽风光。而我却没有这个福气，上了 300 来级台阶，就只能望着烽火台而兴叹了！”

尽管乘火车一路颠簸到了西安，也早有传闻那里脏、乱、差，且不安全，弄得一位小营员一夜都没有睡觉，问其原因实在可笑，说是要看着行李害怕被盗。但是，郭女士说，大家所见到的西安完全不是那么回事。登上西安宽阔的古城墙，举目远望，古城西安很美。尤其是晚上，华灯齐放，广告牌的霓虹灯、不同的装饰灯熠熠闪烁，异彩纷呈，整个城市轮廓依然可见。在西安期间，他们参观了秦兵马俑博物馆、西安博物馆、秦始皇陵、半坡遗址、碑林和大慈恩寺等名胜古迹后，深深感到中国真正是个历史悠久的文明古国，中华民族确实是个顶天立地的民族。

为了接触和了解中国学生的学习和生活，“寻根之旅”夏令营的全体营员还参观了拥有 1 万多名学生的西北大学和全国最大的私立学校西安翻译学院。那里设备都比较齐全，有藏书很多的图书馆，教学各有特色，培养出来的学生能够适应社会的需要。没有想到在中国内地竟然也有如此规模的学校。此外，大家参观了西安市少年宫，观看了少年民族艺术团的民乐演奏、独奏和演唱，节目非常精彩。小朋友们还现场表演写字、作画，

在塞纳河游船上，作者与澳门首任特首何厚铧合影。

他们都有自己的绝招。郭女士说，14 岁的赵经玺把白居易作的《草》这首诗，用草书写下然后赠送予她，她好喜欢，也好激动。夏令营的营员们同样都得到了其他小朋友为他们而作的国画或字幅。个个高兴得不得了，小心翼翼将这些珍贵的礼物捧藏在自己的怀里。看着这些年龄很小却受到良好培养教育的中国小朋友，如同眼前出现了一朵朵正在绽放的艺术奇葩，从他们身上看到了中国的未来。

西安给郭女士留下了不少美好的记忆。她说，西安人非常纯朴好客，他们受到了盛情的接待。住的是豪华旅店，保安工作又好。孩子们由于白天玩儿得太累，晚上睡觉时忘了关门，工作人员都能照顾入微。吃的是具有地方风味的中餐。早餐、午餐、晚餐都是那么丰盛，从饺子宴到羊肉泡馍，只要是特别的，就有他们的份儿。参观的是从来没有见过的，中国独有的国粹、精华，使他们大开了眼界。目睹西安整齐、热闹的街道，漂亮的楼房、大商店，特别是大量名胜古迹以及众多的稀世珍宝，向世人展示了璀璨的过去和进步的今日，那些对西安的不实之词也就随之不攻自破了。

上海是“寻根之旅”的最后一站。郭惠卿对笔者说，当踏上这块土地，她再一次被震撼了。矗立在眼前的是高耸的大厦，南通北达的高架公路，密密的民居点，一座比一座长的跨江大桥，黄浦江上游动的大轮船……从浦西外滩看浦东，再从东方明珠塔上看浦西，两岸各式现代建筑比肩而起，宛若一幅充满动感的梦幻般的画图。在上海两天的时间一晃就过去了，他们就要返回巴黎了。在启程往浦东机场的路上，导游特地安排让他们观看上海的夜景，沿着淮海路，在一片灯海中，上海繁华的五光十色的市容展现在我们的面前。啊，与中国改革开放一起前进的上海不愧是现代化的国际大都市，一份自豪感从心底油然而生。离开时大家同样的感受是：时间太短了，要是再能多留几天多好啊！

回到巴黎后，孩子们向父母说的第一句话就是，“明年还能去中国吗？”他们将自己房间的玩具和装饰品撤下来，换上了从中国带回的工艺品和纪念品。中国在他们心中从此有了伟大的含意，他们为自己是一个华人后代而感到骄傲和自豪。郭惠卿女士则在《欧洲时报》撰文深情地写道：“再见吧，飞跃的上海！不久，我一定会再来探访你的！不只是上海，还有桂林的山水、江南的美景、塞北的风光……数不完的景点，还有很多历史名城，都是我仰慕已久的。千思万绪汇成为一个信念：‘我爱你，祖国！’。”

郭惠卿女士是一位非常爱国的华侨，50多年来第一次回国，只是走马观花地参观了几个大城市。在她的心目中，中国哪儿都好，什么都往好处想。尽管如此，她在这次旅行中还是碰到了一些令人不快的地方。她所谈及的一些情况是当今中国存在的实实在在的问题，如果国人不能引起重视和加以改变，即便将来富强了，中国在世人眼里的形象也会大打折扣。

在郭女士看来，中国发展是一个方面，落后的一面也不容忽视。就北京这样的大城市而言，他们虽没有时间去钻胡同，但大面上还是看到了一些破烂的死角；中间抽空去了一趟天津古文化街，觉得那里的城市建设相比之下比较差；对上海的印象很好，可是总觉得高楼太多，绿色太少；北京定陵地宫太潮湿，参观的人太多，缺乏先进的文物保护手段。

她特别强调，要想办法提高国民的整体素质。他们亲身经历的一些事，让她心里觉得不是滋味儿。比如，大家排着队从人行道过马路时，汽车横冲直撞，不但不礼让，还乱按喇叭，常把这些第一次来中国的孩子们吓得心惊胆战。因为在西方，行人绝对优先，汽车见人必须停下让行。在北京西客站，候车厅的地上到处躺满了人，请求让通过一下，不仅不说一声对不起，反而要向你翻白眼。在故宫入口检票处，工作人员服务态度很差，将他们堵在门口好长时间不放行，这与北京的地位很不相称。至于在各公共场所，大声说话、随地吐痰，抽烟的人，想抽就抽，更是屡见不鲜。

郭惠卿说，东方的“雄狮”已经醒了，我们的国人也该醒醒了，不能在家为大，不拘“小节”。对于一个开放的社会来说，人们的观念和言行同样应与国际接轨，要去其不良习惯，追习现代文明风尚，这样我们五千年的泱泱中华才能受到世界更多的敬佩和尊重。

○ 音乐走出象牙塔

每年6月21日，通常为二十四节气中的夏至，也就是夏季开始的日子。法国将这一年中白昼最长的一天定为全法音乐节。每逢这一天，法国各城镇均举行盛大活动，人们纷纷走上街头，或登台高歌路边献演，或尽情享受音乐带来的快乐，全国因而变成了一个音乐狂欢节的海洋。

2012年，法国第三十一届音乐节的主题是“流行音乐50年”。目的是为了庆祝英国流行乐队“披头士”于1962年发起的一场音乐时尚革命，不仅仅他们的音乐唱片销量无人能及，而且流行文化的影响力远超其艺术本身，标志着当时一种流行音乐新时代的出现。

在已故的法国前音乐舞蹈总监莫里斯·弗勒雷的提议下，多亏当时任法国文化部长的杰克·朗的支持，法国于1982年创办了全法音乐节。它的宗旨在于通过两种方式向群众推广音乐，首先鼓励业余音乐爱好者走上街头演出，展现各自的音乐才华。据调查显示，37%的法国人会使用乐器，而有机会登台演奏的人只占10%。同时，专业音乐人“下低层”演出，让普通民众有机会欣赏到高水平的音乐。

音乐节这一天，巴黎似乎变成了一片音乐的海洋。从香榭丽舍大街到蓬皮杜中心，从埃菲尔铁塔到巴黎圣母院所在地的西岱岛，笔者曾置身于塞纳河两岸人推人拥的音乐洪流中。在香街上，由大提琴、手风琴、长笛、大号和萨克斯等乐器组成的合奏，曲调欢畅、热烈、节奏感强，让许多路人驻足观看；在蓬皮杜中心广场上，有摇滚乐队举行的小型音乐会，也有来自不同国家不同语言的歌唱表演，他们甚至向路人发放歌词，邀请大家一起合唱；在西岱岛连接圣路易岛的桥上，一位音乐人将钢琴搬到桥中间，为过往游人演奏。虽然那是一架立式的旧钢琴，但是演奏者以激情与狂放，演奏了贝多芬的《欢乐颂》，将音乐的欢乐送给了在场所有的人，赢得了观众的喝彩和掌声，并收获不少小费；在埃菲尔铁塔下，人们举行的爵士音乐晚会，吸引了无数观众，大家同赏音乐、共度良宵。

音乐无国界。“音乐节是一个跨越国界、语言和文字的节日”。摇滚、爵士、交响、美声、古典、民族和乡村等音乐同场演出，突出了世界文化的多样性，表明了人类文化的互鉴性和共通性。据法国文化部统计，全法音乐节当天共举办近 2 万场演出，参与演出的艺术家多达 80 万，观众人数超过 1000 万。目前，法国音乐节不仅扩展到法国的海外省，而且已经走向世界。到目前为止，全世界随后已有 110 个国家、340 个城市举办了音乐节，使音乐节成为全球最受大众欢迎的节日之一。

法国音乐演奏家纪尧姆先生曾多次参与法国音乐节的演出。他认为，音乐是一种具有生命力的声音艺术，它能使人们的生活变得丰富多彩起来。音乐是一种有品位的娱乐，有文化的休息。音乐能够陶冶人的情操，提高人的素养。特别是，音乐节能让许多人第一次在公开场合歌唱，第一次在公众面前演出。同时，音乐节使一些高雅音乐走出了殿堂，还原于社会与生活。因此，法国举办音乐节是一项很有意义的大众文化活动。

“乐者和谐之方也”，音乐是社会文化的一个重要组成部分，对社会和谐发展极为重要。法国早就将音乐教育当作“国策”来抓，提倡让更多的人“唱起来”。为此，除靠艺术院校培养外，全法还建立了 4300 多个音乐机构，为不同年龄的人提供几乎免费的音乐培训。法国不惜在音乐普及上加大投入显然不失为一项明智之举。

○ 阅读丰富每一天

世人都说，法国人太“罗曼蒂克”了。那么，“罗曼蒂克”一词在法语中为“romantique”，也就是小说化，即源于生活，又高于生活的一种生活形态。如果将这一形容词还原到名词“roman”的话，它就成了“小说书”了。可见，法国人特有的“浪漫”，法国人高雅的品位与气质，是与读书联系在一起的。

在地铁里，公园内，高速火车或飞机上，人们都可以看到法国人专心致志读书或看报的身影。在咖啡馆或小酒馆里，一杯咖啡或一瓶啤酒，就能使有些人成为泡好几个小时的“书粥”。读书成为绝大多数法国人生活中不可或缺的一部分。奥利维耶·普瓦夫尔、莉迪·萨尔维尔和玛丽·达理厄塞克等法国作家认为，书穿越了世纪的时空，是一块人与人约会和交流的重要场所。书是人类拥有的最奇妙的东西之一，它是人类生命季节的明灯。阅读让人远离世界，又让人重新找到世界。阅读与生活相伴，没有阅读的生活将是一种错误。英国著名诗人拜伦也说过：“一滴墨水可以引发千万人的思考，一本好书可以改变无数人的命运。”法国教育部专员、大学教授白乐桑与笔者交谈时指出，法国原本是一个农业国，大多数人是农民，广泛的阅读让法国人去掉了土气，搭上了欧洲文艺复兴和工业革命的列车，并使法国成为一个文学巨匠云集、国民素质得到全面提升的文化大国。

尽管因互联网、电视、电台和电子版读物的入侵，对法国阅读文化带来了一定的冲击，甚至在有的人预言“书将死亡”的情况下，法国人仍然保持了传统的阅读习惯，读书的热情不减。大多数法国人把读书视为最具文化价值的活动。四分之三的法国青少年认为，读书是最有意义的一件事。日常生活中，读书是法国人首选的休闲方式。据统计，2006 年，只有 6000 万人口的法国共售出 4.94 亿册图书，各图书馆共借出 2 亿多册，即每年每个法国人相当于购买或借阅 10 本以上的书。同年，法国出版物比上年增长 1.7%，而图书销售量增长达到 2.1%。法国著名的民意调查机构 IFOP 发表一项调查指出，5.5% 以上的法国人每年阅读 1 至 12 本书，24% 的人阅读 12 本书以上，其中不少人达到 20 本。调查还显示，法国女性比男性更爱读书，每位女性每年平均阅读 12 本书，而男性只有 9 本。此外，法国人读书的频率与社会职业水平有关：中高级职员和自由职业者年人均阅读 17 本书，职员为 8 本，工人为 7 本。

法国人的读书口味是“百花齐放”、多种多样的。据法国《读书》杂志介绍，2006 年，被列为“20 佳”受欢迎的读物排位分别为小说、散文、游记和传记等多种类型图书。当然，小说和传记文学作品在读者中一直保持了主导地位，占据图书销售市场的 39%，文献类和评论类占 15%，儿童读物占 11%，漫画图书占 10%，功能性实用类图书占 9 %。对于法国人偏爱小说和文学作品的现象，白乐桑教授的解释是，这与法国人的思维习惯有关。他认为，由于法国人情感比较丰富，更爱看有故事情节和传奇经历类的小说或名人传记，所以法国才出了那么多大文豪，如莫里哀、巴尔扎克、雨果和福娄拜等。德国人的逻辑思维能力比较强，爱看哲学类的书籍，因而造就了一些伟大的哲学家，像黑格尔、马克思、康德和尼采等。而英国人很讲经验主义，通常爱看实用类的书籍，所以出了牛顿这样的大科学家也就理所当然了。

在经济社会高度发达的背景下，法国人仍如此钟情于读书，除了个人爱好外，与社会引导不无关系。《法国拉贝尔》杂志刊文指出，法国虽然读者群很大，但他们的生活节奏是各不相同的。出版机构为了适应这种变化，一方面，从上世纪 50 年代起，它们就推出了口袋书，好携带，价格为 2 欧元，仅比一份报纸贵一点点，面世不久就在法国图书市场上争得四分之一的份额。

另一方面，在公园、大商场、高速公路服务站、火车站和飞机场等均设立了图书销售点，以满足读者随时随地购买。商店每个星期都对新书的销售进行排名，报纸、电视、广播定期对新书进行评论推介，这对激发读者的读书热情起到了很好的引导作用。全国建立了各种各样的“读书沙龙”，仅巴黎“读书沙龙”每年就吸引了 17 万读者。从 1789 年法国大革命起，法国图书馆被收归国有，庞大的图书馆藏书免费向读者开放，每年约有 500 万读者因此受益。法国行之有效的读书节也是世界上少见的，国家倾力为阅读搭台唱戏。读书节每年一届，作家、翻译家、出版社、书店、图书馆和读书协会等联手，共同举行上千场盛大活动，吸引公众在图书的世界里畅游。

对法国“文化衰落论”之说，白乐桑教授不以为然。他认为，这样的结论为时过早，有待时间的验证。就目前法国现状而言，无论从文化引领方面，还是从科技发展的角度来看，书香四溢的法国在世界上所扮演的角色都是极其重要的。

○ “法国妇女万岁！”

法国人往往会毫不吝啬地向“半边天”送去“妇女万岁！”的祝贺，让她们觉得多受宠、多幸福、多自豪！在“女士优先”的风度下，法国妇女们被礼让、抚爱、亲吻、拥抱的场面随处可见。男士们那种投其所好、献殷勤的本领，会使女士们无法抗拒地产生飘飘欲仙之感。

“法国女郎”似乎是美丽的代名词。而这种美往往更体现在其气质、素养、品格以及举手投足之间，可以说法国妇女对此把握得非常到位。民族传统、社会环境和文化氛围的长期熏陶，赋予了她们多彩的自信和浪漫的情怀。在日常生活中，法国妇女又有其现实的一面：她们吃苦、勤劳、智慧、含蓄、有进取心和责任感。从过去居里夫人的科学新发现，到今天法国女运动员在奥运会上摘金夺银，法国妇女不让须眉。

可是，在所谓“平等、自由、博爱”的法兰西，表面上看，女性好似很受尊重，事实上还谈不上真正的男女平等。比如在求职方面，女性的机会要比男性少得多。在财富分配方面，女性多为低工薪阶层。在社会各级领导岗位上，女性所占的比例更少得可怜。在家庭中，法国妇女包容多，做出的牺牲也多。为了维护他们共同的家，目前约有 250 万法国妇女放弃了自己的职业，在家相夫教子。总之，法国妇女至今并没有摆脱从属的角色。

特别是，人们很难想象法国妇女还会经常受到暴力威胁。有一次，笔者曾在巴黎大街上撞到少见的一幕。一对法国青年情侣不知发生了什么矛盾，小伙子给了他女友一记耳光，在百步之外准能听到响声，女孩子却没有叫嚷，只是两手捂着脸在哭。顿时，街上男女老少都不约而同地投去关注的目光，大家

都看得傻眼了。一位男青年愤愤不平上前干预，打抱不平，反倒是被打的女孩子将他劝阻开了。倘若这要发生在“阴盛阳衰”的中国，准得闹翻天。

在法国南部城市土伦军港，海风轻轻地吹，朝霞映红了海面，女郎露出了甜美的笑脸。
作者摄

在法国，妇女遭受暴力并不是个别现象。据法国有关方面对 7000 名已婚或同居的妇女进行抽样调查，十分之一的妇女曾遭受过暴力，而年轻妇女遭受家庭暴力的机会差不多是大龄妇女的两倍。尤其让人们不可思议的是，在十分之三的凶杀案中，凶手就是死者的另一半或情侣。据估计，目前 150 多万法国妇女在家庭中存在潜在的暴力危险。对妇女施暴的对象涉及所有社会阶层和不同年龄的人，上自高管，下到工人或农民，甚至律师、医生和政要。不少人在公共场合总是显得人模人样、彬彬有礼，但到了家里就是另一回事了。

妇女遭受暴力后其身心、肉体和精神都受到了严重伤害，但却难以找到一种好的解脱办法。当她们到医院看病时，一般不愿意张扬家丑吐露真情，医生也因害怕介入家庭是非很少较真儿，所以只能“相信她们的伤是从楼梯上摔下来所致”。

妇女普遍遭受暴力现象已引起法国社会的高度关注。有关机构承认，在保护妇女合法权益，以及防止妇女受害的行动方面存在严重不足。为此，政府正在积极寻求对策，设法弥补法律上的漏洞。但不容乐观的是，执法人员是否真能决断这些“家务事”，就很值得让人怀疑了。

○ 现代奴隶揭秘

奴隶社会曾把人变成鬼，而现代社会并没有使所有的人成为真正的人。以崇尚“自由、平等、博爱”而著称的法国，竟然至今还没有摆脱奴隶剥削形式的幽灵。根据法国媒体报道，目前，巴黎乃至整个法国境内隐藏的奴隶有数千人。这些现代奴隶大多是来自国外的8至15岁的女童，她们以小保姆的面目出现，实际上什么都干，无自由、无报酬、受虐待。长期与这一恶行作斗争的“反现代奴隶委员会”证实，从已掌握的巴黎地区的300例情况看，这些女童中的25%被强奸，58%曾遭暴力，11%受过酷刑。

下面是法国《费加罗报》记者就这一问题对“反现代奴隶委员会”法律主任塞利娜·芒索女士的一段采访实录，从中部分揭示了现代奴隶鲜为人知的悲惨境遇。

问：现代奴隶或家庭奴隶受害者通常是些什么情况？

答：65%的受害者的年龄大部在8至15岁之间，她们来自于非洲大陆，特别是贝宁、科特迪瓦、多哥和喀麦隆等国，但她们有的也来自于东南亚和印度次大陆。

问：沦为这种人类剥削新形式的受害者们，她们生存于什么类型的社会层面呢？

答：涉及所有的社会阶层。小保姆们有的生活于外交圈和社会的富有阶层。同样，有很大一部分人处于状态不佳的阶层，特别是盛名之下的阶层。一些家庭是借到原籍国旅游的机会，返回法国时带入境内，即通过一系列不正当手续获得的女童。

问：那么，等待这些受害者的命运是什么？

答：她们身上集中了一切不利条件。她们不知道自己应有的权利，缺乏令人动情的勇气和处于一种变化不定的情境之中。

由于没有能力自卫和心甘情愿在一种孤立状态下坚持，因此她们只能无偿地受剥削。这些事往往又是与虐待联系在一起的，受害者中 25% 被强奸，58% 遭受过暴力。

问：在处理这些案例时，遇到的困难是什么？

答：首先，每次必须预设行动路线，我们所得知的有关人的体貌特征大部分是匿名的。于是，必须核实提供的信息和尽可能同已经与世隔绝的受害者本人见面。其次，另一个关键的困难是，在立案中难以收集到证据，因为在这类工作中，一切运作都是秘密进行的。还有，需要扫除的最后障碍是说服受害者申诉。这些人往往害怕对其家庭进行报复而守口如瓶。

问：你能估计一下，这种现象在法国已达到什么规模？

答：根据我们掌握的资料，生活在法国的现代奴隶已达数千人。但是，我们很难提供一个准确的数字。因为，在随时都可能被驱逐出境的情况下，受害者很少会让人知道她们的一切。

○ 品尝“上帝之果”

秋天，又是一个收获的季节。“天堂之树”结出的“上帝之果”——可可的各种华丽产品巧克力让法国观众胃口大开。巴黎每年都举行“巧克力沙龙”活动，尽管门票每张12欧元，儿童减半，但是参加的人数达13万之多，可谓盛况空前。

法国巧克力企业联合会指出，举办“巧克力沙龙”的目的是，吸引广大观众和消费者更好地了解可可的种植和巧克力的生产过程，加强可可种植者和巧克力爱好者间的交流与沟通，促进对可可及巧克力的评比、科研和生产。

目前，无论从可可生产，还是从巧克力销售情况来看，都面临新的机遇和挑战。一方面，近年来，全球可可豆总量为350万吨左右，产量不断减少。加之受美元贬值和供求关系的影响，巧克力的基本原料可可豆价格持续疯涨。另一方面，因人们担心吃巧克力会发胖，巧克力的销售出现逐年下降趋势。现在全法巧克力销售总量约为38万吨，比过去有所减少。

为了消除对巧克力的误解和担心，让巧克力永远“点亮”人们的生活，“巧克力沙龙”大打巧克力文化牌。展览会上，不仅展示了各种各样造型精美、口味独特的巧克力，而且通过多场表演和讲座，让观众现场熟悉可可果实的生长和收获过程，以及巧克力的复杂制作经过，观众品尝了产品，从中增长了不少知识。在整个两层展会大厅中，用巧克力制作的豪华宫殿、人体雕塑、时尚饰物等，如同一件件精美的艺术品，引来许多人围观拍照。

特别是，22条用巧克力制作的长裙，由演艺界明星和时装模特穿着在T型台上向观众亮相，更使人觉得，巧克力已不仅仅是美味可餐的食品，它甚至成了尊贵、高雅与时尚的代名词。

组织者阿丽斯小姐对笔者说，通过从不同侧面对巧克力的推介与演绎，“‘巧克力沙龙’想为大家创造一种放松、愉悦和陶醉的氛围”。

根据一项调查，82% 的法国人认为，巧克力是一种“幸福食品”。统计表明，34% 的法国女性喜欢吃巧克力，平均每年每个法国人消费巧克力达 6 公斤以上。欧洲最爱巧克力的国家德国，每人每年消费量超过 10 公斤。大多欧洲人爱吃巧克力源于其最初是一种王族食品，并在欧洲大行其道近 500 年，因此“你不能拒绝巧克力，就像你不能拒绝爱情”一样。再加之，科学研究表明，如食用不过量，巧克力不会使人发胖。相反，据说巧克力还具有抑制忧郁、消化利尿、打通阻塞的药物作用。由于巧克力中含有丰富的苯乙胺，这种神秘物质能使人心情愉快、精神兴奋。

巧克力在西方国家中还显示了一种独特的文化魅力。每逢圣诞节、复活节，或其他喜庆的日子，为亲朋好友送上一份精美的巧克力，等于送上了一份浓浓的真情。更不用说每到情人节，青年男女们给对方赠送一盒深藏“巧言巧语的巧克力”了。

笔者多次参观了巴黎“巧克力沙龙”展览，不光见识与品尝了种类繁多的巧克力，最大的收获是享受了巧克力文化“餐会”。联想到在差不多同一时间，法国举行了 20 周年“美味周”，邀请人人共享盛宴，培养大家对美食的品位，旨在丰富和保护饮食文化遗产。法国这种文化传播无处不在的现象，实在使人感慨不已、回味多多。

○ 嘴可拒癌魔于千里

癌症在公元前5世纪和4世纪就被希波克波拉底医学学说形容为“螃蟹”。“螃蟹”自新世纪以来不仅成为法国人死亡的“第一杀手”，而且已经上升为世界级的“死神”。面对这个古老祸患继续疯狂肆虐全球，除了用更先进的医学手段回击外，科学地选用食物，学会预防癌症，避免癌从口入，将成为21世纪生命科学的重大挑战。

2010年6月，法国《科学与生活》做了一期癌症专刊，向读者较为全面地阐述了对癌症的认识、预防和治疗。同年5月，法国《新观察家》刊登了有关癌症的封面文章，专门介绍了法国著名癌病专家大卫·凯亚特教授最新出版的《抗癌的有效食谱》一书，阐述了一些新发现和新观点，对食物与癌症之间的联系，哪些食物受到质疑，哪些食物能起到预防作用，即有修复被毁的细胞功能等，进行了临床实践与病理分析，呼吁人们改变生活习惯，关注自己的餐盘子，遏制癌病的发展。

报道指出，癌症祸患无疆界。2002年以来，全世界因癌症死亡的人数越来越多。其中北美洲、北欧、西欧、南欧和大洋洲为癌症死亡的高发区，东亚为次高发区，中东欧和南美洲为中发区，非洲、中美洲和中东南亚为低发区。据统计，西欧、北欧和南欧一年癌症死亡人数高达106.46万，北美为63.19万，大洋洲为49.5万；东亚为201.63万；中东欧为63.7万，南美为47.99万；非洲为63.61万，中东南亚为120..86万。死亡率比较高的癌类分别排列为：前列腺癌、乳腺癌、结肠癌和直肠癌、肺癌、口腔癌和咽癌、淋巴癌、膀胱癌、肾癌。对人们体内的这些致命癌细胞，要么就想法战胜它们，要么就无法远离生命的危险。

法国专家解释说，一个健康的身体，就是生命和死亡的平衡。细胞的生长是为了满足机体的需要。随后，到了一定的时间，细胞就开始一个有计划的毁灭过程。但是，当它们其中的某一个细胞逃脱了这一不可逃避的序列，癌变也就由此发生了。其实，人的体内各个部位都有大量的恶性细胞在环流，唯有极少的一部分能够穿越血管壁，在其外部“安家”。在肝、肺、骨、脑等不同的机体内，“移民”细胞制造出最初的肿瘤，在机体内默默潜伏若干年后，甚至高达15年，然后突然对人的生命发起致命的攻击。

诱发恶性细胞的生成和发展是一个复杂的过程，有多种多样的原因，迄今为止在医学界仍存在激烈的争论。但是，有一些因素是人所共知的，比如使人体细胞产生紊乱的一些东西：基因遗传、环境污染、高压线干扰、残留农药、食品添加剂、自然衰老，等等。但是，约30%的癌症通过改变人们的生活习惯是可以避免的。凯亚特教授是癌病门诊部负责人，他每周要接待40名病人。多年来，病人们总是向他提出该吃什么或不该吃什么这样的问题，他总是无言以对，为了尽可能准确地回答病人的问题，凯亚特教授翻阅了大量的法英文资料，再根据自己长期以来积累的临床经验，写成了《抗癌的有效食谱》一书。当然，他认为，不可孤立或绝对地讲哪种食物会形成癌症，哪种食物一定能预防癌症，因为餐盘里的“组合是无限的”。特别是，每个人在食物和癌症危险面前的表现是不一样的，各人都有自己的化学和遗传基因，因此开出的药方不能保证对所有的人有效。

据法国《健康》杂志报道，科学家们在对巴基斯坦的罕萨村、厄瓜多尔的维尔卡班巴村、日本冲绳岛的大宜味村等世界长寿村进行调研后认为，癌症通过寻求食物平衡和建立良好的生活习惯是可以避免的。长寿村寿星们不患癌症的秘密是：生活简朴、自然原始、粗茶淡饭、素食为主。平时吃的五谷杂粮为：黍米、荞麦、大麦、小麦、豆类、稻谷等。吃的水果为杏子、葡萄、苹果、香蕉、杧果、白桑果，辅之以蔬菜。另外，体力活动以及一个快乐的交往人群也是必不可少。研究特别强调了食素和有节制的重要性。每顿饭不能吃得太饱，控制在食量的80%就可以了。这种节制有助于消耗掉体内的碳水化合物和储存的脂肪，减少细胞被酸化，阻止癌细胞的发展。

对于《抗癌的有效食谱》期待的目标是：从管理好嘴的角度，将一些真的、假的和现在还不能定论的情况告诉人们，然后根据不同的类型，提出一些简单易行的建议。《食谱》介绍了100多种“危险”或“有益”的食物。凯亚特教授特别强调，癌症在日常生活中危及二分之一的法国男士和三分之一的法国妇女，大众首先要做的就是遵循一些通用的清规戒律，即改变生活习惯，不吸烟，少食盐，少吃架子上的烤肉和高温烧烤等。另外，防癌还涉及烧煮方式和烧煮工具。多余的维生素E食品要尽量避用。铁和胡萝卜素β射线同样会引发某些癌变。多吃茄子、西兰花、水果、麦片及一些土特产。每顿饭不可吃得太饱，每天有规律地至少做30分钟体育活动等。凯亚特教授希望人们不要再吃黑猪血香肠，因为“我知道与血相关的危险”。

与此同时，凯亚特教授指出了一些食物防癌误区，他认为在红肉和结肠癌之间没有必然的联系。同法国国家癌症研究院一年前的结论相反，他认为葡萄酒是不致癌的，适度的饮酒，尤其是红葡萄酒，多亏它强大的抗氧化作用，有抗癌功效，能够阻止癌病的演变。

对于人人爱吃，亦被视为健康食物的鱼，是处于食物链的高端食物，可是面对当今的环境问题，无论是人工饲养的，还是野生的，因“它们都无法控制其食物”，难免受到污染，有些鱼且含有肿瘤成分，凯亚特教授要求须注意严格选择它们的产地。他主张，避免吃一些肥鱼，如鲑鱼、红金枪鱼和箭鱼等，而一些瘦鱼更有利于健康，像鳎鱼、剑鱼和狼鲈等。

凯亚特教授还特别推荐了以下几种抗癌食物。

石榴：石榴汁和石榴皮具有充分的抗氧化作用，是预防癌症的最有效食物之一。它的抗癌作用高于红酒和绿茶 3—4 倍。对于男士来说，能减少前列腺癌变。对于妇女来说，有预防某些乳腺癌的极好功效。

生姜：生姜能解除癌症病毒，阻止多形态的癌细胞扩散，并最终将其摧毁。为加强其有效成分，凯亚特教授建议，将其与橄榄油和黑胡椒进行搅拌，作为调料品加入其他食物中食用。

绿茶：绿茶拥有抗氧化物质，其中最重要的就是 L'EGCG，它能杀死癌细胞，抑制新血管生成，减少癌细胞在体内的传播和转移。

蒜、洋葱：这是一种抗癌病、抗病毒、抗氧化和解毒效果极强的食物。它对预防胃癌和结肠癌作用明显（可减少 40% 的危险）。需要注意的是，大蒜或洋葱若没有被捣碎或切成小块，就不能完全释放出疗效。

五羟黄酮：在极辣的黄辣椒和可可中可以找到其成分，尤其在刺山柑花蕾和拉维纪草中含有这种元素。五羟黄酮是黄酮的一种，它能减少因吸烟引起的癌病。这对于烟民来说是一种难得的好东西。

硒：它在食物中能够获得，具有较佳的抗癌性。它能减少或降低胃癌和结肠癌，尤其是前列腺癌的危险。

对癌症病患者，法国除了实施目前世界上先进的治疗手段外，最成功的辅助疗法是，在住院病房安排专门的精神病科医生和心理学家轮流值班，与病人面对面地交流，让病人自由倾吐，使他们摆脱孤独以及深陷其中不能自拔的痛苦和忧虑，建立起战胜病魔的信心。12 年来，巴黎居里研究院一直坚持这么做，医生们认为，当病人以坦荡的心胸，乐观的心态看待疾病时，那是任何药物都难以替代的。

凯亚特教授坦承，科学是不完整的，还有许多未知的东西，一些有定论的事情还需求证，在食物中，生物合成多达25000种，可以说防不胜防。因此，在战胜癌症的道路上，人类还需要不断地认识、研究和探索。

《科学与生活》杂志指出，在过去的一个世纪中，人类在与“螃蟹”的搏击中取得了惊人的进步，由此证明癌症不是不可战胜的。从外科学的方面来说，X线疗法、化学疗法、新分子疗法对恶性肿瘤都具有强大的杀伤力，成为越来越有把握的治疗方法。目前，人们期待给癌症患者带来的最大福音是：特别对症的毫微药物或疫苗的早日问世。

○ 餐桌上佳肴可追溯

病从口入。“吃”越来越受到法国人的关注。从田间、牧场到餐桌，法国的所有食品来源信息都可以追溯。这样，人们在享受嘴福的同时，也就少了些担忧，吃得安心、吃得放心。

为适应现代农业和消费者健康的新要求，法国政府逐步建立和完善了一套法律、追踪、控制和监察的食品安全体系。20世纪90年代，法国就颁布了一些可操作的食品安全法律法规。比如，《农村法》规定了食品单位的生产环境、卫生检查和产品质量标准，等等。《消费法》对产品的成分、标签和销售渠道进行了严格的规定。《控制法》则全方位地建立了食品安全的风险评估和风险管理系统。

具体的做法是，从农田到餐桌给食品建立由专门机构设立的认证和档案标识制度。每个产品从产地、品种，到成分、日期和生态状况都有一个详细“身份证”记录。接下来，产品的加工、运输、储存等受到严密的检查和追踪，内容包括微生物特征、储存条件、农药残存和新鲜度等。对从第三国进口的动植物食品要通过边境检查，并对冷藏库、运输设施和生产企业进行抽查。至于销售渠道，除政府相关机构监督检查外，食品市场为做到万无一失还进行自查。不管是大超市，还是自由市场，所售蔬菜或各种食品都标明各种信息、价格，以及销售商店和个人标识，这样不论哪个环节出现情况，很快即能找到问题所在。“民以食为天。”食品安全责任重大，法国食品供应链坚持层层把关，从不敢疏忽怠慢。

法国人对吃的方面比较挑剔，他们吃该吃的，不吃不该吃的，不放过任何想吃的。比如，不吃野生动物，不吃河里钓来的鱼虾等，吃超市和来自欧洲各国大篷车销售的食品，而诺曼底的奶酪，阿尔卡松的生蚝，波尔多地区的鹅肝酱，布雷斯特的海鲜，蓝斯的香槟是绝对不可放过的。对于受质疑的食品，像转基因产品之类是否对人体有害，许多人宁可信其有，不可信其无，至今仍强烈抵制，将其一律拒之于门外。

现在，80% 以上的法国人都乐于购买和食用自然洁净的生态食品。但是据民调，自 2008 年以来，对生态食品的信任度下降了 20 个百分点。原因在于，大部分人认为，生态食品未必生态，以及生态食品的好与坏透明度不够。人们甚至提出“生态食品对人体健康真的没有危险吗？”有专家认为，与现代大农业相比，生态农业的有机堆肥更有利于细菌繁殖，且失去了一些被检测的危险。据报道，欧洲涉及生态食品中毒的人有 4000 多，造成死亡的达到 46 人。1996 年，美国亚特兰大的生态农产品事故，导致 80 来人死亡。专家们认为，任何食品都不是没有危险的，如欧洲过去的疯牛病、二恶英的危害，还有德国出现的毒豆芽事件。问题的关键是，要进一步实现无缝隙监管，将各种疏漏，特别是不当的人为因素降至最低。

当然，法国人在吃方面的“谨慎”并不影响他们寻求对 21 世纪餐桌上的食物革命。据报道，营养学家们正在研究一项既能保护环境，又可解决食物短缺危机的新路径，即吃昆虫。研究表明，昆虫含有丰富的钙和蛋白质，而且脂肪含量却很低。目前，欧盟委员会已决定投巨资进行加工推广，鼓励人们吃昆虫食品。到那时，“无边界”能飞会爬的昆虫食物引发的安全问题，无疑会引起人们新的讨论和关注。

○ 纸船明烛照天烧

河盲症广泛流行于热带西非的沃尔特盆地，科特迪瓦也属河盲症流行重灾区。在联合国卫生组织以及国际社会的帮助下，经过多年的努力，科特迪瓦在实施阻击河盲症计划的斗争中，已使大部分地域得到了治理，疾病的传染率下降了80%以上。目前，河盲症这个“瘟神”被围堵到科特迪瓦的中部和北部地区，一场围歼河盲症的战斗已在科特迪瓦打响。

河盲症也叫盘尾丝虫病，是由在河流中繁衍栖息的萃萃蝇的叮咬引起的一种疾病。这种黑蝇像蚊子一样，专靠吸血为生，当人们被这种小黑蝇叮咬后，身上就留下了河盲症寄生虫，然后在皮下血液中大量繁殖、不停地蠕动，引起皮肤极度作痒难忍，并逐渐使皮变厚、起皱、裂口、腹股沟肿胀，眼角长出脓疱，最终导致失明。河盲症的肆虐已使科特迪瓦北部一些沿河村庄成为盲人村。

除了非洲之外，据说这种疾病在中、南美洲也很流行。估计全世界的河盲症患者约有2000万人，而非洲是世界上最大的传染病区。白沃尔特河和黑沃尔特河流域更为严重，黑蝇在沃尔特河上产卵后，将疾病传播到沿河各地。

在沃尔特盆地染上河盲症的人已达到上千万，完全失明的人超过7万。疾病流行地区的面积曾达76.5万平方公里，涉及布基纳法索、贝宁、加纳、科特迪瓦、马里、尼日尔和多哥等。它严重威胁着当地人民的健康，人们丧失了劳动能力，致使大片农田荒芜。

为根治这一病魔，早在20世纪70至80年代，包括科特迪瓦在内的西非11国就与世界卫生组织合作，开始实施一项扫除河盲症的计划，经过长期不懈的努力，已使3000多万河盲症患者得到了救治，约400万儿童脱离了危险，同时使1.8万公里长的沿河地区恢复了生产。

现在，科特迪瓦已在沿河流域建立了广泛的监测、捕杀和科研网点，在不危害动、植物区系的情况下，实行大范围的撒药治理，力争将黑蝇的幼卵杀死在成虫之前。此外，以血液检查取代皮肤活性组织检查的新方法，也为诊断和医治河盲症提供了有利的前提，这样就可以做到早发现早治疗。

世界卫生组织认为，只要西非国家团结一致斗顽症，就会“梦魇后头是希望”。可以预见，深受河盲症之害的患区群众欢天喜地送“瘟神”，“纸船明烛照天烧”的日子已经为期不远了。

○ 楼房是这样建成的

在中国，一不留神，成片的高楼拔地而起。在法国，开工之后，一年两年却不见楼起来。一个是发展中国家，一个是发达国家，建楼的速度却倒了个个儿，为了解其中的不同与反差，笔者不仅多次到工地上去看法国人建楼，而且还走访了法国建筑住房经济和法律研究学院院长阿兰·贝沙德先生。

凑巧的是，在离笔者住所不远处就有一个建筑工地，从钻探地基到开挖地下部分，笔者有机会一探法国人建楼的过程。这是一个地上4层地下1层的楼房，面积约1万平方米，工程量不大。但在地下部分挖开之后，除在四面建造了坚固的钢筋混凝土护墙外，还在各墙壁上密密麻麻地加固了几十根粗大的角钢，且每个90度角处又横顶了钢管。楼房未建，人力、物力、财力的成本投入可见一斑，可它杜绝了工程可能造成的诸多不安全因素。

工地的一边是邮局、一边是马路，另两边紧挨医院和居民楼，由于施工方准备工作做得到位，各个面与工地仅一栏之隔，但却相安无事、互不干扰。施工是正常上班时间而作，到了下班时间而息，周六周日也照样休息。运土车、材料车、水泥搅拌车谁进谁出，由调度来控制，地面干干净净，交通顺畅无阻。话又说回来，工程进度确实比较慢，差不多一年，房子还没有露出地面。

对此，房地产和建筑专家阿兰·贝沙德解释说，20世纪70年代，法国建筑行业也曾有过高速发展的时期，城镇建筑的崛起如雨后春笋。但是，人们后来发现，建筑进度虽快，但却暴露了诸如质量不合格、偷工减料、建筑缺陷多等一系列问题。然而，涉及修复或赔偿的事，扯皮成了一种常态，往往一拖就是几年甚至几十年。住房建设是关系到国计民生的大事，为了确保工程质量和业主权益，1978年，法国政府出台了相关的《建筑保险法》，对建筑行业的保险和责任做出了严格的规定。

据贝沙德教授介绍，《建筑保险法》主要包括三个部分：一、工程建筑实行强制性保险制度。开工之前，建筑方必须对建筑工程做全额责任保险。二、施工中实行技术考核监督制度。设立独立于建筑商的专门监督办公室，对建筑的全过程进行跟踪，以保证建筑质量和安全。三、业主只与保险公司发生关系。遇到任何质量问题和经济纠纷，保险公司经公正评估后直接赔偿业主。由此形成了一种保险公司对业主负责，建筑商对保险公司负责，监督办公室督查建筑商恪守诚信的良性循环体系。一旦建筑商丧失了资质和诚信，就要承担罚款、破产、坐牢等法律责任，并可能被淘汰出局。

“万丈高楼平地起。”贝沙德认为，百年大计，打好基础是根本。所以，地基的建造是重中之重，不仅要兼顾到地下各管网、水渠、地铁等设施，还要考虑防震、防洪。贝沙德先生开车带笔者来到巴黎近郊维勒纽维·勒·鲁瓦市，参观了一处在建和已建的小楼住宅区。该区由法国著名的NEXITY建筑公司承建，在已建好的楼房地下层墙体上，隔一段就留下一道宽宽的长方形进水口。如果发生洪灾就让水流进来，这样楼房既不会被冲毁，水又可起到分散压力和平衡楼房的作用。贝沙德说，巴黎标志性建筑56层高的蒙巴纳斯大楼地下层也预留了灌水的空间，埃菲尔铁塔四个脚基下一直灌满了水，其目的都是为了防震。

在谈到建设速度时，贝沙德拿出了一张计算表格：一架吊车=1万平方米的施工面+每天55名面上作业工人。这就是法国施工方必须遵守的指标，搞人海战术不行，夜间赶工更不允许。NEXITY公司副总经理塞尔日·埃皮纳在工地现场告诉笔者，他曾去过中国并参观了一些建筑工地后发现，为了提前完工，建筑方不惜在操作与流程方面违规，这就难免不发生塌楼事件了。

贝沙德幽默地说，时间是上帝给的，“心急难成大事”。按施工规律盖好每栋楼，这才是最省时最划算的。他举例说，巴黎圣母院从 1163 年开建至 1345 年收工，前后用了 182 年，可是工程实际上还没有完全竣工。因为，当时由于资金缺乏，前面搁置的两个教堂尖顶至今仍未建成，但时间的流逝丝毫未影响人们对巴黎圣母院的敬仰和向往。相反，无数人以一砖一石精心打磨雕刻的这一永恒的世纪经典，给人类留下的历史、艺术和文化价值无与伦比。

○ 春天的故事卡壳

在国内改革受阻，国际外交不佳的情况下，时任法国总统萨科齐重振法兰西大国地位的雄心不减。经过对实地考察和对专家的咨询后，他也曾在巴黎的周围画了一个圈，宣布实施“大巴黎计划”。为此，萨科齐曾亲临巴黎最具现代化象征意义的建筑群——拉德芳斯视察，并发起了建设“大巴黎计划”的“总动员”，欲倾全国之力共同书写法国“春天的故事”，实现21世纪法国现代化的梦想。

上任伊始，萨科齐的“大巴黎计划”的设想就被提出，经酝酿后正式向公众宣布，并就如何实施这一计划出台相关法律，组建了一个大巴黎建设参谋部负责总协调，2012年，这一超级巨型工程已启动上马，预计2030年建成。当时，10位国际著名建筑师和城市规划事务所已向有关方面递交了“大巴黎计划”的设计蓝图。除了专家对各种方案进行论证和筛选外，政府还要建立“大巴黎广场”供公众讨论、评价和建议。

“大巴黎计划”所涉及区域原指巴黎大区，即包括凡尔赛、枫丹白露、戴高乐机场以及迪士尼乐园等巴黎周边地区，居住人口达1500万，GDP约占法国GDP总量的30%。而现在人们所说的巴黎，则是指巴黎环线之内的中心城区，其人口只有200万左右。可是，这次建筑设计师们绘制的“大巴黎蓝图”已不止于巴黎大区，而是要将巴黎无限扩大。有关方案建议，通过修建高速铁路和提高塞纳河的航运功能，让大巴黎一直延伸到法国北部诺曼底港口城市勒阿弗尔。理由是：海洋运输至关重要，“所有的国际大都市都是港口城市”。

具体实施这项计划的协调指导委员会由国家、巴黎市、巴黎大区的相关负责人组成，另由23位资深人士组成的科学委员会从中协助，统领委员会全部工作的总指挥是萨科齐亲自指派的巴黎地区前拓展事务国务秘书克里斯蒂安·布朗。布朗曾在多种场合表示，一定不辱使命，竭尽全力完成这一宏伟而又复杂的工程。他曾当众表示，希望在未来10年至20年间将巴黎建成一座全世界仰慕的城市，即一座创造的城市、一座革新的城市、一座充满凝聚力的城市。在当今全球化的时代，“大巴黎计划”给巴黎提供了一次难得的机会：理想和创造的“世界之城”——21世纪的巴黎。

法国评论家认为，“大巴黎计划”的构想是继拿破仑三世时期大规模改扩建巴黎之后最雄心勃勃的计划。1852年，新即位的拿破仑三世委任奥斯曼男爵对当时脏乱不堪、街道狭小、流行病肆虐的巴黎进行了翻天覆地的扩建改造，才使巴黎有了今天这副模样，从此再没有人对巴黎老城大动过“干戈”。

这次巴黎扩建计划的最大手笔是，政府曾计划斥资350亿欧元用于长达130公里地铁网建设。现在巴黎有14条城区地铁和5条郊区轻轨。未来大巴黎的交通将以时速60至80公里的全自动化地铁将各区串连起来。同时，每年将兴建7万套住宅，以满足“大巴黎”居民的需要。另外，“大巴黎”还计划新建和融合一大批科研、教学、时装、奢侈品、实验室、生物技术和视听产业等园区，并使其形成大经济的“群体聚能”效应。政府曾许诺，绿色环保、安逸舒适、交通便利、经济发动机等将成为未来“大巴黎”的城市标签。

然而，一些持反对意见的人对“大巴黎计划”提出质疑。他们将“大巴黎计划”形容为“特洛伊木马计”，认为萨科齐打着这一幌子旨在扩充自己的势力，消除公众的不满，为萨科齐及其人民运动联盟赢得第二任总统选举捞取政治资本。事实上，这一招确实见效快、支持呼声高。“大巴黎计划”公布后，《费加罗报》的民调显示，萨科齐的支持率旋即止跌回升。

为跟进“大巴黎计划”，巴黎周围的一些地区也早就紧锣密鼓地动起来。笔者曾应邀到位于戴高乐机场附近，被称为“法兰西之门”的鲁瓦西（Roissy）地区参观，区市镇联合会主席帕特里克·雷诺介绍说，该地区准备引资40亿欧元，建造占地约3000公顷的商务区。为了给法中、欧中贸易的发展提供一个展示、交流、促进的窗口，他特地为中国商家预留了一块面积达30公顷的地块，希望中国企业能够积极参与其中。

不在其位，难谋其政。《计划》随着萨科齐的总统连任大选失败而卡壳，什么时候重新启动还不得而知。不过，就算2012年萨科齐赢得了总统大选连任，能否按《计划》进行也要打一个大大的问号。因为在法国经济一片低迷，内外债务数额惊人，失业率不断升高的情况下，难为“无米之炊”的法国，拿什么去实施这一远水难解近渴的“巨无霸”工程？

○ 中国的华尔街从这里崛起

穿行于高耸的楼宇间，漫步于新建的街道上，驻足于建筑模型前，北京金融控股股份有限公司董事长王功伟指点着向我们讲述这里已经或正在发生的一个故事，一个奇迹：中国的华尔街——北京金融街从这里迅速崛起，以及其迈向国际化进程中令人目不暇接、眼花缭乱的变化。

十年磨一剑，打造中国华尔街

金融街位于北京市西城区，它南起复兴门内大街，北达阜成门内大街，西抵西二环路，东临太平桥大街，总占地面积约为 1 平方公里。这里的地块虽然不大，但承载的历史厚重，曾是中国金融业的发源地之一。从元代起，此地就有“金城坊”之称，明清时代更是遍布金坊、银号。到了近代，1905 年中国第一家银行——户部银行就诞生于西交民巷。新中国成立后，这一地区一直是中国人民银行等国家最高金融管理机构所在地。

鉴于这块具有悠久历史的“宝地”的独特性，1993 年，经国务院批准的《北京市城市总体规划》提出，要在西城区建设金融街，集中安排国家级银行总行和非银行机构总部，使其成为中国的金融管理中心，北京金融街的建设由此拉开序幕。

王功伟董事长向记者介绍说，为了满足金融产业发展的要求，在建设规划上采取了一系列手段来确保金融街全方位的服务功能。

在开发模式上，金融街采取了“政府主导、企业运作、整体规划、分步实施”的模式。在这种模式下，一是保证了区域建筑风格的协调性；二是能够合理安排办公设施的比例；三是做到单体建筑和市政配套设施同时竣工使用；四是整个区域的建设进度具有较强的可控性。

在规划设计上，2001 年，我们向全球公开征集金融街中心区整体设计方案，并最终决定采用美国 SOM 公司的设计方案。SOM 是国际上顶级设计机构，我国上海的金茂大厦、马来西亚的双塔、香港国际会议中心和美国“9.11”之后的新双座楼等著名建筑的设计均出自于这家公司。该方案最浓重的一笔是，在地价超过 20 亿的黄金地段建造了一块 3 万平方米的绿地，充分体现了“国际化、生态人性化、金融文化和充满活力”的先进理念。

在建筑标准上，为了保证金融街区域建筑的高品质，金融街选择了世界知名的设计单位和材料供应商，选择了中国最好的建筑队伍。

在交通系统上，金融街中心区建成地下分层立体交通，确保汽车多道分流。在金融街区域，道路总面积占用地面积的 32% 远高于国家标准。

在通信设施上，为金融街量身定做了一套 5A 级的综合解决方案，使金融街全部实现数字化、网络化、宽带化。

在配套服务设施上，金融街拥有一流的会务、餐饮、文化、娱乐和生活设施。

自破土动工后，金融街控股股份有限公司在北京市和西城区政府的大力支持下，成立了专门的机构，对方方面面的工作进行协调管控，由此开始了从拆迁、筹资到建设的艰难创业过程。

对此，王功伟深有感慨地说，西城区历届政府将倾力支持金融街建设这一思路延续下来并一以贯之。金融街公司 12 年来也是锲而不舍、集中精力、专心致志地干这一件事，以力求把这件事干成干好。在这个大脉络下，我们没有东一榔头西一棒，到处乱铺摊子，而是把所有的资金和资源都用在金融街的建设上。在此期间，我们进行了两次重大的调整：一次是中国加入WTO和申奥成功以后，扩大了金融街中心区的定位，提高了国际化的建设标准；一次是2002—2003年期间，考虑到国内房地产形势可能发生的变化，一下投入20多个亿加大了拆迁的力度。他回忆说如果不是当时走了这一着狠棋，现在的拆迁成本已膨胀到拆不起，金融街很可能就建不成了。

“十年磨一剑”，12年的风雨，12年的打造。经过金融街上上下下员工没日没夜地加班加点，金融街已经初具规模，成为京城光彩夺目的明珠之一。金融街总体规划建筑面积为354万平方米，目前已完成建筑面积130万平方米，在建面积174万平方米，还剩50万平方米尚未开工。金融街全部投资预计为460亿—500亿元，已完成投资380亿元。王功伟满怀信心地说，按照金融街的总体规划，到2007年，我们将把它全部建成。

大财团云集，聚集效应显现

金融街已经完成的建筑主要集中在南区，包括国企大厦、通泰大厦、中国电信大厦、中国移动大厦、投资广场、平安大厦、金阳大厦和富凯大厦等。在已建区域聚集落户的金融、保险、国际组织和企业集团总部达588家，其中主要包括：中国人民银行总行、银监会、证监会、保监会、工商银行、中国银行、建设银行、光大银行、民生银行、华夏银行、北京银行、纽约银行、澳大利亚西太平洋银行、美国道富银行、亚洲开发银行、亚太国际空间组织、中国再保险集团、中国人寿再保险公司、泰康人寿保险公司、华泰财产保险公司、东方资产管理公司、中国电信、中国移动、中国联通、中国网通、长江电力等。

就在王功伟董事长接受记者采访的通泰大厦里，他说，这栋楼是香港设计师设计的，设计风格很独特：正面看它像个元宝，

图为北京金融街标志性建筑。（北京金融街提供）

东西看它像个华表，飞机上鸟瞰像个“工”字。据说这些具有象征意义的理念蕴含着满满财气，凡是住进来的，这些年都更加发达了。所以，现在谁也不愿意离开这个“元宝心”。在他看来，大家之所以争相选择到这里入住，除了金融街的财气和人气外，还有它的环境和品质。他举例说，美国高盛公司最近到我们这里来选房子，该公司对金融街的已建大楼做了一个评估，按国际甲级写字楼评级，国际标准满分是 10 分，金融街得到了 9 分的高分。

西城区区长林铎接受记者专访时指出，尽管金融街还在建设之中，但是这么多家大财团、大公司、大企业的涌入已经形成了金融产业的巨大聚集效应。“一行三会”的聚集降低了区域内金融机构和企业获取政策信息的成本；企业总部的聚集降低了区域内金融机构获取大宗业务的沟通交流成本；中介机构的聚集完善了金融街的商务框架体系，降低了区域内金融机构和企业之间的业务操作成本。

此外，西城区政府注重从政策、资金以及服务等层面，支持北京金融街的发展。比如，从2000年起，西城区相继出台了《关于加快北京金融街建设的意见》、《关于促进金融产业发展的意见》等多项政策文件，其核心内容是完善基础设施、提升服务水平、降低商务成本，打造最适宜金融业发展的平台。

随着金融街区域金融资产聚集度的不断提高，金融街经济地位日显突出。目前，区域内各金融机构管理的资产总量已达到18万亿元人民币，控制着全国90%的信贷资金和65%的保费资金，每天的资金流量超过100亿元。现在，北京金融街已经发展成为中国金融业的决策监管中心、资产管理中心、金融支付结算中心、金融研发中心和金融信息中心。

形势比人强，国际化大势所趋

金融街控股股份有限公司副董事长鞠瑾说，我们的目标不仅要把北京金融街建设成为国内的金融中心，而且是面向世界的国际化金融中心。除在硬件和软件上尽可能满足国外金融机构来华发展业务的需求外，我们采取“请进来”和“走出去”的战略，认真学习和借鉴国外的成熟经验和先进技术，倾听外国朋友的意见和建议。同时，为了让世界更多地了解金融街的现状和它的发展前景，我们也经常在国外搞一些联谊活动来进一步推介自己。具体的做法是：每年我们定期组织若干次小型研讨会和举行一些大型金融论坛，邀请国内外知名学者和业内人士前来参加，就某些热点金融专题和具有前瞻性的问题进行深入的探讨。这对于加强交流、开阔视野、拓展思路都起到了很好的作用。

与此同时，我们也主动“走出去”进行参观、交流、学习和推销自己。2003 年，我们去纽约的华尔街专门搞了一次关于北京金融街的宣传活动。当时，150 多名华尔街的重要人士到场，听取了我们关于北京金融街的建设情况和中国金融产业的发展趋势的介绍。2004 年，我们又到德国法兰克福和英国伦敦去举行了类似的活动。法兰克福是欧洲的经济中心，伦敦是和纽约齐名的国际金融中心，这些地方的金融机构都是全球性的跨国集团。我们与它们的直接对话和交流，引起了西方媒体的关注，美国的《纽约时报》和英国的《金融时报》等有影响的报纸都对相关活动作了专题报道，介绍北京金融产业的发展过程，从而产生了意想不到的积极效果。

从另一个方面说，在向国外推介金融街的过程中，我们发现国外金融机构除了对上海知道得稍多一些，对北京，或者说对整个中国的金融现状了解得非常少。所以在我们介绍情况时，首先得从中国的金融产业及产业政策说起。因为如果人们不想来中国，就谈不上来“金融街”了。再说，一上来就给他们介绍北京金融街，人家脑子里根本就没有这个概念。

鞠瑾接着说，目前入住“金融街”的还是以国内金融机构为主，外国金融机构进来得不够多。原因在于：其一，中国的金融市场还没有完全对外资开放，进入中国的外资金融机构只能做外资企业的业务，不能做国内企业和居民个人的业务。自 2004 年 12 月 11 日起，我国允许向外资银行开放人民币业务。但是，外资银行也只能做中国企业的业务，不能做居民个人的业务。其二，金融街还没有完全建成，诸如办公楼、酒店、公寓、商场、医院、国际学校等配套设施尚不能满足需要。所以，只有等到 2006 年北京金融市场真正对外实行全面开放，金融街全部建成，中国的金融市场变得越来越成熟之时，才会出现外国金融机构的大量涌入之势。

“金融街是中国和北京发展的一个窗口”，鞠瑾回忆道。他十分动情地说，我们现在所在的金融街，原来是一片低矮的平房和非常破旧的厂区，经过十多年的拆迁建设，现已成为高楼林立，集办公、会议、休闲、娱乐、购物、运动、演艺等于一体，园林式绿化与立体式交通贯穿全街的现代化国际金融城。这是在政策引导下，依靠市场的力量发展起来的，因此具有很强的生命力。地理的优越，政策的优惠，再加上“多中心”的优势，引来各方神圣到这里扎堆。过去，我们总觉得，要投资数百亿，须建设十几年，金融街似乎太大了，担心使用率会过剩。现在看来，不是太大了，而是太小了，地也不够用了，楼也不够住了。谁能想得到呢？真是形势比人强啊！

在金融街的休闲广场上，矗立着一尊“开元通宝”古钱币的巨型雕塑。它既是金融街的标志，又是财富的象征。以这个目前上镜率最高，极富灵性的永恒坐标为起点，一个常新的故事将从这里继续往下讲，一条流金的街道将从这里通向世界的远方……

（原载于《人民日报》2005 年 7 月 15 日第七版）

链接：北京金融街又一个巨变的十年

规划占地面积 1.18 平方公里，总建筑面积 400 万平方米的北京金融街核心区在 2008 年基本建设完成。如今的北京金融街已经发展成为集决策监管、资产管理、支付结算、信息交流、标准制订为一体的国家金融管理中心。它见证与承载国家金融改革发展历程和发展成果，也是金融资源集聚效应和产业发展集聚规律的体现。这里集中了中国人民银行、中国银监会、中国证监会、中国保监会等中国最高金融决策和监管机构，入驻大型金融机构和企业总部153家，20多家全球500强企业，以及100多家外资金融机构和国际组织。2014年，全国中小企业股份转让系统的挂牌使得北京金融街初步形成以银行间交易市场、长期信贷资本市场、全国性场外交易市场、金融资产交易市场、企业产权交易市场为主的多层次金融市场体系。同时，中央外汇业务中心、人民银行清算总中心、北京金融资产交易所、中关村代办股份转让系统等11家全国性金融结算中心及要素市场的入驻，推动金融街市场体系建设日趋完备。金融街已形成以国家级金融管理机构为核心，国有银行、保险公司为主导，各类资产管理公司为主体，各类商务服务业为补充的多层次的金融产业结构。中国倡导的亚洲基础设施投资银行总部和丝路基金也将于2015年落户北京西城区金融街。

截至2014年底，金融街金融资产规模达到73.9万亿元，占全国比例接近一半。北京金融街是人民币资金流动的枢纽，日均资金流量超过5000亿元，占全国的比例接近三分之一。北京金融街是国内高端金融人才集聚发展之地，区域内金融从业人员近19.1万人，其中硕士以上学历人员约占50%，海外留学归国人员约占10%。北京金融街为首都建设国际影响力金融中心城市和首都经济社会发展做出重要贡献，北京市近一半的金融业增加值、三分之一的三级税收来自金融街地区，是首都乃至全国经济发展的重要引擎。

（北京金融街）

○ 空客的不凡飞越

飞机，尤其是大飞机，集资金、科技、知识于一体，是“大科学”的象征，一个国家综合国力的体现。到目前为止，世界上能造大飞机的国家不多。带着中国要造大飞机的大好消息与兴奋之情，笔者特地访问了空中客车大本营，欧洲著名的航空城图卢兹。

在空中巨无霸 A380 的组装车间里，笔者看到几架处在不同阶段的正在组装中的 A380 飞机，密密麻麻的脚手架围在“巨无霸”四周。在 A380 巨大的身影下，一个个正在忙碌的专家、技术人员就像一些晃动的小点。A380 总装工厂的主大厅是世界同类工厂中最大的建筑之一，长 500 米，宽 250 米，高 46 米。总装大厅连同测试车间的钢材用量达 3.2 万吨，相当于可建造四座埃菲尔铁塔。据陪同人员介绍，这样的超大型车间是专为 A380 量身定做的一套全新的总装系统，这使得组装过程进一步集成化，整架飞机在一地即可完成复杂的组装，从而赢得了时间和效率。空客 A380 巨型客机成功飞上蓝天，并顺利投入商业运营，凸显了空客 30 多年非凡的发展之路。

外行人只是看热闹，还是来听内行人讲门道吧！回到空客总部，在大楼的咖啡厅里，看着窗外碧绿的草坪，一边喝着咖啡，一边听着正在总部开会的空客中国公司总裁洛朗斯 · 博龙先生讲述空客如何圆了欧洲人梦想的大胆、创新、成功的发展历程。

博龙先生介绍说，空中客车公司目前拥有世界上最现代化的从 100 座级到 500 座级的全系列飞机产品，在全球拥有 400 多家客户和用户，总订单数超过 10000 架，已经交付使用的飞机达 8000 多架，占据了世界航空市场的半壁江山。

然而，1970 年，空客工业集团公司才刚刚成立。那时，美国是全球航空业的霸主，占有世界航空市场 80% 的份额，而且正计划推出远程宽体飞机波音747。如果欧洲不尽快造出自己的大飞机，意味着欧洲的飞机制造企业就难有作为，将长期沦为美国飞机制造商的分包商，欧洲的航空公司也将会受制于人。

空客大飞机的立项最初由法国、德国和英国发起，后来又有西班牙加入，其间几经波折。此前，有关国家签署了一项共同协议明确要求："加强欧洲航空技术领域的合作，从而促进欧洲经济、技术发展，采取适当的方式联合开发与生产民用飞机"。这对空客的发展起到了决定性的作用。

博龙先生回忆道，空客开发的第一个产品是A300飞机，这是世界上第一架双引擎宽体客机。1972年10月28日，A300研制成功并在法国图卢兹进行了首次试飞。这一飞具有极其重要的历史意义，它标志着空客从此进入了一个前所未有的发展时期。

1974年5月23日，法国航空公司订购的A300进行了首次商业飞行。它的经济性、高效率和技术标准与美国的波音飞机相比，给人们留下了深刻的印象。其间，正赶上中东石油危机，A300燃油经济性优势受到了世界各航空公司的关注，订单纷至而来。截至20世纪70年代末期，空客共向14家航空公司交付了81架A300飞机，在43个国家的100多个城市运营。与此同时，排队等待交货的订单达到133架。在短短的10年时间内，空客凭着敢于争先的精神，以技术、性能和服务等优势，赢得了大批客户，其全球市场份额一下猛增到26%。

博龙先生激动地说，一炮打响让空客人兴奋不已。但空客不满足于现状，而是马不停蹄地乘胜前进。很快，空客又分别推出了A310、A320、A330、A340"系列飞机"。目的在于，一是满足客户多方面的需要，更重要的是创新超越，为客户提供使用更方便、更安全、更舒适、更经济，技术性能更好的飞机。世界上最大的民用客机空客A380，就是在这种不断地推陈出新中横空出世，给世人一个巨大的惊喜！

博龙总裁认为，一个飞机制造企业如果想取得成功，必须具备三个"P"，即具有竞争力的产品（Product）、专业的人

图为空客位于法国南部城市图卢兹的工厂。
陶文革摄

才（People）和可靠的合作伙伴（Partners）。实践已经证明，三“P”对空客的成功起到了至关重要的作用。

从产品方面来说，要想打破垄断，要想后来居上，空客必须推出具有鲜明特点并具有竞争优势的产品。通过走访各航空公司，认真倾听客户的意见，空客领导层从一开始就确定，空客不是推出一个单独的机型，而是一个系列的机型，以涵盖各个级别的市场。

具有竞争力的产品，来自于创新技术的采用。以空客 A380 为例，这个被称为“优雅的绿色巨人”的 21 世纪旗舰产品树立了创新和技术的新标准。A380 飞机拥有 380 多项技术专利，在更大范围内使用了复合材料，改进了气动性能、飞行系统和航空电子设备，使之不仅成为迄今为止人类建造的最宽敞的民用飞机，而且也是最先进、最高效和最经济的民用飞机。A380 还拥有先进的通用驾驶舱，并装备了更具互动性的大显示屏和机上信息系统，以及通过大容量数据链连接的集成化、模块化航空电子设备。它的超安全性、超舒适性和超娱乐性，为乘客带来了全新的空中旅行体验。

空中客车不仅能够提供先进的产品，同时能够提供及时、可靠的技术支持和服务。由3000多名员工组成的空客客户服务团队，可提供由技术、零配件到机组和员工培训以及飞机升级等各个方面的周到服务。数百名技术专家为客户提供每天24小时，每周7天的不间断的建议和帮助。空中客车在全球140多个城市设立了250多个客户服务中心。空客在图卢兹、华盛顿和北京的客户支援中心已形成一个国际服务网络。

从人才方面来说，空客公司充分利用了欧洲各国的航空技术、营销和管理方面的人才，各国分工协作，动用了最好的人才和技术资源，形成了合力。

技术及多元文化的融合对空中客车的发展起到了相当重要的作用。空客从诞生之日起，就把自己置于同强者竞争的高起点上。要想在激烈的竞争中取胜，公司就必须有勇气应用先进技术，从而带来更好的经济效益。空客拥有不同教育背景的人才，各人都可以从各自不同的角度对飞机的研发提出不同的意见，创造性的用人制度使得大家能充分表达各自的想法，然后集思广益，做出决定。这就避免了决策错误的概率。

以强大的技术和先进的产品作后盾，空客问世不久就上演了一场“班门弄斧”剧。为了将产品打入美国及美洲市场，空客曾做出了一个大胆的决定，于1973年，让A300在南北美洲进行了为期六周的展示飞行，最后降落在美国。展示飞行取得了圆满成功。空客由此打开了美国市场。

从合作伙伴方面看，飞机制造是一个资金和技术的密集型产业，没有哪一个企业能够独立完成。空客本身就是欧洲各国合作的产物，同时，空客遍布全球的供应商网络使它真正成为一个全球性的企业。比如A380，每架飞机需要400多万个零部件，没有高水准的稳固的全球合作伙伴和供应商是不可想象的。

在谈到大飞机发展趋势时，博龙指出，笼统地谈大飞机发展的趋势是比较困难的。随着城市化进程的加快，超大城市在世界各地得到了迅速的发展，像 A380 这样的超大型飞机就成为解决超大型城市之间航空运输问题的最佳解决方案。与此同时，廉价航空公司的崛起也为像空客 A320 这样中小型的，具有非常突出的运营经济性的飞机提供了市场。

值得注意的是，随着人们环保意识的增强，环保成为航空业今后发展中必须考虑的议题。空客公司在大飞机制造方面提出了贯穿整个产品生命周期的环保理念，即在飞机的设计、制造、运营、退役和回收的过程中都体现了这一理念，即在为社会创造价值的同时，减少对环境的污染。

技术创新是创建绿色航空业的关键。由于新型飞机大量采用了复合材料，飞机的重量将大大减轻，从而大大降低了油耗，减少了噪音。

谈到中国造大飞机时，博龙先生说，20 多年来，空客与中国有着良好的合作关系。迄今为止，仅中国大陆现役空客飞机数量已达近 1000 架。空客除提供必需的技术服务和支持外，近年来空客与中国航空制造业不断寻求新的合作。现在，在世界各大航空公司运营的 5000 多架飞机中，有一半以上的飞机安装了中国生产的零部件。2007 年，空客已与中国航空制造业签署了空客 A320 系列飞机天津总装线合资企业合同，共同建设总装生产线。

对于中国要造大飞机，博龙总裁表示乐观其成。他认为，中国改革开放 30 多年来，经济获得了突飞猛进的发展，为大飞机项目奠定了坚实的物质基础。另外，中国拥有庞大的航空工业和市场，毫无疑问，中国有能力研发自己的大飞机。根据空客的发展经验，研发出一种好的飞机并不是一件最难的事情，难的是生产出来的飞机能够得到全球市场的认可，并按时交付使用，同时还要能为用户提供及时、便利的服务。总之，中国发展大飞机，任重而道远。

○ “天之骄子”陨落

曾被人们誉为“天之骄子”的协和式飞机，是世界上最豪华的超音速飞机，也是众所公认的世界上最安全的客机之一。协和式飞机的巡航速度每小时可达 2200 公里，比一般客机要快一倍以上，从巴黎至纽约的跨洋飞行只需大约三个半小时。由于速度快、时间短，贵宾式服务，票价当然不菲，因此乘客大多为名流商贾。真可谓，倘若一次乘坐，令人终身难忘。可是，自 1969 年问世，协和式飞机首次在巴黎发生空难事件后，不仅意味着其辉煌历史的终结，而且使协和式飞机很快退出了世界航空舞台。

2000 年 7 月 25 日下午 4 时 42 分，编号为 AF4590 的法航协和式超音速客机，从巴黎戴高乐机场 2 号跑道起飞，目的地是美国纽约肯尼迪国际机场。当飞机起飞时，发动机起火，升空 2 分钟后，飞机失控坠毁在机场附近的高乃斯小镇，飞机上 100 名乘客、9 名机组人员全部遇难，飞机坠落地面撞击到旅馆致使 4 人丧生，此次空难共造成 113 人死亡。这是协和式飞机第一次发生机毁人亡的重大空难事故。当时，笔者在巴黎见证了这一巨大悲惨事件。

经过四年多的调查，2004 年 12 月 14 日，法国空难事故调查组对此次空难做出了定论。最终调查报告认为，协和式超音速飞机存在“重大缺陷”是造成空难的部分原因。即飞机机翼的底面与油箱之间连接装置不是很牢固，这使在飞机轮胎发生爆裂后有发生多处断裂的危险。报告同时证实，造成此次空难的“直接原因”是美国大陆航空公司的飞机在跑道上留下的一块金属片。正是这一“罪魁”导致协和式飞机轮胎破裂，并击中油箱起火。

当协和式飞机起飞 56 秒时，指挥塔发现飞机尾部起火，并迅速蔓延，随即告知机组人员，但这个重 190 吨，外加 90 吨燃油的庞然大物，已经无法降落或返回。机组人员报告说，2 号发动机出现故障，起落架也回不去。随后，飞机试图转向布尔热 (Bourget) 机场，在旋转过程中，2 号发动机逐渐减速直到停止。接着，1 号发动机也开始减速。飞机飞行不到 1 分钟，1 号发动机的转速再次下降，机组人员无能为力，飞机迅速向左严重倾斜，然后坠地爆炸。

这架失事的协和式飞机 AF4590 航班，是 24 日刚从纽约飞回巴黎的。飞机上 100 名乘客中，除 2 名丹麦人，1 名美国人，1 名奥地利人外，96 名乘客都是德国人。因为这是德国一家旅游公司向法航租用的包机。他们计划乘坐该飞机到纽约，再从那里转乘游轮经海上远行，最终到达澳大利亚，参加在悉尼举行的 2000 年悉尼奥运会开幕式。

正如“泰坦尼克号”的乘客一样，冥冥之中，也许命中已经注定。有时幸运者往往成了不幸者，不幸者反倒受到幸运之神的眷顾。

在协和式飞机起飞前，有些人为没有登上飞机而苦恼。由于客满，33 名德国游客未能乘上同一包机，只能改乘下一航班，谁能知道他们因此躲过了这场劫难。在震惊之余他们早已安全抵达纽约。

空难毁坏的伊锡莫 (Hotelissimo) 旅馆，造成了四人死亡。然而，一名住在旅馆里的英国女学生却躲过擦身而过的死神。当年 21 岁的艾丽丝 · 布鲁津，她是在 25 日发生坠机的半小时前才抵达该旅馆的。当她看到飞机从头顶快要砸下来时，迅速冲向窗口跳出保住了性命。事后她激动不已地说：“我非常非常幸运。要是我晚 1 秒钟，要是我在睡觉，要是我在洗澡，我就活不到现在了。”

另外，还有 45 名波兰观光客更加幸运。他们一直住在这家伊锡莫旅馆，因白天去巴黎市里观光，延误了回来的时间而逃过了灾难。当他们回到住地时，存放在旅馆里的行李和证件统统被烧为灰烬。

“无巧不成书”，几乎与空难同步，一位业余摄像爱好者 25 日在出事地点附近，用摄像机捕捉到了协和式飞机坠毁前的镜头。这段影像被美国有线电视新闻网 CNN 买断，并于 26 日播出。飞机出事时，业余摄影者正搭乘一辆汽车行驶在巴黎戴高乐机场附近的一条高速公路上。摄影者跟踪协和式飞机约 30 秒钟，从飞机起火到坠毁后冒出滚滚浓烟，都被摄入了镜头。此人不仅成了协和飞机失事最有说服力的历史见证人，而且一日之间暴富。

此外，两名在戴高乐机场参观的匈牙利年轻游客，在飞机爆炸瞬间，意外地拍摄到了极为珍贵的照片。该照片被英国路透社购买，立即被传播到世界各地。据说，这两个年轻人都是飞机迷，他们在接受采访时说：“我想埃菲尔铁塔应该很棒，但我们对机场更有兴趣。有人收集邮票或硬币，我们更喜欢收集飞机照片。”可见，这两个名不见经传的年轻人，不鸣便罢，一鸣惊人。

对飞机坠毁地高乃斯镇来说，既是不幸的又是幸运的。镇上居民都被飞机驾驶员马贺奇和全体机组人员的果敢行为所感动。据说，如果飞机不拐弯会一头栽进镇中心，由此将带来的浩劫可以想见。在临危关头，机组人员首先考虑的是地面的安全，镇长和居民们对此个个捂面而泣，激动得说不出话来。机场一位工作人员说，驾驶员马贺奇在朋友的心目是一个勇敢和充满热情的人。他不仅仅是一位出色的飞行员，他还是第一个驾驶冲浪板完成横渡大西洋壮举的法国人。法航的一位机械师深情地说，无论在心理上还是生理上，54 岁的马贺奇都表现出了“最高水准”。

经过紧张的搜寻之后，遇难者的尸体被全部找到。一位救援队员描述失事现场情景时说："有些尸体已经被烧焦，还有些膨胀起来。地上到处是鞋子、书籍以及仍在燃烧的箱子的残片。"一位运尸人员说："像这样的抢救场面我还从来没有见过，心里感到很害怕。"

特别让人黯然泣下的是，德国有一个六口之家在这场灾难中无一生还。男主人57岁，是宝马汽车的独家经销商，他与36岁的妻子、两个分别为10岁和7岁的孩子，以及他的岳父母一起乘坐了这班飞机。他们原准备乘飞机到纽约，再坐豪华客轮进行海上航行以庆祝其岳父母的生日。

对这场惨不忍睹的一幕，受了伤险些丧了命的伊锡莫旅馆老板米歇尔·弗里西佗在病床上讲述飞机坠毁的情形时说，"当时我正在旅馆前台打理杂务，听到飞机的响声很大。我还说，'瞧，协和飞机又过来了'。因为，平常我们总能听到协和飞机从头顶飞过的响声。可是，当我伸出脖子看时，'协和飞机像一只火鸟扑过来'。还未来得及思考，飞机就坠地爆炸了。大火烧了起来，巨大的火球直扑我而来。我向周围的人大喊：'快跳窗子逃跑！'我则想跑回过道去找其他人，我一下就被大火烧着了。一个小伙子赶过来，一边拉着我的手，一边对我说，'跑啊，快跟我跑！'顷刻间，旅馆在我面前被烧得一干二净"。

对于协和式飞机的保险公司来说，这次空难的赔偿是昂贵的。据当时一名航空保险专家保守的估计，赔偿金可能会达到2.5亿至3.5亿美元。在欧洲，每个空难者的赔偿数额一般在60万至100万美元之间，但是有的人的赔偿费也可能达到200万美元。因为，赔偿费的计算很复杂，它尤其要考虑到死者的职业、身份、年龄、平均寿命和家庭状况等。以1998年瑞航在加拿大海岸附近的空难事故为例，当时瑞士航空公司对229名遇难者的亲属支付了7.5亿美元的赔偿金。

乘飞机越洋远行，应该说早已是一件很平常的事，但当时能乘上协和式超音速飞机的人却是非常令人羡慕的。从巴黎或伦敦到纽约的来回票价为9000万—10000万美元。显示一个人的名望、身份、地位自不必说，关键是坐上协和式飞机后，仿佛进入了一个没有距离的梦幻世界，那是多么刺激和令人心动！

协和式飞机是当时世界上唯一的民用超音速客机。1969年3月，协和式001型样机首次试飞成功，并于1976年开始商业性飞行。此次空难之前，从事商业飞行的协和式飞机共有13架，其中英航拥有7架，法航6架。这种飞机分别由南方航空公司（即宇航公司）和英国的飞机公司制造。协和式飞机与众不同的特点是：细尖的长嘴，弧形的三角翼和中央垂直安定面。飞机安装了4个劳斯莱斯／斯奈克马·奥林普斯593型发动机。它的巡航速度为2.04马赫，超过了音速的两倍，其飞行高度可达1.5万—1.8万米。

法英两国曾引以为豪的是，协和式飞机创造了两项商业客机最快飞行纪录：1992年，协和式飞机至东向西环球飞行一圈，只花了32小时49分零3秒。三年之后，协和式飞机再从西往东，将环球飞行时间缩短为31小时27分49秒。

协和式飞机经过改装，座位间距加宽后，可搭载乘客100名，机组人员9名。据说，机内豪华雅致，美食佳酿随便享用，餐具一律是水晶制品，服务如同接待贵宾，向每位乘客赠送精美的纪念品，一可给旅客留下美好的记忆，二能向他人显露曾经乘坐过协和式飞机。机上用餐是根据特殊需要供应的，比如，某位公司总裁只要一份鱼子酱和一盘沙拉，另一位歌星想要一瓶矿泉水和一份料理，均可及时提供。协和式飞机的座舱没有等级之分，但是前排的1A只有总统级的人物或当今世界的影视红人才能预订到。

据说，美国前总统布什不仅是协和飞机的乘客，他还特别喜欢将自己的私人飞机停靠在协和飞机旁，代价是要支付一张机票的费用。

乘坐不起协和飞机的人，有的也要花钱买票参观，一睹为快。一位机长说："有一次我们接待了一位失业的人，他一点一点地凑够了钱，只为了登上飞机看看。"

尽管协和式飞机很迷人，但机身上出现细微裂缝的老化问题，已在这次空难事件中遭到放大曝光。鉴于是30年前设计生产的产品，在某些方面已显陈旧，机上没有耳机、电影视频和空中电话服务，给乘客带来了不便。另外，油耗多、噪音大、造价贵和运营成本高，电子系统屡出故障等，都是不利于协和飞机生存和发展的因素。有人早就预言，"只要发生一次坠机事件，就足以宣布协和式飞机的死刑"。英国《独立报》文章曾指出，这次空难，"可能标志着超音速旅游美梦的终结"。"天之骄子"的结局，被这些预言不幸而言中。

○ 致谢

与其他以爬格子为业的群体不同，我等文虫的生存之道是，出手速度快、涉及范围广，通常似乎还能写什么像什么，就是万金油的那种。但是，信手拈来的东西往往是蜻蜓点水、浅尝辄止，打死我也写不出“状难写之景，如在目前；含不尽之意，见于言外。”那样的精妙文字和高远境界。更不用说书中的错误和不当之处在所难免了，真诚恳请读者批评指正。

在此，本人特别感谢人民日报社副总编辑、作家马利，在百忙之中蒙允为拙作写序。

在这个数字化时代，电脑升级比较快，信息储存也从软盘一步到 U 盘，刚去法国时存在软盘上的书稿，因旧的便携式电脑坏了不能打开。等到待了五年多回国后，电脑早已升级换代，想找原来的电脑已经不可能。多亏了人民日报社技术部主任高沁的热心帮助，让居晓军、郝冠南和程丽彦三位年轻人想方设法为我解开了软盘，也解除了我的心头之急。当时，我兴奋得不知道怎么感谢他们才好。

在此次法国常驻期间，夫人就着手帮我整理稿件、打字、选照片。可以说，没有她的直接参与和背后的支持，该书的出版就没有那么顺利了。因此，谨以此书献给她，感谢她陪我一起走过那些山、那些水、那些云海。

顾玉清

2014 年 7 月 30 日